제2판

사회복지 조사론

이종하 조지용 김윤화 김표민 공저

YANGSEOWON
양서원

Preface

|개정판 머리말|

'사회복지조사론'을 조금 더 쉽게 이해하고 워크북 형태의 실습이 포함된 교재를 개발하고자 초판을 발간한 후 부족한 부분이 있을까 많이 고민하며 교재를 사용하였다.

시간이 흐르며 조금 더 발전시키고자 하는 욕심도 생기고, 교재에 대해서 여러분이 귀중한 조언들을 해주셔서 그 내용을 포함하여 개정판을 준비하게 되었다. 비록 부족한 시간과 역량으로 보내주신 조언들을 모두 다 포함할 수는 없었지만, 다양한 변화를 시도하여 개정하고자 노력하였다.

'사회복지조사론'을 강의하면서 가장 고민했던 부분은 어렵게 느껴지는 여러 가지 개념들과 용어들을 다양한 실습활동과 사례고찰을 통하여 좀 더 쉽게 이해할 수 있도록 돕는 방법을 찾는 것이었다. 이러한 고민을 본 교재에 제시하여 많은 학생들이 조금 더 쉽게 '사회복지조사론'에 흥미를 가질 수 있도록 하는 것이 중요하다고 생각하였다. '사회복지조사론'에 대한 흥미는 이후 지역사회의 욕구조사, 프로그램 평가 등을 수행할 수 있는 역량을 갖춘 인재로 성장하도록 도울 것이다. 또한 사회복지 현장에서 돋보일 수 있는 사회복지전문가로서 자리매김하도록 도울 것이다.

본 교재에서는 사회복지현장에서 적용할 수 있도록 지역사회분석, 욕구조사, 프로그램 평가 등을 수행할 수 있는 직무역량을 갖추도록 구성하였으며, '연구에 대한 기초적 이해', '측정과 척도', '연구디자인' 등 기초적인 개념과 지식을 쉽게 습득할 수 있도록 실무 중심의 다양하고 흥미로운 수업활동의 제안도 포함하였다.

개정판을 통하여 한층 업그레이드된 부분을 간략하게 소개하면 다음과 같다.

첫째, Part 1의 조사의 이해에 대한 Chapter의 내용이 많아서 부담이 될 수 있다는 판단에 좀 더 세분화된 Chapter로 나누어 보았다.

둘째, 연구윤리에 대한 부분을 사회복지조사의 과정으로 포함하여, 연구과정마다 고민될 수 있는 연구윤리를 함께 학습할 수 있도록 하였다.

셋째, 다양한 개념과 연구모형을 좀 더 쉽게 이해할 수 있도록 사례와 그림을 추가하였다.

넷째, 양적통계분석에 대한 부분은 교과구성에 따라 선택적으로 사용할 수 있도록 후반부에 제시하였다. 교과구성에 양적통계가 사용되지 않는 경우는 다른 Chapter의 내용으로도 충분히 진행될 수 있으며, 양적통계를 포함하고자 하는 경우는 다양한 실습과정을 포함하여 기본적인 SPSS 사용방법을 익힐 수 있도록 하였다.

저자들은 사회복지조사론이 즐겁고 흥미로운 수업이 될 수 있도록 다양한 학습활동을 병행하는 것에 교재의 초점을 두어 집필하였다. 부디 많은 학생들이 사회복지조사론을 즐거운 수업으로 느낄 수 있게 되길 바란다.

마지막으로 이 부족한 책이 개정판으로 출판될 수 있도록 인도하여 주신 하나님께 먼저 감사와 영광을 올려드리며, 아울러 출판을 담당해주신 양서원 회장님과 직원 여러분의 수고에 깊은 감사를 드린다.

2020년 8월

이종하, 조지용, 김윤화, 김표민

Preface

|머리말|

많은 학생들이 사회복지를 공부하는 데 있어서 가장 흥미롭지만, 어려운 과목 중 하나가 '사회복지조사론'이라고 말한다. 사회복지조사론은 어려운 과목이 아님에도 불구하고, 사회복지를 공부하는 학생들은 생소한 개념과 용어들로 인해 두려움을 갖게 되는 경우가 많다. 이와는 반대로 사회복지조사론의 개념을 명확히 가지고 있는 사회복지사들은 현장에서도 과학적 접근을 할 수 있는 능력으로 인해 돋보이게 된다.

사회복지조사론 교재들은 그동안 많이 출판되었으나, 본 교재는 사회복지현장에서 적용할 수 있도록 실무능력을 증진시키는 것에 초점을 맞추어 집필하였다. NCS 능력단위 중 '지역사회분석', '욕구조사', '프로그램 욕구조사', '프로그램 평가' 등의 능력을 충분히 습득할 수 있도록 구성되었으며, '연구에 대한 기초적 이해', '측정과 척도', '연구디자인' 등 기초적인 개념과 지식을 쉽게 습득할 수 있도록 다양하고 흥미로운 수업활동의 제안도 포함하였다.

교재를 통한 학습방법의 개괄적인 내용을 소개하면 다음과 같다.

첫째, 조사에 대한 필요성을 이해하기 위하여 구체적인 현장사례를 살펴보고 동료학습자와 토론해 본다.

둘째, NCS 능력단위에서 제시된 학습모듈에 기초하여 조사과정에 필요한 기초적인 지식을 현장사례를 바탕으로 학습해 본다.

셋째, 조사 디자인에 대해서 다양한 적용사례를 바탕으로 적용해보고 설계해 본다.

넷째, 욕구조사와 프로그램 평가에 대해서 실제 능력을 습득할 수 있도록 실무형 프로젝트를 실시해 본다.

다섯째, 자료의 기초적 분석을 위하여 SPSS 프로그램을 다룰 수 있도록 연습해 본다.

여섯째, 조사에서의 윤리를 이해하고, 실제 임상에서 적용할 때의 유의사항을 토론해 본다.

저자들은 사회복지조사론이 즐겁고 흥미로운 수업이 될 수 있도록 다양한 학습활동을 병행하는 것에 교재의 초점을 둔 만큼, 많은 학생들이 사회복지조사론을 즐거운 수업으로 느낄 수 있게 되길 바란다.

마지막으로 이 부족한 책이 출판되기까지 인도하여 주신 하나님께 먼저 감사와 영광을 돌려드리며, 아울러 출판을 담당해주신 양서원 회장님과 직원 여러분의 수고에 깊은 감사를 드린다.

2019년 3월

이종하, 조지용, 김윤화, 김표민

C o n t e n t s

|차례|

Chapter 04 측정과 척도 / 77

Part 02 조사의 방법

Chapter 05 실험조사(조사설계) / 105

Chapter 06 설문조사 / 129

Chapter 07 질적연구방법 / 149

Research Methods for Social Welfare

Part 01

조사의 이해

Chapter 01

과학적 지식과 사회복지조사

학습목표

- 과학적 지식을 습득할 수 있는 방법으로 조사의 필요성을 설명할 수 있다.
- 조사란 무엇인지 개념을 숙지하고, 사회복지에서 조사의 활용성을 설명할 수 있다.
- 조사와 과학의 관계를 설명하고 사회복지조사에서 과학적 접근방법의 중요성을 주장할 수 있다.

사회현상을 가장 잘 설명하는 태도는 어떠한 것인가. 다양한 주장이 있겠지만 관찰자의 의지와 태도를 배제하고 실증적 근거로 사실을 있는 그대로 보여주고자 하는 노력일 것이다. 사회현상을 설명토록 하는 것은 과학적 지식이며, 이는 증명 가능해야 하며 타당한 논리적 기반을 갖추어야 한다. 따라서 사회현상을 궁금하게 여기는 우리는 결국 과학적 지식을 어떻게 확보해야 하는지 그 방법을 고민하는 것으로부터 해법을 찾아야 한다.

사회복지는 인간을 대상으로 하는 전문직 활동으로 도덕적 태도로서 직무의 책임성이 강조될 뿐만 아니라 초래될 결과에 더욱 관심을 갖고 있다. 신뢰할 만한 지식을 갖고 실천현장에 적용할 때 사회복지 개입의 유효성은 증대되며, 이를 기초로 사회복지 실천의 전문성은 더 나은 진보를 가능하게 한다. 따라서 본 장에서는 사회복지실천지식을 추구하기 위한 방법으로서 사회복지조사의 과학적 지식 접근의 이유와 중요성을 설명하고자 한다.

1 조사

조사는 영어로 'research'라는 단어이며 're'와 'search'의 음절로 구성되는데, '다시 검사' 혹은 '또 살펴보다'를 의미한다. 새로운 지식을 생성하기 위한 시도로 체계적이며 끈기 있는 조사연구를 설명하는 명사를 뜻한다(Grinnell, 1993). 조사는 사물과 현상을 이해하고자 하는 탐색의 활동을 갖는 것으로, 개방적 자세로 이해하고자 하는 노력을 기울여야 한다. 새로운 지식을 얻게 되는 활동이 조사이기에 합리적 과정과 절차가 전제되어야 하는 것은 매우 중요하다. 그렇다면 다음 사례에 대한 문제를 해결하기 위해 무엇을 어떻게 조사해야 하는지 생각해 보자.

사례 1-1

성폭력의 문제는 동성(同性) 간에도 규정될 수 있다. 폐쇄적 집단인 곳에서 성폭력 혹은 성문제와 관련된 피해가 개인에게는 씻을 수 없는 상처로 남아 있을 수 있다. 예를 들면 군대에서 계급 권력을 이용한 성폭력의 피해의 경험이 제대 이후 삶의 적응에 어떻게 이루어져 왔는지 조사하여 남성 성폭력 피해자의 알려지지 않은 모습을 살펴보고자 한다.

사례 1-2

사회가 복잡해질수록 가족의 형태는 다양하게 변화되고 있다. 더욱이 인구사회적 조건의 변화는 가족구조의 모습이 이전과 다른 흐름을 갖게 한다. 1980년부터 현재에 이르기까지 시대별로 비교하여 가족구성 유형과 구성원의 수는 어떻게 변화해 왔는지 알고자 한다.

사례 1-3

동일한 연령의 아동들이라고 할지라도 가정 내 아동들과 보호시설 아동들에 따라 신체 성장 정도의 차이가 있다고 알려져 있다. 신체의 성장에 중요하게 영향을 미치는 요인으로 영양의 공급이라는 가설을 세우고, 시설아동의 식사비용을 사회보장급여만으로 충당한 (A)지역 시설아동과 이에 매끼마다 1000원을 추가로 투입한 (B)지역 시설아동을 비교하여 식사비용에 따른 영양공급의 차이가 아동의 신체발달에 미치는 영향을 분석하고자 한다.

2 과학적 지식 습득의 방법

1) 과학적 지식 습득 방법의 필요성

과학적 지식이라고 할 수 있는 현상은 과학적 방법으로 접근해야 한다. 그렇다면 과학적 방법이라고 말할 수 있는 지식의 실재(reality)는 무엇을 의미하는가. 만일 여러분에게 누군가가 장애의 발생 원인을 묻는다면 여러분은 아마도 유전적 요인 또는 환경적 요인에 의해 발생되었다고 말할 것이다. 그렇다면 그렇게 답하게 된 이유는 무엇일지 생각해보자. 본인이 기존에 알고 있는 내용 또는 전공서적을 통해서 알게 된 사실로부터 비롯된 것일 가능성이 높다. 다시 한 번 동일한 상황으로 돌아가 보자. 여러분에게 질문을 던진 사람이 장애인 복지를 전공한 사회복지학과 교수라고 한다면 여러분은 대답을 위한 어떤 내적과정을 경험하게 될 것이다. 아마도 앞서 불특정 다수로부터 받게 되는 대답의 요구보다는 더 깊이 생각하고 고민하는 과정의 시간들을 경험하거나 아예 대답을 포기해 버릴 수도 있을 것이다. 같은 질문이지만 질문자가 달라질 때, 답변을 하는 사람의 태도가 달라지는 것은 자신의 대답이 누군가에게 들었던 내용이거나 경험한 것이 얼마나 과학적인가에 대한 판단으로 기인한 것임을 알 수 있다. 즉, 합의된 실재(agreement reality)인지 경험적 실재(experiential reality)로 근거한 지식인지를 판단하게 된다는 것이다(Rubin & Babbie, 2016).

라틴어의 'scier'라는 단어에 뿌리를 두고 있는 과학은, 인간 자신이 속한 세상에 대한 '앎(knowing)'을 뜻하는 것이며, 단순한 개인의 신념과 의견과 달리 정당성을 엄격하게 내포하고 있는 지식(knowledge)을 의미한다(유영준, 2014). 즉 논리적·체계적·객관적 절차를 통해 얻어진 지식을 의미한다(채구묵, 2015). 결과적으로 지식이 갖춰야 할 것은 합의적 과정을 통한 논리와 경험적 과정을 기반으로 한 객관성이라고 할 수 있다. 그렇다면 과연 무엇을 과학적 지식이라고 할 수 있으며, 과학적 지식은 어떤 특징을 담고 있는가? 사실, 과학적 지식의 표준을 제시하는 것은 대단히 어려운 작업이지만, 다음에 제시한 과학적 지식의 특성들에 대한 제시가 이를 이해하는 데 도움을 준다.

2) 과학적 지식의 특성

① 재생가능성(reproducibility)

재생가능성이란 같은 방법을 사용했을 때 누구나 동일한 증거와 결론이 산출될 수 있는지의 가능성을 의미한다. 특히 과학에서 지식의 재생가능성이 중요한 것은 지식을 얻기 위한 방법의 표준화를 부각시켜 주기 때문이다. 이는 연구결과가 기존 연구들을 진전시키는지 다른 표적집단과 상황에서도 의미가 있는지를 판단할 수 있는 방식으로 절차를 수정해서 연구를 반복하는 것을 말한다. 따라서 과학은 절대적으로 재생 가능한 지식을 찾는 방법이라기보다는 보다 더 재생가능한 지식을 얻는 방법이라고 할 수 있다(채구묵, 2015; Rubin & Babbie, 2016). 은퇴한 남성 노인의 삶의 만족 정도가 은퇴 전보다 '상당히 낮아졌다'라고 측정된 지식보다 '만족도 척도로 측정결과 평균 10점이 낮아졌다'라는 측정이 재생가능이 높은 지식이다.

② 경험가능성(empiricism)

경험은 관찰 기반을 둔 증거에 가치를 부여하는 것을 의미한다. 지식이 우리의 감각기관에 의해 지각될 수 있는 것이어야 한다는 의미이다. 하지만 인간이 가지고 있는 감각정보는 신뢰하기 어렵거나 감각기관에 의해 지각하기 곤란한 경우가 발생할 수 있다.

예를 들면 신념이나 가치 그리고 우리가 의미를 부여하는 다양한 개념들을 감각기관을 통해서 관찰이 가능할 수 있도록 해야 한다는 것은 사실 해당 개념을 이해하고 다른 개념들과 구분할 수 있도록 관찰의 도구를 통해 측정할 수 있도록 해야 한다는 것이다. 과학적 방법에서는 이렇듯 추상적 개념을 잘 대변하면서 경험 가능한 지표를 찾아내는 것이 중요하다.

③ 객관성(objectivity)

과학적 방법은 결과를 추구하고자 할 때 객관성의 추구를 강조한다(Rubin & Babbie, 2016). 과학적 방법은 연구자 스스로에게 편견이 없음을 인정할 수 있는 근거가 된다. 과학적 방법은 연구자에게 겸손한 자세를 요구하는데, 스스로 편견에 빠질 수 있음을 인정하고, 자신이 편견으로부터 영향을 받지 않는 관찰방법을 발견하게 한다.

예를 들어, 사회복지사가 노인들의 생활만족도를 위해 멘토링 프로그램을 개발했다고 하자. 만일 이 프로그램이 과학적 결과를 갖게 되는 프로그램이라면 프로그램 개입 이후 노인들의 생활만족도의 증가가 나타나기를 기대할 것이다. 효과성을 객관적으로 검증하고자 하는 노력은 관찰도구의 타당성뿐만 아니라, 검증의 절차적 과정을 고민해야 한다. 프로그램 개발자가 관찰할 경우 객관성의 위배 가능성이 높기에 연구에 관련 없는 사람들이 이를 평가하는 것은 고려되어야 할 필요가 있다.

과학적 방법의 절차적 요소를 강조한 해당 지식의 객관성 유지는 인간을 대상으로 하는 사회과학 연구에서 어려운 부분이 많다. 결과를 도출하고 이를 해석하는 과정에서 자의적 판단과 가치에 기초한 내용들이 반영될 가능성이 높다. 따라서 과학적 지식은 가치중립적(value neutral)인 것이어야 하며, 경우에 따라서는 제한적이긴 하지만, 해당 사회의 지식형성에 지배적인 패러다임의 범위 안에서 합리적 사고와 경험적 근거가 특정 현상의 설명을 위해서는 적어도 가치에 지배당해서는 안 된다는 것을 의미한다.

④ 논리성(logicality)

과학적 방법을 통해 측정하고자 하는 지식에는 규칙과 질서가 있다(최성재, 2005). 과학적 지식이 갖추어야 할 논리성과 체계성은 그 절차가 타당할 때 그 생산된 지식이 '과학적' 지식으로서의 의미를 부여받게 된다. 다른 말로 하면 과학적 지식은 인과관계를 탐색하는 것이 본질적인 부분이며, 현상의 발생이 우연히 나타나는 것인지 어떤 체계적 규칙과 질서에 따라 나타나는 것인지를 추구하는 것이 과학의 중요한 특성이라고 할 수 있다.

결과적으로 과학적 지식의 논리적 특성은 지식을 탐구하는 인과관계의 내재적 성격으로 볼 수 있다. 그러한 믿음이 전제되지 않는다면 과학적 지식은 그 의미를 상실 또는 왜곡할 가능성이 크게 증가할 것이다. 만일 빈곤이라는 현상을 설명하기 위한 원인으로 개인의 질병 등 개인적 차원과 교육기회 접근의 한계 등 제도적 차원을 가정하자. 두 원인 중 상대적으로 다수의 지지된 연구결과로부터 도출된 원인이 빈곤의 문제를 더 잘 설명할 수 있다면 해당 원인으로 현상을 설명하는 과학적 지식의 접근 방법을 더 논리적이라고 할 수 있다.

3) 과학적 지식 습득의 방법

사회복지는 사회과학의 응용 학문 영역으로서 사회과학이 축적해 온 과학적 인식 방법과 연구과정을 사용한다. 즉, 사회복지는 사회과학적 방법론을 사용하여 사회복지 현장에서 발생하는 다양한 문제들의 원인과 과정, 결과를 분석해 낼 때 과학적 인식방법을 토대로 경험적 검증작업을 수행하는 것을 기본 전제로 한다. 사회과학은 사회현상을 과학적인 지식 습득의 방법으로 탐색하고 기술하며 분석하는 방법과 절차를 의미한다. 응용과학으로서 사회복지는 사회 실제 세계를 규명하기 위하여 이론과 실천을 종합적으로 판단해야 하지만, 그 시도는 과학적 연구과정을 통하여 이루어진다(김영종, 2017). 그럼 과학적 지식 습득 방법은 무엇을 의미하며, 사회복지 지식이 과학적이기 위해서는 무엇이 필요한지 살펴보자.

(1) 과학적 연구 방법

우리가 추구하는 지식이 과학적 지식이라고 말하기 위해서는 지식을 생성하는 과정이 과학적이어야 한다. 일반적으로 앞서 살펴본 과학적 지식의 특성에 위배되지 않을 때를 의미한다. 즉, 과학적 방법은 연구절차가 논리적, 체계적이어야 하며, 경험적으로 검증이 가능해야 하고, 다른 사람들에 의해 연구되어도 동일한 연구결과를 얻을 수 있도록 객관적이어야 한다(채구묵, 2015). 사회복지적 지식을 추구하고자 할 때는 현상을 살피기 위한 증거를 조사해야 한다. 축적된 증거는 체계적이고 포괄적일 때 과학적일 수 있으며 구체적인 절차를 통해서 조사되었는지, 지식을 습득하는 과정에서 잠재된 편견은 비롯되지 않았는지 살펴볼 필요가 있다.

객관적 절차를 담보로 한 과학적 지식은 논리성을 바탕으로 이론이 구축되고, 이론(theory)은 진리(truth)가 아니므로 현실의 합리적 근거들은 연속적으로 이론이 새롭게 증명되기를 바란다. 새롭게 발견되는 관찰(observation)은 기존의 이론을 검증하거나 대체할 수 있게 된다.

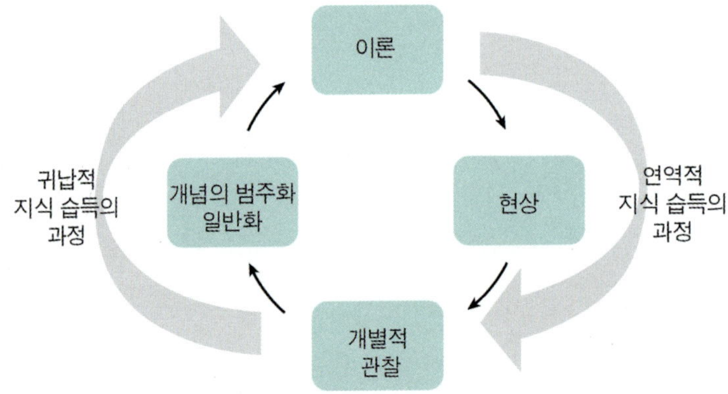

그림 1-1 과학적 지식 습득을 위한 연역적 방법과 귀납적 방법 간의 관계

① 연역적 방법의 지식 추론

연역적 방법은 일반적인 것(이론)으로부터 특수한 현상(관찰)을 추론해내는 것을 의미한다. 적절한 개념을 파악하고 그것에 관해 이미 알려져 있는 것을 발견하면서, 연구하고자 하는 가설을 설정하고, 이론의 증명 여부를 판단하는 것을 의미한다.

이 방법은 비교적 단순한 방식으로 변인들 간 상관관계를 묘사하거나 명확하게 할 때 사용되는데, 연역적 추론(deductive hypothetical reasoning)은 다음과 같이 요약될 수 있다. 예를 들어 다음의 연구문제를 해결하기 위하여 연역적 지식추구방법을 적용한 내용을 살펴보길 바란다.

> **연구문제**
> 빈곤한 지역의 아동들에게 교육의 기회는 왜 중요할까?

> **이론: 인적자본이론**
> 교육이 사람들의 인지 능력뿐만 아니라 지식을 습득하게 함으로써 생산성을 증진시키기 때문에 높은 소득 수준에 이를 수 있다.

가설설정

아동의 교육의 기회에 따라 성장 이후 소득수준에 영향을 미칠 것이다.

관찰을 통한 검증

아동의 교육 기회는 가구소득에 따라 차별적이었으며, 교육 기회의 정도가 높은 아동일수록 성인 이후 소득이 높은 것으로 조사를 통하여 확인하였다.

연구를 할 때 우리는 연역적 논리를 많이 사용한다. 이론에 의해 가설을 설정하고 이를 관찰하여 경험적으로 확인하는 방법을 취하게 된다. 교육수준이 소득에 미치는 영향을 검증하기 위하여 이론을 바탕으로 가설이 만들어지게 되고 많은 사람들을 대상으로 가설을 검증 가능한 절차를 거친 후 교육과 소득과의 관계를 검증할 수 있다. 즉, 연역적 방법은 일반적인 것으로부터 특별한 것을 추론해내는 접근방법이다. 보편적 성격을 가진 이론으로부터 가설을 세우고 이를 검정하고 관찰하기 위한 대상은 대표성이 중요한 것이므로 양적연구(quantitative research)방법으로 지식 추론의 과정이 이루어진다.

② 귀납적 방법의 지식 추론

사회현상은 보편적 성격을 가진 이론을 통해서 해석 가능한 부분도 있지만, 관찰을 통해 밝혀진 개별적인 사실들이 종종 이론 형성을 이루기도 한다. 새롭게 발견된 사실들이 기존의 이론들로 해석이 불가능할 때 우리의 인식이 잘못되었다고 할 수 있을까. 예를 들어 기존 문명사회로부터 저 멀리 떨어져 있는 종족을 발견하게 되었을 때 그들로부터 우리가 새롭게 알게 된 사실들을 해석하고자 한다면 어떻게 해야 하는가. 현장에서 발견한 사실들로부터 얻게 된 개별의 관찰내용은 하나의 또 다른 이론을 축적해 갈 수 있다.

개별적인 사실을 가지고 계속적인 탐구를 통해 일반적인 사실로 확인하고 정립하는 방법을 귀납적 방법의 지식 추론 과정이라고 한다. 다음 사례에서 귀납적 방법이

앞서 설명한 연역적 방법과 어떤 차이가 있는지 살펴보도록 하자.

연구문제
사람들이 빈곤하게 되는 이유는 무엇일까?

개별 사실 관찰
빈곤한 사람들이 삶의 과정과 사회적 환경은 어떠했는지를 탐색해 본다.

유형화
빈곤의 경험을 가진 사람들은 사회로부터 갖게 되는 교육 기회의 수준이 낮은 것을 공통된 유형으로 발견하게 된다.

이론
교육 기회의 수준이 높을수록 빈곤가능성이 낮다는 것을 설명할 수 있는 이론을 정립한다.

귀납적 방법으로 사회현상을 알고자 할 때 연구자는 주로 인터뷰, 직접관찰 및 관련보고서와 같은 방법들을 통하여 이루어지는데, 이때 가장 중요한 것은 주어진 정보를 토대로 얼마나 정확한 이해와 의미해석 그리고 기술을 이루어 내느냐에 있다. 그러므로 귀납적 추론은 가지고 있는 모든 자료들을 사용하여 일반화를 이끌어내려는 시도라고 할 수 있기 때문에, 계속적인 탐구를 통해 이론을 정립할 수 있다. 귀납적 방법에서의 조사는 대부분 질적연구(qualitative research)방법으로 이루어지며, 연역적 과정과 대조적으로 대규모 표본을 통해 집단의 일반적 성격을 규명하는 것이 아니라 각각 개별의 사례에 대한 깊이 있는 이해와 분석의 과정을 추구하고자 한다. 따라서 귀납적 방법으로 과학적 지식을 추구하고자 하는 질적연구 결과의 대표성 확보에 대한 논의 자체가 부적절하다.

연역적 방법과 귀납적 방법은 상호보완적 과학적 지식의 추구방법이다. 과학의 목적은 이론을 탐구·개발하고 제공하는 것이며, 이론은 지식을 의미하기 때문에 현상에 존재하는 규칙성을 밝히고 일반화한다. 규칙성을 밝히는 것은 현상의 원인이 무엇인지 규명하고 예측을 하고자 하는 것을 의미한다. 규칙적이며 예측 가능하다는 조건만 가지고 우리는 그 '사실'을 '진리'라고 하지 않는다. 새로운 관찰 사실이 발견되면 기존의 이론은 더 이상 사회현상의 규칙을 모두 다 설명하지 못하는, 부분적 현상을 설명하는 이론에 불과하기 때문이다. 즉, 새로운 발견과 관찰을 통해 기존의 이론은 수정되거나 심지어는 소멸에 이르게 된다. 이론의 변천이 가능하게 하는 것이 바로 귀납적 방법의 과학적 지식 추구라고 할 수 있다. 이러한 두 논리는 사회현상을 탐색하고 설명하기 위하여 지속적으로 반복하여 적용되며, 연구자가 사회현상을 이해하고 분석하는 데 있어서 쉽사리 판단하지 않게 하고 신중한 태도로 지식을 축적하는 준거의 역할을 담당한다.

(2) 과학적 지식 추구에서 발생할 수 있는 오류

과학적 지식은 논리적이고 체계적인 관찰의 절차가 요구된다. 하지만 우리가 가지고 있는 지식은 과학적 절차와 과정에서 비롯되지 못한 것들도 있다. 지식들이 현실과 부합하는 면이 부족할 경우 현상을 합리적으로 설명하지 못하게 된다. 우리가 지식을 습득하는 과정에서 발생할 수 있는 일상적 지식습득의 오류를 살펴보며 과학적 지식 습득을 위한 노력이 필요한 이유가 무엇인지 생각해 보자.

① 부정확한 관찰

일상적 관찰은 의식하지 못한 활동이 대부분으로, 사물의 관찰에 매우 무관심하여 결과적으로 오류를 범하게 된다. 우리는 무의식적인 행동이 대부분이기에 금방 했던 행동을 잊어버리기 쉽다. 일상적 탐구와 대조적으로 과학적 관찰은 의식적 활동이다. 의도적인 태도를 갖고 관찰에 임하는 것이 오류를 줄이는 데 도움이 된다. 이 책의 첫 페이지의 색상을 여러분이 맞출 수 있다면 적어도 여러분은 교재를 알고자 하는 관찰의 태도를 갖추었다고 할 수 있다. 부정확한 관찰은 부정확한 지식을 산출할 수 있기에 의식적인 기록과 계획은 과학적 지식을 습득하는 매우 중요한 태도이다.

② 과도한 일반화

관찰하는 구체적인 것 중에서 경향(pattern)을 찾을 때 우리는 종종 몇 개의 비슷한 사건들을 일반적 경향의 증거로 믿는다. 그러나 이것은 압력이 부재할 때도 일상적으로 일어난다. 과도한 일반화가 발생할 때면 언제나 그것은 탐구를 잘못 이끌거나 방해할 수 있다. 일반화란 소수의 사실을 다수에게 확대 적용하는 것으로, 이것이 지나칠 때 과도한 일반화가 된다. 일상적인 지식 습득은 대부분 지나칠 정도의 일반화를 갖게 된다. 과도한 일반화를 줄이기 위한 노력은 현상을 분석하기 위해서 가능한 최대한 관찰표본을 확보하는 것이다. 사회복지실천적 지식을 얻는 데 있어서 소수의 참여자를 프로그램에 참여시켜 얻는 결과를 참여자와 유사한 조건을 지닌 불특정 다수에게 적용시키게 되면 특정프로그램의 효과를 일반화하는 데 분명 한계를 지니게 될 것이다. 연구자는 연구결과로 경향성을 찾아 무엇인가를 발견한 것처럼 여겨질지라도, 성급한 주장보다는 겸손한 태도가 필요한데 과도한 일반화로 범할 수 있는 오류의 가능성으로 과학적 지식을 의심할 여지를 남길 수 있기 때문이다.

③ 선별적 관찰

과도한 일반화는 선별적 관찰의 결과로 이어질 수 있다(Rubin & Babbie, 2016). 일반화에 맞는 관찰들만 사실이라고 여기고, 그렇지 않은 것은 사실이 아니라고 판단한다. 즉, 편견이 발생할 수 있는 조건은 위에서 언급한 과도한 일반화와 선별적 관찰을 통해서 이루어진다고 할 수 있다. 예를 들어 빈곤의 문제를 삶의 의지와 성실함을 관찰할 수 없는 사람들의 게으름 문제로 귀결시킨다면 사회는 빈곤의 문제를 법과 제도의 개선보다 개인의 문제로 인식하여 개입의 방향을 미시적으로 접근할 가능성이 높다. 따라서 사회복지실천을 위하여 선별적 관찰의 과학적 지식 습득의 오류를 방지하기 위해서는 실천가 또는 연구자 스스로 자신에게 특정 당사자와 현상에 편견을 가지고 있지 않은지 자기반성적 사고를 꾸준히 할 필요가 있다.

④ 꾸며진 정보

우리가 일상적인 탐구에서 혼돈을 벗어나는 방법으로 그럴 듯한 정보를 만들어내는 것처럼, 과학적 탐구에 관여하는 과학자도 그렇다. 의도를 갖고 만들어진 사실을 마치 과학적 지식으로 비롯된 것처럼 허위로 꾸미게 되는 것은 연구의 윤리적 책임과도 직결된 것이다. 지식을 생산하는 과정으로서 과학적 방법과 절차의 잘못으로 인하여, 하물며 인위적인 가공을 더하게 될 때, 과학과는 거리가 먼 개인이 만드는 허구의 지식이 될 뿐이다. 꾸며진 정보로 인한 윤리적인 문제는 이후 설명될 현상의 이해에 있어서 자아가 개입될 여지로 이어진다. 결과를 그럴듯하게 꾸미기 위한 행위는 결국 과학적 지식을 추구하여 다수가 얻게 될 이익보다는 개인의 이익을 취하기 위한 목적으로, 연구결과의 도덕적 가치를 크게 훼손시킨다.

⑤ 사후 발생적 가설

사실을 검증하기 위한 절차로 과학적인 방법은 가설을 미리 설정한다. 개별의 사실과 비교하였을 때, 가설은 이론과의 관계를 확인하는 방식으로 진행된다. 그런데 우리는 이미 벌어진 결과를 그 이후에 설명하는, 순서가 뒤바뀐 추리를 할 때가 더 많다. 특히 연역적 지식 습득의 방식은 이론을 토대로 가설을 세워 현상을 설명하는 것이기에, 현상을 관찰하고 이후에 가설을 세우는 것은 잘못된 추론의 방식이 된다. 예를 들어 지속적으로 학대받는 아동을 보호자로부터 분리시킨 사회복지사가, 시간이 지난 후 당사자인 아동으로부터 상황에 대한 변화를 확인하고자 구조화된 면접을 실시하였다. 면접 결과, 아동이 오히려 더 불안해하고 부정적인 인식이 증가하였다는 것으로 나타났다. 사회복지사는 예상했던 결과와 반대의 결과가 나타나자 당황할 수밖에 없었다. 하지만 사회복지사는 기존의 개입 가설이 아닌 다른 가설로 이 상황을 추론하고자 하였다. 아동의 불안이 나타난 것은 당연한 결과이며, 해당 아동은 초기 자신의 상황을 받아들이기 어려워 부정적인 인식이 나타나는 것이라는 논리로서 이를 설명하고자 하였다. 예상치 못한 관찰결과가 초래되었다고 해서 현상을 설명하고자 세웠던 가설을 관찰이 끝난 이후 달리 변경하는 것은 과학적 지식을 습득하는 데 있어서 피해야 할 태도라고 할 수 있다.

⑥ 비논리적 추론

현상에 관한 우리 결론에 모순되는 관찰을 다루는 다른 방법들이 존재한다. 특히 자신의 행동과 관련된 근거는 자신의 감정상태와 또는 의지가 포함될 가능성이 많다. 모순된 자신의 행동을 부정하기 위하여 단순한 비논리로 옹호하는 것이 바로 도박꾼의 오류(gambler's fallacy)이다. 우리의 일상적인 지식 속에는 우리가 미처 인식하지 못하는 비논리적 사유들이 무수히 존재할 수 있다. 비논리적 추론이 이루어지는 경우는 타당하지 못하거나 부정확한 근거로 현상을 설명하고자 하는 경우이다. 예를 들어 청소년의 게임중독이 사회적 문제로 대두되고 있는 심각한 현상을 설명하는데, 중독행동을 반복하고 있는 청소년들의 대뇌 신경물질이 발견되어 오로지 의학적 접근방법으로 중독행동의 문제 해결이 가능하다는 접근이 주목받기 시작되었다고 하자. 논리적인 검증이 이어져야 하지만, 단지 새로운 접근방법이라는 이유만으로 획기적인 치료법이라고 여기는 비논리적 추론은 결국 과학적 지식으로서 타당성을 도전받게 될 수도 있다.

⑦ 이해에 자아가 개입

규칙성과 보편적 이해를 추구하는 것은 사소한 지적 활동이 아니다. 자아의 개입은 자신의 이해의 관점에서 도출된 지식을 판단하고자 하는 태도이다. 위에서 설명한 비논리적 추론과 같이 현상을 바라보는 관점은 대개 객관성이 떨어지며 어떠한 형태로든 자신의 상황을 이해하는 방향으로 해석하고자 할 것이다. 시험에 실패한 수험생은 출제처의 난이도 실패나 수험생의 집중으로 경쟁률이 갑자기 높아진 것으로 자신이 직면한 '괴로운' 현실을 견디려 할 것이다.

이해에서 자아개입은 사회복지실천에서 흔히 마주친다. 사회복지사는 책임을 받아들이고 자신 행동의 문제에 기여한 방식을 직면하기보다 그 원인을 다른 사람 또는 자신 통제 밖의 외부의 탓으로 돌리기 쉽다. 사회복지사는 자신의 자아 개입으로 실천에 방해가 될 수 있다는 것을 인식하기 쉽지 않다. 평가 연구(evaluation research)를 실시하는 사회복지사는 연구가 평가하는 프로그램 효력을 입증하지 못할 때 빈번이 이런 형태의 자아개입에 직면한다(김영종, 2017).

⑧ 탐구의 성급한 종료

어떠한 사실이 완벽하게 이해되기 전 탐구의 성급한 종료가 갖는 위험은 크다. 물론 어떤 상태의 지식도 완벽한 것은 없지만, 분명히 진행되고 종료되지 않은 상황과 과정에서 도출된 지식은 마치 지식이 결정적이며, 더 이상 변화가 순환되지 않는 것으로 판단하는 것과 다름 아니다. 관찰이 중요한 의미는 내가 발견한 오늘의 사실들이 부분적인 관찰을 통해서 비롯된 내용일 수 있기에 그렇다.

섣사리 도출된 결과는 분명 오래가지 못해 개별 관찰된 사실로 반박에 직면할 가능성이 매우 높다. 따라서 인간을 대상으로 하는 사회과학 연구에서는 한 현상에 대한 일정 지식을 습득한 이후에 더 이상 탐구하지 않아도 된다는 식의 조기 종결은 바람직하지 않다. 앞서 설명한 과학적 지식 습득은 연역적 방법에 의해 이론이 검증되기도 하지만, 귀납적 방법에 의해 개별 사실들이 새로운 이론을 형성해 나가기 때문에 그렇다.

⑨ 신비화

동일한 프로그램을 진행한 사회복지사가 어떤 집단의 노인들은 삶의 만족도가 높아졌으나 또 다른 집단은 전혀 변화가 나타나지 않은 것을 이해할 수 없다고 하자. 그래도 해당 사회복지사는 이것을 어떤 식으로든 이해하고 싶어 하고, 그 결과 종종 신비적인 방법에 의존한다. 신비화는 이해되지 않는 현실에 대한 초현실적인 접근을 의미한다.

이런 문제에 대한 한 가지 보편적 반응은 이해할 수 없는 현상을 초자연적이거나 혹은 신비한 원인들로 돌리는 것이다. 단순히 어떤 것은 궁극적으로 인간 이해를 넘어서는 것이라고 주장한다. 물론 어떤 사건이나 상황에 대해서는 사실일 가능성이 상당히 있다. 아마 어떤 것은 전적으로 변칙적인 것이다. 그럼에도 불구하고, 그것이 실제로 알 수 있는 것인지 아닌지를 떠나 어떤 현상을 궁극적으로 알 수 없는 것으로 받아들이는 것은 탐구에 대한 중단을 가져온다.

3 과학적 지식 습득과 사회복지실천

1) 과학적 방법을 통한 사회복지실천 필요성

(1) 사회복지실천의 책무성(accountability)

사회복지실천은 서비스 대상인 인간을 이해하려는 탐색에서 시작된다. 어떠한 현상을 이해하기 위한 전제조건은 '그것(현상)을 알지 못한다'는 자세에서 비롯된다. 이는 사회복지사로 하여금 겸손하며, 겸허한 태도를 가져야 한다는 것을 의미한다고 할 수 있다. 인간이 알고 있는 기존의 지식이 있다고 할지라도 그 인지체계는 상당히 비합리적일 수 있으며, 비과학적이기에 설사 자신이 맹신하고 확고한 것이라고 여길지라도 '믿고자 하는 태도'에 의문을 제기할 수 있어야 한다. 즉, 과학적 지식을 습득하고자 하는 자세는 사회복지실천의 가치와 유사하다고 할 수 있다. 우리 자신이 지니고 있는 믿음에 대해 늘 비판할 줄 아는 자세는 사회복지실천의 원재료인 인간에 대한 과학적 태도를 기반으로 한 사회복지실천가의 책임 있는 자세라고 할 수 있다.

그렇다면, 과학적 지식을 바탕으로 한 사회복지실천이 이루어져야 하는 이유는 무엇인가. 어떠한 지식도 모든 현상을 설명하기에 한계를 가지고 있지만, 적어도 타당한 근거와 합리성을 바탕으로 한 지식이라면 객관적 검증을 통한 지식의 유효성이 도출될 수 있다. 사회복지 욕구를 하나의 현상이라고 하면 개인, 가족, 집단 및 사회는 욕구의 대상이 되며 직면한 문제를 해결하기 위하여 다양한 개입의 유효성(validity)과 타당성을 객관적으로 검증할 수 있다면 우리는 이를 과학적 지식에 의한 사회복지실천이라고 할 수 있을 것이다.

사회복지실천이 과학적 방법과 검증의 유용성을 담보해야 한다는 것은 사회복지사의 전문성 개발로 사회복지사의 클라이언트에 대한 책무성을 명시적으로 언급한 사회복지사 윤리강령 제2조 1항에서도 살펴볼 수 있다(김기덕 · 최소연 · 권자영, 2017).

> "사회복지사는 클라이언트에게 최상의 서비스를 제공하기 위해, 지식과 기술을 개발하는 데 최선을 다하며 이를 활용하고 전파할 책임이 있다."

(2) 실천현장을 기반으로 하는 지식의 축적성(accumulation)

사회복지실천의 과정에서 인간행동을 사정하고 변화시키기 위한 초기의 모델은 의료모델이었다. 클라이언트를 환자로 간주하고, 클라이언트의 문제는 내부에 있는 것으로 접근하였다. 하지만 1960년대에 들어 의료모델의 유용성을 의심하기 시작하면서 대안적 접근을 탐색하였고, 클라이언트에 유익이 되는 체계를 변화시키는 데 주목하였다.

예를 들어, 아동의 조현병 발병의 원인이 개인의 내적 기질에 있지 않고, 이중구속(double-bind) 메시지와 같은 역기능적 의사소통과 같은 가족체계 간의 부정적 상호작용으로 밝혀져, 생태학 모델을 적용하여 가족문제를 사정하고 개입하고자 하는 노력들은 현장을 중심으로 한 지식들의 축적의 필요성을 내포하고 있다(Zastrow, 2017). 사회복지실천 지식들은 불안정한 인간과 사회에 대한 문제를 다루는 것이므로, 과거에는 적절했던 것으로 보이는 지식들일지라도 현재와 미래에는 수정이 필요한 경우가 많다. 개인의 심리적 특성뿐만 아니라 환경체계의 특성을 분석하기 위한 모든 과정은 사회과학을 기반으로 하는 과학적 조사연구방법에 의해 실행된다.

실천현장에 있는 사회복지 전문직의 입장에서 활용할 수 있는 지식이 불완전하다고 여기며, 지식개발에 스스로 힘써야 한다는 태도가 더욱 절실해진다. 현장에서 만나는 다양한 클라이언트와 상황들은 유형화할 수 없을 만큼 매우 개별적이며, 동질하지 않기 때문이다. 따라서 현장에서 직접 지식이 만들어질 수밖에 없으며, 현장의 경험에 의해 만들어진 지식들은 자신의 신념에 의해 구성된 지식이 아니라 객관적인 사실 확인과정으로 과학적 지식을 축적하려는 노력을 이어 나가야 한다. 과학적 방법에 기반을 둔 사회복지 조사방법은 실천적인 이론이 현장에서 개발되는 것을 돕고, 그런 이론들이 타당한지의 여부를 경험적으로 검증 가능하도록 하면서, 결국에는 사회복지 일반적 지식의 확대를 가져온다(김영종, 2017).

2) 증거기반실천(evidence based practice)을 통한 사회복지실천의 기여

사회복지실천을 통하여 프로그램 또는 정책개입의 분명한 효과성을 입증해 보이는 것은 현재의 사회복지서비스를 제공하는 사회복지 전달체계가 가진 주요한 관심대상일 것이다. 또한 이미 평가되어 있는 긍정적 결과를 보인 실천효과성도 분명하다는 설득력을 얻으려면 그만큼의 검증, 재검증이 요구된다(Rubin & Babbie, 2016). 이처럼 사회복지 환경의 변화와 더불어 실천개입의 책무성에 대한 요구가 증가됨에 따른 노력의 일환으로 가능한 최고의 증거를 찾기 위해서 기존의 과학적 조사연구를 평가하여 사회복지실천의 결과를 가장 좋게 할 수 있는 증거기반실천(evidence based practice)

이 강조되고 있다(공계순·서인해, 2006).

조사연구를 통해 축적된 자료를 사회복지실천에 활용하는 노력은 비교적 오래전부터 있어 왔으며, 이는 증거기반 사회복지실천이 활성화되는 데 영향을 미쳤다. 사회복지개입을 위한 실천현장에서 욕구를 가진 개별집단의 요구수준이 어떠한지를 사정하여 기초선을 마련하고, 그에 따른 프로그램 혹은 정책을 수립하기 위하여 사회조사를 통한 데이터의 축적은 사회복지실천을 위한 객관적인 지표로서 역할하기에 과학적 증거자료로 충분하다. 따라서 사회조사방법은 효과적인 사회복지개입을 위한 증거기반실천의 전제조건이라 할 수 있다.

무엇보다도 클라이언트를 돕는 것이 중요시되는 사회복지현장에서 비과학적이고 검증되지 않은 서비스가 제공된다면 서비스 기회가 박탈되면서 사회복지라는 전문적인 기본가치 역시 무의미해질 수 있다. 따라서 증거기반의 실천을 위한 연구방법의 이해는 보살핌과 온정과 같은 당사자의 입장을 지향하는 사회복지 가치와 많은 관계가 있다는 것을 알 수 있으며, 사회조사를 통한 연구자료의 이해와 활용의 노고를 겪는 사회복지사는 그렇지 않는 사람보다 클라이언트의 복지에 더 많은 관심을 보이며 궁극적으로 클라이언트에게 더 많은 도움이 된다고 볼 수 있다(정순둘, 2004). 사회조사방법을 통하여 확보된 데이터가 사회복지실천의 객관적 효과성을 확보하는 도구역할로 작동하기 위한 궁극적인 패러다임이 바로 증거기반실천이라 판단할 수 있기에, 앞으로 사회복지실천에 관한 조사연구가 보다 많이 발표되고, 현장의 사회복지사들이 조사연구에 참여하는 정도가 높아져야 할 것이다.

실습 1

최근 사회복지와 관련한 이슈 중 관심 있는 현상을 기술해 보자.

방법) 뉴스 검색 등을 통하여 독거노인, 아동학대, 학교폭력 등 사회복지 실천적 개입이 요구되는 사회문제를 찾아 기술한다.

____

____

____

실습 2

위에 기술한 사회현상이 발생된 원인을 살펴보고자 한다. 이를 위해 어떤 방법을 적용할 수 있는지 기술해 보자.

방법) 사회문제는 결과이며 따라서 결과가 발생되기까지 원인을 파악할 수 있는 방법을 기술한다.

____

____

____

실습 3

본인이 제시한 방법에 관하여 동료(팀원)들과 함께 토의해 본 후, 과학적 지식을 습득하기 위하여 필요한 것은 무엇인지 기술해 보자.

____

____

____

❙ 기출문제로 복습하기

1. 사회복지사에게 과학적 조사방법론이 필요한 이유를 모두 고른 것은? 14회 기출

ㄱ. 실천현장에서 수행하는 업무에 조사 관련 지식이 필요하다.
ㄴ. 서비스의 질을 높일 수 있는 실천기술 개발을 위해 필요하다.
ㄷ. 지역주민의 욕구조사를 위해 필요하다.
ㄹ. 사회복지사가 제공하는 서비스에 대한 평가를 위해 필요하다.

① ㄱ, ㄴ, ㄷ
② ㄱ, ㄷ
③ ㄴ, ㄹ
④ ㄹ
⑤ ㄱ, ㄴ, ㄷ, ㄹ

2. 과학적 방법에 관한 설명으로 옳은 것은? 12회 기출

① 연역법적 논리의 상대적 우월성을 지지한다.
② 윤리적 실천을 수행할 수 있게 한다.
③ 모든 지식은 잠정적이라는 태도에 기반한다.
④ 연구의 반복을 요구하지 않는다.
⑤ 선별적 관찰에 근거한다.

3. 사회복지사가 과학적 조사연구방법을 활용하는 일반적 상황이 아닌 것은? 16회 기출

① 사회복지 전문가로서 실제 조사를 수행할 때
② 지역주민의 복지적 욕구를 파악할 때
③ 새로운 통계적 분석기법을 개발할 때
④ 학술논문에 있는 실천방법들의 효과성을 비교할 때
⑤ 새로운 프로그램의 만족도를 평가할 때

❙ 정답 ❙ 1. ⑤ 2. ③ 3. ③

정리하기

- 사회복지조사는 과학적 지식을 습득하는 방법이다. 과학적 지식은 과학적 방법에 의해서 마련되는 것으로, 재생가능성, 경험가능성, 객관성, 논리성과 같은 특징을 갖추어야 한다.
- 과학적 연구방법은 연구절차가 논리적, 체계적이어야 한다. 연역적 방법의 과학적 지식 추론방법은 이론으로부터 개별적 현상을 검증하는 과정으로 양적연구 접근방법이다. 귀납적 방법의 과학적 지식 추론방법은 개별적인 사실로부터 개념화하여 궁극적으로는 이론을 정립해 나가는 것으로 질적연구 접근이 이에 해당한다.
- 과학적 지식 추구를 방해하는 것들로 부정확한 관찰, 과도한 일반화, 선별적 관찰, 꾸며진 정보, 사후 발생적 가설, 비논리적 추론, 자아가 개입된 현상의 이해, 탐구의 성급한 종료, 신비화 등이 있다.
- 사회복지실천현장에서 과학적 지식습득이 필요한 이유는 사회복지사가 전문성을 갖고 클라이언트에 대한 책무성 있는 자세가 발휘되어야 하기 때문이다. 실천현장을 기반으로 하는 지식의 축적성은 사회복지 지식의 확대를 가져오며, 이러한 증거기반실천은 결국 사회복지실천의 객관적 효과성을 확보하는 도구적 역할에 기여한다.

Chapter 02

Research Methods for Social Welfare

사회복지조사의 과정

학습 목표

- 사회복지조사에서 사회문제를 설정하는 요건들을 제시할 수 있다.
- 사회복지조사의 과정을 절차에 맞게 설명할 수 있다.
- 사회복지조사의 각 과정의 의미를 인식하고, 연구자의 역할을 수행할 수 있다.
- 사회복지조사에서 발생할 수 있는 윤리적 쟁점에서 연구자로서 갖추어야 할 역할을 설명할 수 있다.

'조사' 또는 '연구'를 뜻하는 영단어는 'research'이다. 이 단어는 접두어 're(다시)'와 명사 'search(탐색)'가 합쳐져 만들어진 단어이다. 추측할 수 있겠지만, 연구는 일상적인 탐색에 그치지 않고 매우 세세히, 다시 한 번 살펴보고자 하는 것을 의미하는 의지와 태도가 내포된 단어라고 할 수 있다. 우리는 연구라는 단어에 담긴 의지를 반영하고자, '왜?'라는 태도를 연구과정의 초기단계에서부터뿐만 아니라 종결에 이르기까지 지속할 필요가 있다. 사회복지실천에서 '왜?'라는 것은 아마도 연구대상 집단이 호소하고 있는 욕구를 발견하는 데부터 출발할 것이다. 우리는 이를 일반적으로 '문제'라고 규정하는데, 따라서 문제를 해결하기 위하여 비용과 노력이 요구되는 과정이 조사라고 한다면 우리는 '왜?' 그 문제를 해결하려고 하는지 타당한 이유를 마련해야 한다.

조사의 시작은 '왜?' 또는 '무엇을 위해서?'라는 질문에서 비롯된다. 사회복지조사는 욕구 대상자 혹은 집단이 호소하는 욕구가 무엇인지 알아내어 사회복지 프로그램이나 서비스 계획이 수립될 수 있다. 욕구를 탐색하기 위한 과정이 사회복지조사의 과정이며, 전문적 개입의 기반이 된다. 따라서 본 장에서는 사회복지조사의 과정을 욕구조사로 초점화하여 연구문제 설정, 조사 설계, 조사 자료의 분석 및 보고서 작성을 살펴보며, 사회복지현장에서 실천적 개입을 계획하기 위한 사회복지조사 과정을 이해하고자 한다.

1 사회복지조사의 과정

사회복지 연구활동은 결국 결핍된 욕구의 상태를 문제로 인식하고 이를 해결하는 절차적 과정이라고 할 수 있다. 연구자는 개인, 집단 또는 지역사회에서 결과를 야기하는 원인을 찾아내서 진정한 인과관계가 있는지 여부를 조사한다(강종수, 2013). 어떤 조사의 목적이든지 연구자는 이미 정해진 절차적 과정에 의해 연구활동을 하게 된다. 조사연구는 [그림 2-1]과 같이 일반적으로 5단계의 과정을 거친다.

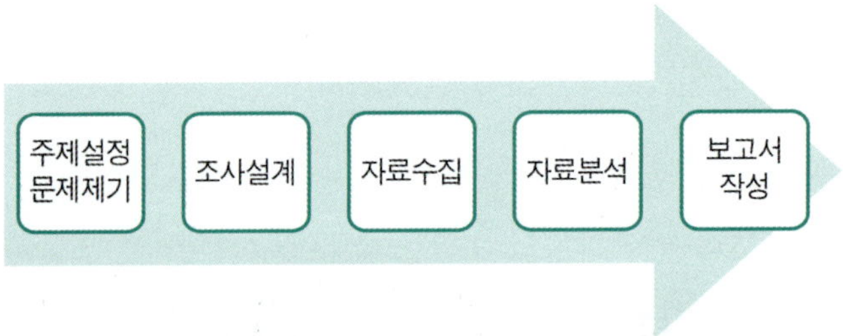

그림 2-1 사회복지조사의 일반적 과정

지역사회를 한 단위로 보고 충족되어야 할 복지의 상태가 지향해야 할 목표라고 한다면, 지역사회의 욕구조사를 실시해야 할 것이다. 지역사회 욕구조사 실시는 현재 지역의 문제가 무엇이기 때문에 욕구가 발생하고 있는지 생각하는 것부터 시작해야 한다. 조사연구의 핵심적인 부분인 사회문제를 발견하고 설정하는 것부터 보고서 작성에 이르기까지의 사회복지조사를 욕구조사의 과정 중심으로 살펴보고 각 단계에서 포함되어야 할 활동과 내용은 무엇인지 살펴보고자 한다.

2 사회문제 설정의 과정

사회문제는 조사에서 가장 핵심적인 부분으로서, 연구자가 사회복지실천현장에서 일어나는 다양한 문제들을 접하고 새로운 이론이나 학문적 경험을 쌓으며 관심을 갖게 되면서 발견하게 된다. 연구자는 늘 연구하는 자세로 클라이언트 및 지역사회와 관련된 연구문제를 찾고 해결하도록 노력해야 한다.

조사의 주제가 정해지면 개념들이 구체화되고 조사의 목적이 명시되며, 가설, 분석단위, 변수, 조작적 정의 등이 설정될 수 있도록 해야 한다. 이 단계에서는 조사의 동기가 무엇이며 연구자는 조사를 통하여 얻고자 하는 목적이 무엇인지를 분명히 해야 한다. 따라서 조사를 하기로 결정하기까지 다음과 같은 질문에 필요성을 제시할 수 있어야 한다. 조사의 방향성이 결정되는 단계이기에 오랜 고민과 생각이 요구되며, 기존 문헌에 대한 검토가 필요하다.

1) 조사의 목적과 필요성 제시

본격적인 조사과정을 수행하기 전에 연구자는 왜 조사를 하려고 하는지에 대한 목적을 가지고 있어야 한다. 지역사회 사회복지 욕구조사인 경우 지역사회 욕구를 해결해야 하는 중요한 상황이 존재해야 한다. 아래의 사례 2-1에서 지역사회 단위의 실천적 개입 방안이 마련된 이유를 살펴보자.

사례 2-1

OO시, 2017년 아동복지계획 수립

OO시가 아동이 더 행복하고 살기 좋은 지역사회를 만들기 위해 '2017년 아동복지 종합계획'을 수립했다. 22일 시에 따르면 올해 가족해체에 따른 가족기능 약화, 사회양극화에 따른 빈곤 대물림 심화 등으로 아동학대 및 방임 아동이 지속적으로 증가하고 있고, 아동의 행복추구와 소외되고 차별받지 않는 사회안전망 구축을 위해 5개 신규사업 및 2개 중점사업을 추진한다.

2017년 신규사업으로는 '매월 5일 아동존중의 날' 지정 운영, 찾아가는 성폭력·아동학대 예방교육, 취약계층아동 서비스 욕구조사, 아동복지시설 기능보강사업 등을 통하여 아동 보호 분위기 확산과 요보호아동 지원 인프라를 확대할 예정이다.

출처: 뉴스메이커, 2017. 3. 23, http://www.newsmaker.or.kr/news/articleView.html?idxno=41802

위의 사례에서 지역 아동의 복지욕구가 문제라는 점을 명확하게 인식하기 위해 아동을 둘러싼 가족의 문제, 사회적 문제 등이 지속되고 있음을 명확히 해야 한다. 예를 들어, 아동학대의 경우 지역에서 아동학대의 빈도가 높다거나 가족해체 등의 문제가 아동에게 궁극적으로 심각한 피해를 가져오게 된다는 것 등과 관련한 내용을 조사를 통해 제시해야 지역사회 단위의 아동복지계획 수립의 필요성을 설득력 있게 밝힐 수 있게 된다. 조사의 필요성을 확실히 하는 가장 좋은 방법은 상황의 심각성에 관한 정보를 확보하고 제시하는 것이다(최선희, 2012). 욕구상황에 대한 실태와 관련한 정보는 보편적으로, 심각성에 대한 정도는 보다 깊이 있게 제시할 필요가 있다.

2) 기존 문헌 검토

연구자는 조사와 관련된 영역에서 현재까지 이루어진 연구들을 파악하여 자신의 연구문제 해결을 위한 참고문헌으로 사용하기 위하여 연구주제 설정과정에서 기존 문헌을 검토한다. 문헌 검토에서 주된 내용은 연구문제와 관련하여 다른 연구자가 발견한 사실을 살펴보는 것이다. 기존 문헌은 기존 연구에서 적용한 연구방법 내용 중

연구설계와 측정도구뿐만 아니라 활용된 자료분석방법 관련한 내용들이다.

문헌 검토는 연구주제가 설정되면 해당 분야의 문헌을 탐색하는 연구 초기의 시기에 집중적으로 실시하지만, 실제적 연구과정에서는 모든 시기에 걸쳐서 이루어진다. 연구를 수행하면서 연구문제 설정단계부터 연구가 끝날 때까지 추가적인 문헌 검토를 필요로 하는 이슈들이 끊임없이 나타나기 때문이다(강종수, 2013).

가장 일반적인 문헌연구 대상은 국내외 학술지와 대학원에서 출간된 학위논문이다. 학회는 학술논문을 인터넷 홈페이지에 탑재하여 열람할 수 있도록 하고 있으며, 한국교육학술정보원(KERIS)과 같은 국가단위의 학술정보 데이터베이스가 구축되어 검색 및 문헌수집이 편리하게 이루어진다. 국내 주요 자료 검색 사이트는 다음과 같다.

표 2-1 국내 주요 학술자료 정보원

전자정보원	홈페이지	정보이용방법
한국교육학술정보원	www.riss.kr	• 전국 대학이 생산하고 구독하는 학술자원을 공동으로 이용할 수 있도록 개방된 정보 서비스 • 국내외 학위논문, 국내외 학술지 논문 서비스 제공
한국학술지인용색인	www.kci.go.kr	• 한국연구재단에서 구축한 KCI 등재(후보) 학술지의 논문 검색 • 논문 검색 혹은 학술지 검색에서 '최근발행정보' 클릭하여 원문 이용
누리미디어	www.dbpia.co.kr	• 285개 학회 등이 발행하는 1,600여 종의 정기간행물 DB • 국내 학술저널, Conference Proceedings, 전문잡지, 전자책, 웹DB 등을 제공하는 온라인 서비스로 원문의 full-text 및 상세한 서지정보를 검색

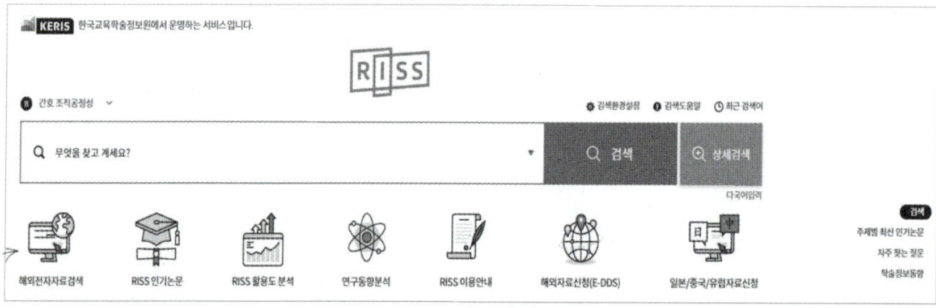

그림 2-2 한국교육학술정보원 자료검색 웹페이지 (http://www.riss.kr)

3 조사설계의 과정

여행을 떠나고자 목적지를 정했다면 다음 과정은 무엇인가? 아마도 여러분이 살고 있는 곳에서 부산이라는 지역을 찾아간다면 여러분의 머리에 떠오르는 교통수단과 여행 경로는 적어도 3~4가지는 될 것이다. 연구의 주제는 목적을 지니고 있고, 이를 위해 우리는 무엇을 어떻게 할 것인가에 대해 고민해야 한다.

여행지로 부산을 정한 것이 여행의 목적이지만, 사실 더욱 중요한 것은 목적지에 닿기 위한 경로의 설계라고 할 수 있기에, 연구에서도 설계의 과정은 연구의 방향성을 잃지 않도록 하기 위해 목적을 든든히 지지할 수 있는 계획의 단계라고 할 수 있다. 그렇다면 욕구조사에서 조사설계에 포함되어야 할 과정은 구체적으로 무엇이 있는지 살펴보자.

1) 연구가설 세우기

(1) 가설(hypothesis)

가설은 조사를 통하여 검증하고자 하는 변수들 간의 관계에 대한 임시적이며 단정적인 진술이다. 가설을 설정하여 연구조사를 실시하는 이유는 우리가 현상에서 관찰하는 내용이 기존에 경험한 지식과 이론과 비교하여 어떠한지를 검증해야 하는 학문적 태도를 갖기 때문이다. 즉, 조사하고자 하는 것을 명확히 하기 위한 것과 연구주제를 검증하기 위해서라고 할 수 있다.

앞서 사례 2-1에서 제시한 내용에서 해당 지역자치단체가 아동이 행복하고 건강하게 성장하기 위해 실시한 복지계획의 결과가 어떠한 과정을 통해서 마련되었는지 유추해 볼 수 있다. 아동의 권리보장이라는 결과를 지역이 추구하고자 한다면, 궁극적으로 아동이 행복해야 할 것이고, 이를 보장하기 위해서는 지역의 관심도와 권리보장에 대한 민감성이 요구된다고 할 수 있다. 즉, 예상되는 명확한 결론은 이론을 바탕으로 설정할 수 있다. 이를 반영하면 '지역의 관심수준과 아동의 삶의 만족수준은 관계가 있을 것이다'라는 가설을 세울 수 있을 것이다.

(2) 가설의 유형

① 연구가설(research hypothesis)

연구자는 인과관계를 검증하기 위해 변수 간의 관계를 잠정적인 결론의 형태로 표현해야 하는데, 이러한 가설을 연구가설이라고 한다. 위에서 제시한 사례에서, '지역의 관심수준과 아동의 삶의 만족도는 관계가 있을 것이다'라고 연구가설을 제시할 수 있다. 일반적으로 가설이라고 하면 연구가설을 의미한다. 연구가설에는 방향을 나타내는 것과 차이의 유무만을 나타내는 것이 있다. 방향을 나타내는 가설은 '무엇은 무엇보다 크거나 작다' 혹은 '무엇이 증가하거나 감소하면 다른 무엇이 증가하거나 감소한다' 등으로 나타낸다. 변화에 대한 + 혹은 -의 방향을 가지고 있는 것이다. 차이의 유무를 나타내는 가설은 '무엇은 무엇과 다르다' 혹은 '무엇이 변화하면 다른 무엇도 변화한다' 등으로 나타낸다. 연구가설은 단지 차이가 있음을 나타내는 것으로 방향성은 제시되지 않는다(김영종, 2017).

② 영가설(null-hypothesis)

가설은 잠정적 결론의 형태로, 검증의 대상이 된다. 그런데 연구가설의 형태로는 가설검증의 어려움이 있다. 연구가설이 수용되는지 혹은 기각되는지를 판단하기 위해서 영가설로 검증의 편의성을 도모할 수 있다. 즉, 연구가설과 영가설은 상반된 개념으로, 두 가설 중 하나가 참이라면 당연히 다른 하나는 거짓이기에 영가설 기각 여부를 따져보는 것이 가설검증의 기본원리로 적용된다. 앞에서 제시된 사례에서 연구가설에 따른 영가설은 '지역의 관심수준은 아동의 삶의 만족도와 관계가 없을 것이다'라고 설정할 수 있다.

(3) 가설설정과 연구목적

가설은 이론의 검증에 목적을 두고 있다. 따라서 대부분 인과관계를 검증하는 설명적 연구에서 가설이 요구된다. 즉, 연구자는 현상(문제)이 결과로 도출되게 한 원인이 무엇인지를 규명하는 연구를 통해 문제를 해결하고자 하는 원인에 접근할 수 있도록 효과적인 프로그램을 개발하거나 실천적 개입이 가능할 수 있도록 한다. 따라서 모든 조사에 가설이 필요한 것은 아니며, 특히 기술적 목적에 가까운 일반적인 지역사회 욕구조사의 경우 가설설정을 특별히 하지 않고 연구를 진행하는 것이 일반적이다.

가설설정이 필요한 설명적 목적의 연구는 현상 또는 대상을 측정해야 하는데 이는 머릿속에 정의되는 개념으로서 존재하기보다는 측정 가능해야 하며, 이는 고유의 속성이기에 해당 속성에 따라서 각기 다른 값(value)으로 측정이 이루어질 수 있다. 우리는 이를 변수(variable)라고 한다. 예를 들어 '생물학적 성별'이라는 현상을 연구자가 조사자들로 하여금 측정하고자 한다면, 어떤 사람에게는 '남성'이라는 값으로, 또 어떤 사람은 '여성'이라는 값으로 '생물학적 성별'이라는 변수가 측정될 수 있다.

그럼 가설설정을 위해 알아야 하는 기본적인 변수들은 무엇이 있는지 살펴보고자 한다.

① 독립변수(independent variable)

설명적 연구에서 결과에 대한 원인변수를 의미한다. 현상을 설명하기 위한 선행변수로, 설명적 연구에서 문제의 현상을 규명하고자 독립변수를 설정하게 된다. 예를 들어 지역사회 네트워크 이론은 '지역사회 사회복지기관 간 상호작용이 높아지면 지역주민들의 복지체감도가 높아질 것이다'라는 가설을 뒷받침하는데, 여기서 지역사회 복지기관 간 상호작용은 주민들의 복지체감도의 원인이 되는 것이다. 따라서 복지기관간 상호작용은 독립변수가 되는 것이다.

② 종속변수(dependent variable)

인과관계 중 원인에 의해 설명되는 변수, 즉 독립변수에 영향을 받는 변수로 독립변수에 의해 비롯되어 영향을 받는다고 해서 종속변수 또는 결과변수라고 한다. 위에서 제시한 가설에서 복지체감도는 지역사회복지기관 간 상호작용에 따른 결과로 따라서 독립변수로부터 영향을 받는 변수이다.

③ 매개변수(mediating variable)

원인과 결과 변수 사이에 영향을 중개하는 변수이다. 독립변수는 종속변수에 영향을 직접 미치기도 하지만, 중간에 매개된 변수에 먼저 영향을 미치고, 이후 매개된 변수가 다시 종속변수에 영향을 미치는 이른바 매개경로를 거치기도 한다. 지역사회 네트워크 이론은 네트워크 그 자체가 복지체감도를 높이기도 하지만, 네트워크를 기반으로 생성된 지역주민의 관심도가 향상되고, 이러한 지역사회의 긍정적 변화가 궁극적으로는 지역주민의 복지체감도를 높일 수 있게 될 것이다. 즉, 지역사회 상호작용이 높아지면 관심도가 높아지고, 관심도가 높아지면 지역주민의 복지체감도가 높아지는 것이다. 이럴 경우 '관심도'는 상호작용과 복지체감도를 연결해주는 역할을 하는 것인데 그런 역할을 하는 변수를 매개변수라고 한다.

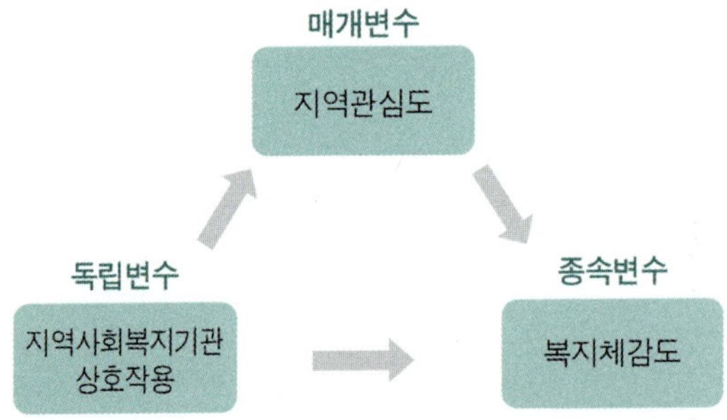

그림 2-3 매개변수를 포함한 인과관계 조사설계

④ 조절변수(moderating variable)

매개변수와 마찬가지로 조절변수는 독립변수와 종속변수 사이에 위치하며, 독립변수가 종속변수에 미치는 영향력 수준을 조절하는 변수를 의미한다. 조절변수는 독립변수가 종속변수에 미치는 영향을 크거나 작게 할 수 있는 효과를 지니고 있으며, 이를 조절효과라고 한다. 사회복지학과 학생의 전공만족도가 사회복지 전문직 정체성에 영향을 주고 있다고 알려져 있다. 하지만, 동일한 전공만족도를 인지하고 있는 학생이라고 할지라도, 교과과정의 개선, 실습지원, 비교과 프로그램 실시 등 학교의 전공에 대한 지원에 따라 전문직 정체성은 달라질 수 있을 것이다. 본 연구설계에서 '학교(대학)의 전공 교과 지원'은 조절변수라고 볼 수 있다. 조절효과를 설명하기 위한 [그림 2-4]의 조사설계는 학교(대학)의 전공 교과 지원 수준이 높으면 사회복지 전공 만족도가 전공 학생의 사회복지 전문직 정체성에 미치는 영향력을 증가시킬 수 있다는 것을 보여주고 있다.

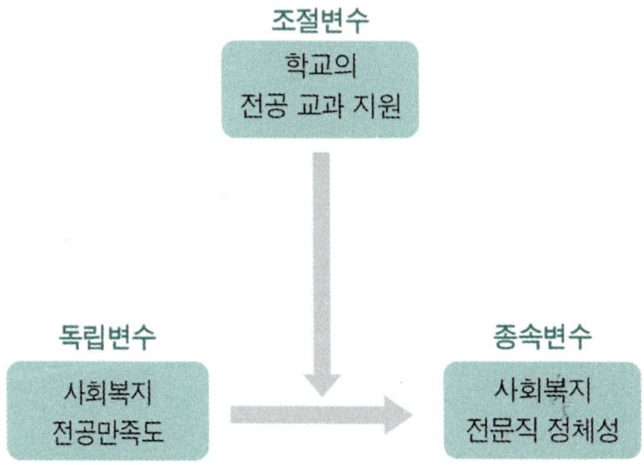

그림 2-4 조절변수를 포함한 인과관계 조사설계

2) 측정하기

연구자가 연구주제를 설정하고 이를 수행하기 위해 연구가설을 세웠다는 것은 현상을 이해하기 위한 기본적인 전제에서 비롯된다. 너무나도 당연하게 생각되겠지만, 측정이 가능해야 연구가 가능해진다. 따라서 조사연구라는 것은 측정될 수 있는 주제와 대상이어야만 하고, 개념이라는 것을 현실세계에서 증명 가능하도록 해야만 한다. 머릿속에 아무리 훌륭한 연구주제가 있다고 하더라도 현실에서 측정될 수 없는 개념이라면 사실 현재 개발된 연구방법론으로는 수행이 불가능하다고 하겠다.

예를 들어, 앞서 소개한 사례에서 지역주민의 복지체감도는 어떤 개념인가. 개념이 정의될 수 있다면 해당 개념을 측정하기 위해 이를 어떻게 측정해야 하는가. 즉, 측정이라는 것은 먼저 해당 측정상태와 현상을 개념화할 수 있어야 하고, 이후 측정하고자 하는 개념을 측정할 수 있는 객관적인 상태로 모든 사람들이 납득할 수 있도록 연구자는 개념을 조작화(operationalization)할 수 있어야 한다.

(1) 개념화(conceptualization)

연구주제를 설정하고 이에 따라 가설을 설정하면 가설은 개념과 개념 간의 관계로 표현된다(최선희, 2012). 앞에서 예시로 든 가설을 다시 설명하면, '지역사회 사회복지 기관 간 상호작용'과 '지역주민 복지체감도'라는 개념 간의 관계가 설정되어 있다. 개념은 하나의 '존재'에 대한 '사상'들을 묶어 '의미'를 단순화시킨 의미체계이다. 산과 바다와 같은 구체적인 사물은 덜 그렇지만, '아름다움', '건강'은 모든 사람들이 제각각 생각하는 의미가 다르기에 연구에 이러한 개념을 사용하고자 한다면 이를 구체적이며 체계적으로 정립하여 추상적인 개념을 명료하게 만드는 과정이 필요하다. 따라서 개념화하기 위해서는 개념을 명백히 하기 위한 정의 과정이 필요하며, 이러한 과정을 거쳐 추상적 개념을 구체화할 수 있다. 개념적 정의의 과정을 거쳐 비로소 측정을 위한 조작적 정의의 과정이 가능해진다.

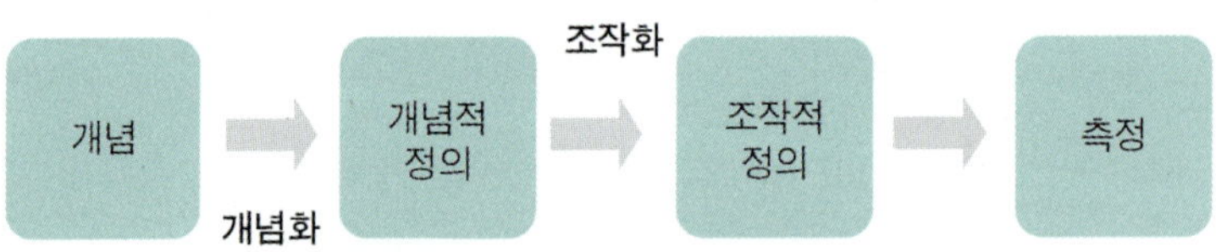

그림 2-5 측정을 위한 개념화와 조작화

(2) 조작화(operationalization)

조작화는 개념화 이후 측정을 위한 연속적 과정이다. 조작화의 결과는 조작적 정의(operation definition)로, 측정이 가능하도록 개념을 구성하는 것을 의미한다. 즉, 앞서 예로 든 종속변수인 복지체감도를 무엇으로 측정 가능토록 할 것인가에 대한 답을 연구자는 객관적이고 검증 가능한 상태로 제시할 수 있어야 한다.

가설을 검증하기 위해 인간의 다양한 행동과 태도를 변수로 측정하기 위한 것이 연구라고 한다면 변수를 측정하기 위하여 설문문항을 만들어 측정 가능한 형태로 만들 필요가 있다. 즉, 복지체감도라는 개념에 대하여 복지체감도를 측정하기 위한 질문지를 만드는 과정을 포함하는 것이 조작화라고 할 수 있다. 자연과학과 비교하여 사회과학은 인간의 행동과 태도 및 가치들을 변수로 측정하는 것이기에 복잡하고 다양한 요인들로 구성되어 있다. 예를 들면 인간의 신장이나 몸무게라는 변수는 각각 자나 저울을 통해서 측정 가능하지만, 자아존중감이나 우울감은 다양한 문항을 구성하여 해당 변수를 측정할 수 있도록 '척도(scale)'라는 질문체계를 통하여 측정할 수 있다.

조작적 정의를 만들어 내는 것은 일종의 창조적인 작업이다. 따라서 '정확한' 조작적 정의라는 것은 보통 존재하지 않는다. 그럼에도 '좋은' 조작적 정의가 되려면 최소한 다음 두 가지 조건을 충족시켜야 한다. 첫째, 재현이 가능하고, 신뢰도가 있어야 한다. 정의가 명확하게 서술되어 있어 다른 조사연구들에서도 조작적 정의를 복제해 쓸 수 있어야 한다. 신뢰도가 있다 함은 동일한 조작적 정의를 써서 관측하는 사람들은 동일한 값들을 산출해 낼 수 있어야 한다는 뜻이다. 둘째, 타당해야 한다. 조작적 정의를 통해 측정된 결과는 원래 의도했던 개념을 얼마나 적절히 나타낸 것인지와 관련된 조작이다. 타당하지 않은 조작적 정의는 아무리 복제성과 신뢰도가 높아도 의미가 없다(김영종, 2017).

표 2-2 개념화와 조작화 비교

개념	설명	예시
개념화	연구에서 사용하는 특정 개념에 대해 그 용어가 무엇을 의미하는지 구체화하는 작업. 모호한 추상적 개념을 구체화하는 과정	직무만족 - 수입, 근무환경, 직장 내 대인관계에 대한 만족
조작화	개념을 경험적, 가시적으로 측정할 수 있도록 하는 것. 조사에 사용되는 변수를 '관찰하고 측정'할 수 있도록 돕기 위한 작업	직무만족 - 표준화된 직무만족척도의 점수, 한 달간 직장동료와 갈등을 일으킨 수 등

3) 조사대상자 선정하기

연구대상자 집단은 연구주제에 따라 다르지만 연구자가 해당 집단을 모두 포괄해서 조사할 수 있을 만큼 작지 않다. 연구대상집단 중 일부를 표본으로 선정하여 표본

조사를 실시하는 것이 현실적으로 타당하다. 따라서 연구대상집단 즉, 모집단을 대표할 수 있는 일부인 표본을 뽑아서 조사를 하고, 그 조사결과를 전체 모집단의 결과로 수용할 수 있을 정도로 표본이 모집단의 대표성을 반영하는 노력이 해당 절차적 과정에서는 매우 중요한 결정요인이 된다.

표본집단구성을 이해하기 위해서는 표본조사와 관련한 용어를 먼저 이해할 필요가 있다.

(1) 표본조사 관련 용어

① 모집단(population)과 표본(sample)

연구주제가 적용되는 대상 집단 전체를 의미한다. 따라서 연구자는 전수조사 즉, 모집단을 모두 조사하기를 원하지만, 여러 현실적 제약으로 인해 불가능하다. 모집단의 속성이 반영된 가운데 모집단 중 일부를 표본으로 뽑아 표본으로 구성하여 그 결과를 일반화하여 해당 모집단의 특성을 제시한다. 표본은 모집단의 일부로, 표본조사 결과를 일반화하기 위해서는 표본조사의 결과가 모집단을 대표할 수 있어야 하기에, 모집단의 속성을 정확하게 반영한 표본을 구성하는 것이 중요하다.

② 표본추출(sampling)

모집단에서 표본을 추출하는 것을 의미한다. 표본추출단위는 개인이 하나의 단위가 될 수도 있고, 지역 역시 단위가 될 수도 있다. 실제 모집단의 모수(parameter)가 표본으로부터 추정된 통계량(statistics) 간의 차이가 발생하는 정도인 표집오차(sampling error)를 최소화할 수 있는 표본추출이 이상적이라고 할 수 있다.

(2) 표본조사설계의 순서

일반적으로 표본조사를 위한 표집설계는 다음 [그림 2-6]의 과정으로 이루어진다. 표본의 크기는 먼저 모집단이 확정되고, 표집단위를 개인 혹은 집단으로 할 것인가 연구주제에 따라 결정해야 한다. 즉, 모집단의 목록을 미리 갖추어야 할 필요가 있다. 표본조사 결과의 일반화의 정도와 현실적 여건을 고려하여 확률표본추출 또는 비확률표본추출로 표집방법을 결정하는데, 확률표본추출방법은 비확률표본추출방법과 비교하여 표집오차를 구할 수 있어 표본조사 결과의 일반화 가능성을 추정할 수 있다.

일반적으로 표본의 크기를 크게 하면 모집단에 근접하게 되어 모수와 표본통계치 간의 차이가 줄어들게 되므로 모집단에 대한 추정을 보다 정확하게 할 수 있다. 그러나 비용이 많이 들고, 비표집 오차가 커지는 문제가 발생한다. 따라서 적절한 표본크기를 결정하는 것이 필요하다.

그림 2-6 표본조사설계의 순서

(3) 표본추출방법

확률적 표본추출방법은 모집단의 모든 구성요소가 표본으로 선정될 확률이 동일한 표본추출방법이다. 반면, 비확률적 표본추출방법은 모집단의 모든 구성요소가 표본으로 선정될 확률이 동일하지 않은 표본추출방법이다.

확률적 표본추출로 조사대상자를 선정하여 조사한 경우 표본은 모집단을 대표하는 것으로 간주하여 표본의 결과를 모집단의 결과인 것처럼 일반화하는 것이 가능하지만 비확률적 표본추출로 조사대상자를 선정하여 조사한 경우에는 그 표본은 모집단을 대표하지 못하게 되고, 그럼으로써 표본의 결과를 가지고 모집단의 결과인 것처럼 일반화하는 것은 불가능해진다.

확률적 표본추출의 표본구성의 당위성과 합리적 과정 등은 결과의 신뢰성과 타당성을 높이는 데 기여하는 것이 사실이지만, 모집단에 대한 정보가 불충분하거나 접근성의 한계로 인해 확률적 표본추출이 어렵기 때문에 적절한 대안으로서 비확률표본추출방법에 대해 이해하고 이를 합리적으로 적용하는 것이 연구자에게 현실적으로 요구되는 부분이다.

표 2-3 표본추출방법의 비교

확률표본추출법	비확률표본추출법
표본으로 추출될 확률이 알려져 있을 때	표본으로 추출될 확률이 알려져 있지 않을 때
무작위 표본추출	인위적 표본추출
모수추정에 편의(bias)가 없음	모수추정에 편의(bias)가 존재함
표본분석결과의 일반화 가능	표본분석결과의 일반화 제약
표본오차의 추정 가능	표본오차의 추정 불가능
시간과 비용이 많이 듦	시간과 비용이 적게 듦

4 조사자료 분석 과정

자료분석은 수집된 자료를 정리하여 연구자가 연구목적을 달성하기 위한 정보를 도출하는 과정으로서 조사방법론적 지식과 함께 통계학적 지식을 요구하는 단계라고 할 수 있다. 실제 통계분석은 이 단계에서 실행되지만 사실상 어떤 통계기법을 어떻게 적용할 것인가는 가설설정과 변수의 측정단계에서 이미 결정된다(채구묵, 2015).

일반적으로 자료분석을 위한 통계처리 과정은 원자료(raw data)의 기호화(data coding) 작업을 시작으로, 자료 정제(data cleaning) 및 자료 편집(data editing) 과정을 거쳐 통계분석의 전 단계로 자료를 처리한다. 이후 연구가설 및 연구문제에 따라 통계분석을 거쳐 보고서에 작성할 자료들을 산출하는 과정을 거치게 된다.

5 보고서 작성의 과정

조사 과정의 최종적인 단계는 연구자가 연구결과를 알리기 위해 보고서를 작성하는 단계이다. 조사보고서는 연구자가 자신이 연구한 연구문제와 그 문제를 해결하기 위하여 사용한 방법 그리고 연구결과 및 결과에 대한 해석을 바탕으로 논하여 보고서를 읽는 사람들에게 알려주는 데 목적이 있다(강종수, 2013).

보고서를 작성하기 전에 미리 고민해야 할 것은 누구를 대상으로 보고서가 작성되어야 하는가, 어떤 목적으로 독자들이 보고서를 읽을 것인가 등이다. 또한 연구의 목적에 따라 어떤 결과를 보고서의 핵심적인 내용으로 표현할 것인지 등의 범위를 설정하여 작성할 필요가 있다. 예를 들어 지역사회 욕구조사 보고서의 경우 결과분석은 설명적 목적이기보다 기술적 목적에 있기 때문에 지역사회 현황에 대한 기술과 특징적인 욕구들이 인구학적 배경에 따라 어떻게 차이가 있는지를 나타내는 보고서의 내용이 적절할 것이다. 일반적으로 보고서의 내용은 다음과 같은 목차로 구성된다.

표 2-4 조사보고서 목차 구성

1. 서론	
1.1 연구의 필요성	1.2 연구목적 및 연구문제
2. 문헌고찰	
2.1 이론적 배경	2.2 선행연구 검토

3. 연구방법

3.1 연구대상

3.2 측정도구

3.3 자료수집방법

3.4 자료분석방법

4. 연구결과

5. 결론 및 함의

※ 참고문헌

※ 부록 (설문지)

실습 1

1. 여러분은 앞서 1장 실습에서 특정 사회현상을 이해하기 위한 원인을 알고자 과학적 지식 습득방법이 필요한 이유를 파악하였다. 다시 한 번 이를 상기해 보자.
   1) 결과(사회현상) ______________________________
   2) 원인 ______________________________

2. 사회현상과 원인을 한 문장으로 만들어 보자. 이는 곧 연구문제로 볼 수 있다.
   예) 사회현상 : 독거노인의 자살　원인 : 지역사회 무관심
   　　연구문제 : 지역사회 무관심은 독거노인 자살에 어떠한 영향을 미치는가?
   연구문제 ______________________________

3. 연구문제를 측정하기 위해서는 가설설정이 필요하다. 여러분이 설정한 연구문제를 영가설과 연구가설로 구분하여 작성해 보자.
   1) 영가설(H0) ______________________________
   2) 연구가설(H1) ______________________________

4. 설정한 가설로부터 독립변수와 종속변수를 구분하여 보자.
   1) 독립변수 ______________
   2) 종속변수______________

6 사회복지조사과정에서의 윤리적 쟁점(Issue)

사회복지조사를 설계하는 과정에서 윤리적 쟁점은 다양하게 나타날 수 있다. 사회복지조사는 대부분 사람을 대상으로 진행하기 때문에 조사대상자에게 다양한 부작용이 나타날 수 있고, 조사대상자의 환경에 영향을 미칠 수 있다. 연구자는 좀 더 타당도 높은 실험을 진행하고자 연구대상자에게 조사에 대한 정보를 공유하지 않거나 본인의 의사와 상관없이 실험에서 배제 또는 참여시키고자 하는 연구설계를 하고자 하는 유혹에 빠질 수 있다.

사례 2-2

OO중학교 사회복지사는 이번에 학교적응 프로그램을 도입하여 학생들에게 실행하고자 한다. 프로그램에 참여한 학생 중에는 학교적응에 고민이 있는 친구도 있고, 친구가 참여한다고 해서 그냥 참여한 친구도 있다. 어떤 친구에게 프로그램을 실시해야 하는가? 연구 슈퍼바이저는 가능하면 실험 타당도를 높이기 위해 통제집단을 두는 것이 좋겠다고 의견을 제시하였는데, 어떤 기준으로 통제집단을 둘 수 있을까?

사례 2-3

OO지역사회복지관에서는 사회복지서비스의 만족도를 조사하기 위하여 지역주민들에게 설문조사를 실시하였다. 10분 정도 걸리는 설문지에 10,000원 상당의 상품권을 제공하여 주민들에게 많은 설문조사를 실시할 수 있었다. 결과도 '매우 좋음'의 응답이 많아서 기관의 서비스와 프로그램을 지속적으로 유지하고자 결정하였다.

1) 조사윤리의 필요성

조사윤리에 대해서 문제가 제기된 두 가지 사건을 계기로 뉘른베르크 강령 제정과 조사윤리위원회가 설립되었다. 2차 세계대전 중 포로들을 대상으로 실시된 나치의 의학실험은 조사 명목으로 사람을 희생시킨 매우 암울한 사건이다. 전쟁이 끝난 후 이러한 문제를 해결하기 위하여 인간을 대상으로 하는 조사연구에 대한 윤리적 기준이 1947년 뉘른베르크에서 만들어졌다.

또한 1932년 미국 Tuskegee 매독연구[1)]가 계기가 되어 연구대상자에 대한 학대와 치료거부 등에 대한 문제가 제기되었고, 1974년 미국에서 조사연구법(National Research Act)이 제정되며 조사윤리위원회(IRB)가 설립되었다. 최근 국내에도 조사윤리위원회(IRB)가 활성화되고 있으며, 많은 연구자들이 조사윤리위원회를 거쳐 승인 후 연구를 진행하고 있다.

윤리 문제는 모든 조사에서 나타날 수 있다. 특히, 사람을 대상으로 하는 사회복지 조사의 경우 실험조사 또는 질적조사 과정에서 다양한 윤리적 문제가 나타날 수 있다. 설문조사의 경우도 마찬가지로 윤리적 문제에서 자유롭지 않기 때문에 연구자는 항상 윤리적 문제에 대해 민감하게 살펴야 한다.

연구자는 항상 진실을 알고 싶어 한다. 하지만 진실을 위해서 사람을 대상으로 실험을 한다거나, 피해를 입히는 행동을 할 수는 없다. 연구자는 타당도의 증가와 연구대상자의 보호 간 균형을 선택해야 하는데, 이러한 딜레마를 해결하기 위해서 다음 몇 가지 사항을 살펴보는 것이 필요하다.

2) 사회복지 조사과정에서의 윤리적 쟁점

(1) 문제설정 및 문헌고찰의 단계

연구를 위하여 문제를 설정하고, 문헌을 고찰하는 과정에서부터 연구자는 철저히 객관적인 접근을 하였는가에 대해서 생각해야 한다. 연구문제에 왜곡된 편견이나, 객

1) 가난한 흑인 남성에게 매독 치료를 제안하고 치료 대신 관찰만 진행한 조사연구로, 매독 치료약이 개발되었음에도 불구하고 치료를 진행하지 않았다(Jones, 1981).

관적이지 않은 사실로부터 시작하지는 않았는지 성찰하는 과정이 필요하다. 예를 들어 '대인관계의 어려움을 가지고 있을 경우 알코올 중독 경향을 보일 것이다.'와 같다.

또한 연구자는 충분히 객관적인 자료 검증을 하였는가 살펴볼 필요가 있다. 연구자의 문헌고찰 자료가 다양한 관점에서 충분히 모인 자료인지, 일부 관점이 많이 반영된 자료인지도 검토해야 한다. 문헌고찰을 객관적으로 하지 못했다면 연구설계를 왜곡된 관점으로 하게 되고, 연구결과를 사실과 다르게 도출할 수 있다. 심지어 연구자가 생각하는 결론에 이르기 위하여 문헌고찰부터 객관적으로 진행하지 않았다면 이것은 비윤리적 연구라고 할 수 있다. 물론, 연구자는 가설을 설정하고, 그에 관련된 연구들을 검토하는 과정에서 연구자의 관점과 유사한 연구들을 참고할 수 있다. 하지만, 연구자와 다른 결론을 가지는 유사한 연구들에 대해서 배제하는 것은 윤리적 문제를 가질 수 있다.

사례 2-4

000 노인요양시설에서는 원예 프로그램을 통하여 어르신들의 안정적인 정서 관리에 도움을 주고 있다고 지속적으로 홍보해 왔다. 최근, 경증치매 어르신들에게 다양한 정서관리 프로그램이 여러 논문을 통하여 제시되고 있으나, 000 노인요양시설 사업보고서에는 원예 프로그램의 효과성만 언급하며 효과적인 프로그램을 운영하고 있다고 홍보되고 있다.

(2) 연구설계 단계

① 연구대상자 선정

연구에 있어서 윤리적 쟁점은 연구대상자 선정에서 가장 많이 고려되어야 한다.

첫째, 조사대상자에게 조사 참여가 강요되어서는 안 된다. 조사에 참여하는 모든 사람은 자발적으로 참여를 결정하여야 하며, 본인이 중단하고 싶다면 중단할 수 있어야 한다. 조사에 참여하는 것에 대해 자발적으로 결정할 수 없는 힘이 작용하는 경우는 자발적이라 할 수 없다. 예를 들어 사회복지사와의 관계 때문에 거부하고 싶지만 거부하지 못하는 경우는 자발적이라 볼 수 없다. 또한 본인이 결정할 수 없는 미성년자의 경우 법적보호자의 동의가 추가로 필요하다.

자발적 참여를 확인하기 위해서는 조사자가 충분히 조사에 대해서 이해하고, 자발적으로 참여하는 것에 대한 동의서를 다음과 같이 받는 것이 좋다.

보건복지부 지정 공용기관생명윤리위원회 [권고서식]

연 구 참 여 동 의 서

연구제목:

1. 나는 본 연구의 설명문을 읽었으며 담당 연구원과 이에 대하여 의논하였습니다.
2. 나는 위험과 이득에 관하여 들었으며 나의 질문에 만족할 만한 답변을 얻었습니다.
3. 나는 이 연구에 참여하는 것에 대하여 자발적으로 동의합니다.
4. 나는 이 연구에서 얻어진 나에 대한 정보를 현행 법률과 연구윤리심의위원회 규정이 허용하는 범위 내에서 연구자가 수집하고 처리하는 데 동의합니다.
5. 나는 담당 연구자나 위임 받은 대리인이 연구를 진행하거나 결과 관리를 하는 경우와 보건 당국, 학교 당국 및 보건복지부 지정 공용기관생명윤리위원회가 실태 조사를 하는 경우에는 비밀로 유지되는 나의 개인 신상 정보를 직접적으로 열람하는 것에 동의합니다.
6. 나는 언제라도 이 연구의 참여를 철회할 수 있고 이러한 결정이 나에게 어떠한 해도 되지 않을 것이라는 것을 압니다.
7. 나의 서명은 이 동의서의 사본을 받았다는 것을 뜻하며 연구 참여가 끝날 때까지 사본을 보관하겠습니다.

연구대상자	성명:	서명:	서명일:
법정대리인 (필요시)	성명: 연구대상자와의 관계:	서명:	서명일:
입회인 (필요시)	성명:	서명:	서명일:
연구책임자	성명:	서명:	서명일:

둘째, 조사에 참여하는 대상자에게는 '충분한 정보'가 제공되어야 한다. 조사의 목적, 참여기간, 보상 등의 기본적인 정보뿐만 아니라 조사에 참여함으로써 받을 수 있는 불이익, 예상되는 부작용 등을 충분히 설명 받아야 한다. 잠재적인 위험이라고 할지라도 충분히 논의되고 확인되어야 한다. 연구자는 조사에 대한 정보를 일방적으로 제시하는 것이 아니라 대상자가 충분히 이해되고, 질문과 응답을 할 수 있도록 하여야 한다. 앞서 제시된 연구 참여 동의서와 연구에 대한 안내는 같이 제시되어야 하겠다.

보건복지부 지정 공용기관생명윤리위원회 [권고서식]

연 구 안 내 문

연구제목:

1. 나는 본 연구의 설명문을 읽었으며 담당 연구원과 이에 대하여 의논하였습니다.
2. 나는 위험과 이득에 관하여 들었으며 나의 질문에 만족할 만한 답변을 얻었습니다.
3. 나는 이 연구에 참여하는 것에 대하여 자발적으로 동의합니다.
4. 나는 이 연구에서 얻어진 나에 대한 정보를 현행 법률과 연구윤리심의위원회 규정이 허용하는 범위 내에서 연구자가 수집하고 처리하는 데 동의합니다.
5. 나는 담당 연구자나 위임 받은 대리인이 연구를 진행하거나 결과 관리를 하는 경우와 보건 당국, 학교 당국 및 보건복지부 지정 공용기관생명윤리위원회가 실태조사를 하는 경우에는 비밀로 유지되는 나의 개인 신상 정보를 직접적으로 열람하는 것에 동의합니다.
6. 나는 언제라도 이 연구의 참여를 철회할 수 있고 이러한 결정이 나에게 어떠한 해도 되지 않을 것이라는 것을 압니다.
7. 나의 서명은 이 동의서의 사본을 받았다는 것을 뜻하며 연구 참여가 끝날 때까지 사본을 보관하겠습니다.

딜레마를 겪을 수 있는 윤리적 문제에 연구자가 연구의 타당도를 높이기 위한 속임수가 있다. 연구대상자에게 연구에 대한 정보를 다 언급하면, 연구대상자가 방어적이 되거나 정직하지 않은 응답을 할 수 있는 가능성이 있다. 이로 인하여 연구자는 연구에 대한 정보를 일부만 개방한다든가, 정보를 다르게 알려줄 수 있는데 이것은 심각한 피해를 유발할 수도 있기에 유의해야 한다. Stanley Milgram의 연구[2]는 속임수에 대한 대표적인 윤리문제를 가진 연구라 할 수 있다.

연구자는 비윤리적인 속임수와 연구타당도 안에서 지속적인 고민을 할 수밖에 없으며, 대상자에게 어떠한 피해가 있을 수 있는지 민감하게 살펴야 한다. 또한, 연구윤리위원회의 검토와 동료연구자들과의 지속적인 논의를 통하여 연구설계를 검토하는 것이 필요하다.

연구대상자에 대해 고려해야 할 윤리적 쟁점이 한 가지 더 있다. 대상자에게 인터뷰나 설문조사를 하는 경우 일정의 보상을 제공하게 되는데, 보상이 지나치게 과도한 경우 조사대상자를 조정하는 도구가 될 수 있다. 과도한 보상은 조사대상자의 응답을 왜곡하여 결과를 조작하도록 만들거나, 꾸며지게 만들 수 있다. 연구 참여에 대한 보상은 적절한 기준을 가지고, 과도하지 않게 제시되어야 한다.

② 연구 디자인 설계

연구를 진행하기 위해서 연구방법을 설계하여야 하는데 이 설계과정에서 연구대상자에 대한 충분한 보호가 이루어지고 있는지 반드시 확인해야 한다.

조사에 참여하는 대상자들에게 피해가 될 수 있는 부분은 연구자로서 사전에 예방하기 위하여 최선의 노력을 해야 한다. 잠재적인 위험요소라고 해도 조사대상자가 연

2) Stanley Milgram은 '권위에 의한 복종'이라는 실험을 진행하면서, 실험대상자들에게 '징벌에 의한 학습효과'라고 정보를 제공하였다. 이 실험을 통하여 밀그램은 인간이 권위에 복종하는 모습을 살펴보았지만, 실험대상자들은 자신이 사람을 죽일 수도 있는 전기충격을 가했다는 비윤리적인 모습으로 인하여 충격을 받았고, PTSD(외상후스트레스장애)를 겪는 사람까지 있었다.

구에 참여하는 것이 참여하지 않는 상황보다 위험성이 증가하게 된다면, 이러한 연구는 윤리적인 연구가 될 수 없다. 연구자는 할 수 있는 최선의 예방과 피해 최소화를 위한 노력을 하고, 진행 과정 안에서 예의 주시해야 한다.

예를 들어 추가적으로 실험에서의 타당도를 높이기 위해서 통제집단을 필요로 하는 경우가 있다. 통제집단과 실험집단의 비교를 통해서 연구문제는 더 정확하게 검증될 수 있다. 하지만, 통제집단은 개입이 필요하지만 연구의 타당도를 높이기 위하여 개입을 하지 않는 집단인 것이다. 사회복지서비스는 대상자에게 필요한 것을 제공하기 위하여 실시한다. 즉, 통제집단으로 설정하기 위해서는 대상자에게 필요한 서비스를 제공하지 않아야 하기 때문에 사회복지서비스를 제공하는 입장에서는 윤리적인 문제를 가지게 된다.

이를 예방하기 위해서 프로그램의 대기자를 통제집단으로 사용하거나, 타 기관의 다른 서비스를 받고 있는 집단과 비교할 수 있다.

(3) 자료분석 단계

연구자는 대상자의 개인정보를 보호하기 위한 노력이 필요하다. 대상자의 자료를 코드화하는 과정에서 대상자에 대한 정보가 부적절하게 노출되는 것은 연구 참여로 인한 피해를 유발할 수 있기 때문에, 대상자의 이름을 익명으로 처리하고, 신상정보에 대한 기본적 내용을 코드화하는 것이 필요하다. 즉, 민감한 개인정보를 연구편의에 따라 부적절하게 처리하는 것을 유의해야 한다.

마지막으로 연구의 자료를 해석하는 데 있어서도 윤리적으로 검토할 부분이 있다. 연구자는 자료가 어떤 의미를 가지고 있으며, 앞으로 조사결과를 토대로 어떻게 서비스를 발전시켜 나가야 하는지를 제안하는 것이 중요한 미션이다. 하지만, 연구자가 연구를 진행하다 보면 연구의 성격에 따라서 다양한 상황을 고려해야 하는 압박이 생길 수 있다. 예를 들어 기관성과보고서에 성과가 나타나지 않음을 확대해서 보여주었을 때, 그 기관의 존립 여부가 영향을 받는다고 하면 기관 내부의 연구자는 자유로울 수 없다. 보고서의 어떠한 부분을 강조해서 언급해야 할지는 보고서의 성격에 따라 유연하게 논의될 수도 있다. 하지만, 유연성이 강조되면 연구는 사실이 아닌 것이 되며, 가치가 없어진다. 연구자는 연구의 목적이 명확해야 하며, 연구의 목적에 맞춘 적절한 자료의 해석이 필요할 것이다.

실제 조사를 해 나가는 과정에서 연구자는 다양한 윤리적 문제에 부딪히게 된다. 연구자가 윤리적 민감도 수준을 조금 낮추면[3] 타당도가 높아질 수 있기 때문에 조사 연구자는 항상 고민에 빠지게 된다. 하지만, 낮아진 윤리적 민감도는 이후에 연구대상자에 대한 피해로 돌아오게 되며, 인간을 이롭게 하기 위한 연구가 인간에게 해악을 미칠 수 있다. 연구자는 조사의 모든 과정마다 윤리적 민감도를 높이고, 다른 연구자와 논의해 나가며 객관적으로 접근함으로써 윤리적 문제를 예방할 수 있어야 한다(Royse, 2011).

실습 2

여러분은 사회복지사로서 노인을 대상으로 하는 치매 예방 프로그램을 실시하고자 한다. 프로그램 참여 노인과 참여하지 않는 노인을 구분하여, 프로그램의 효과를 살펴보고자 할 때, 발생 가능한 연구윤리의 쟁점사항은 무엇이 있을지 토의해 보시오.

3) 단일사례조사의 ABAB모델, 실험조사설계의 무작위배정과 통제집단배정 등은 대상자에게 충분한 정보를 알리지 않았을 때 타당도가 높아질 수 있다.

▎기출문제로 복습하기

1. 가설에 관한 설명으로 옳은 것을 모두 고른 것은? 18회 기출

ㄱ. 이론적 배경을 가져야 한다.
ㄴ. 변수 간 관계를 가정한 문장이다.
ㄷ. 가설구성을 통해 연구문제가 도출된다.
ㄹ. 창의적 해석이 가능하도록 개방적으로 구성되어야 한다.

① ㄱ, ㄴ
② ㄱ, ㄷ
③ ㄱ, ㄴ, ㄹ
④ ㄴ, ㄷ, ㄹ
⑤ ㄱ, ㄴ, ㄷ, ㄹ

2. 조사연구 과정의 일부분이다. 이를 올바르게 나열한 것은? 17회 기출

ㄱ. '대학생들의 전공에 따라 다문화수용성이 다를 것이다'라는 가설설정
ㄴ. 표본을 추출하여 자료수집
ㄷ. 대학생들의 다문화수용성에 관한 선행연구 고찰
ㄹ. 구조화된 설문지 작성

① ㄱ → ㄴ → ㄷ → ㄹ
② ㄱ → ㄷ → ㄴ → ㄹ
③ ㄱ → ㄷ → ㄹ → ㄴ
④ ㄷ → ㄱ → ㄴ → ㄹ
⑤ ㄷ → ㄱ → ㄹ → ㄴ

3. 연구윤리에 부합하는 사회복지조사로 옳은 것은? 18회 기출

① 연구참여자가 평소와 다른 행동을 하지 않도록 연구자의 신분을 숨기고 자료를 수집하였다.
② 연구결과의 확산을 위해 연구참여자의 신분을 다른 연구기관에 동의 없이 공개하였다.
③ 연구결과에 영향을 미치지 않도록 연구참여자에게 일어날 수 있는 이익을 미리 알리지 않았다.
④ 연구 참여여부를 성적평가와 연계하여 연구참여자의 참여동기를 높였다.
⑤ 연구참여자에게 연구과정에서 발생할 수 있는 고통을 미리 알리고 사전 동의를 구하였다.

| 정답 | 1. ① 2. ⑤ 3. ⑤

정리하기

- 사회복지조사의 과정은 주제(문제)설정, 조사설계, 자료수집, 자료분석, 보고서 작성으로 이루어진다.
- 주제(문제)설정에는 왜 조사를 하려고 하는지에 대한 목적이 분명해야 하며, 이를 뒷받침하기 위한 기존 문헌의 검토 과정을 거쳐야 한다.
- 조사설계의 과정으로 먼저 연구가설을 세우는데, 가설설정은 연구목적에 따라 측정 가능한 변수가 제시되어야 한다. 설명적 목적인 연구의 경우 사회현상을 측정하는 종속(결과)변수와 이를 설명하는 독립(원인)변수가 연구가설로 제시될 수 있다. 변수 측정의 핵심은 연구자가 알고자 하는 개념을 측정 가능하도록 계량화하는 조작적 정의의 과정을 거쳐야 한다.
- 자료수집을 위한 조사대상자 선정에서는 모집단으로부터 표본을 추출하는데, 이때 모수와 통계량의 차이인 표집오차를 최소화할 수 있는 표본추출이 이상적이다. 표본추출과정은 모집단이 확정되면, 표집틀을 설정하고, 표집방법이 결정된 이후 표집크기를 결정하여 표집하게 된다.
- 조사자료분석은 원자료의 기호화(cording)을 시작으로 연구가설 및 연구문제에 따라 통계분석을 거쳐 보고서에 작성할 자료들을 산출하는 과정을 거친다.
- 사회복지조사에서 조사대상자의 안전을 보호하는 것은 매우 중요하다. 반면, 연구자는 종종 연구의 타당도를 높이기 위한 고민을 하게 된다.
- 조사윤리에서 발생하는 쟁점을 해결하기 위하여 뉘른베르크강령으로 인간을 대상으로 하는 조사연구의 윤리적 기준 제정하였고, 조사윤리위원회 설립으로 윤리적 조사의 기본적인 지침을 제정하였다.
- 윤리적 조사의 기본지침으로 연구대상자로부터 자발적 참여, 대상자 피해방지, 대상자 정보보호 등을 고지하여 동의를 구해야 한다.

Chapter 03

Research Methods for Social Welfare

사회복지조사의 유형

학습목표

- 연구목적에 따른 사회복지조사유형을 구분하여 연구를 계획할 수 있다.
- 자료접근방법에 따라 양적연구와 질적연구의 특징을 비교 설명할 수 있다.
- 시간차원에 따라 횡단연구와 종단연구의 특성을 연구의 장단점으로 구분하여 설명할 수 있다.
- 사회복지실천을 위한 욕구조사와 평가조사의 필요성을 설명할 수 있다.

여러분이 연구보고서 또는 연구논문을 살펴보면, 무엇을 목적으로 한 연구인지 대략 파악이 가능할 것이다. 많은 연구들이 이뤄지지는 않았지만 새롭게 발견된 현상을 보여주기 위한 연구가 있다면, 기존에 널리 알려진 현상을 다른 이유로 설명하고자 하는 연구도 있다. 어떤 연구가 좋은 연구인지 판단하기보다는, 연구자의 의도와 목적에 따라 이뤄진 연구가 옳은 연구라고 할 수 있다.

본 장에서는 조사연구를 좀 더 구체적으로 이해하기 위해 몇 가지 기준으로 분류해 살펴보고자 한다. 조사연구는 연구의 목적, 조사방법 또는 조사자료접근방식에 따라 구분할 수 있다. 이와 함께 시간적 차원 역시 조사유형을 구분 짓는 하나의 기준이 된다. 사회복지 연구의 목적은 매우 다양한 기준을 가지고 범주화할 수 있다. 다양한 기준으로 분류된 매우 많은 연구유형 중 연구자가 제한적으로 선정할 수밖에 없는 것은 관심 있는 현상을 논리적 근거로 제시하기 위한 가장 최적의 방법으로 접근해야 하기 때문이다.

관심 있는 주제를 바탕으로 여러분이 연구를 진행하고자 한다면, 연구의 목적을 달성하기 위하여 이번 장에서 소개된 여러 유형의 연구 중 무엇을 선택할지 고민해 보길 바란다. 연구는 '알고자 하는 자세'로, 관심의 다양한 형태로 접근할 필요가 있다. '이런 연구로 이런 주제를 더 깊이 알면 흥미롭겠다'라며 연구의 도구적 가치에 긍정적 동의를 다져 나갈 수 있을지도 모르겠다.

1 연구목적에 따른 조사 유형

사회복지조사의 이유와 목적에 따른 분류는 크게 세 가지로 구분된다. 잘 알려지지 않은 대상이 경험한 현상에 대한 연구의 목적, 대상에게 일어난 현상들을 있는 그대로 기술하거나 묘사하고자 하는 연구, 현상이 발생하게 된 원인을 설명하여 더 나은 결과를 예측하고자 하는 연구로 나눌 수 있다.

1) 탐색적 연구(exploratory study)

연구문제에 대한 사전지식이 부족하거나 알려진 자료가 별로 없는 경우 수행되는 조사이다. 따라서 본 조사에 앞선 예비조사의 성격이 강하며, 새로운 것을 알아가는 목적이 있다. 이런 목적의 조사연구에는 명제와 가설을 앞세운 연역적 방법이 적합하지 않다. 자료를 수집하고 분석한 결과들을 모아 유형화하고 이론을 세우는 귀납적인 방법이 부합된다(김영종, 2017).

2) 기술적 연구(descriptive study)

연구자가 관심 있는 현상에 대하여 기술하거나 현상에 대한 정보를 묘사하기 위해 실시하는 목적으로 수행되는 조사이다. 기술적 조사는 어떤 사회현상, 배경, 분포에 대해 자세하게 기술하고자 하며 연구대상 집단이 가지고 있는 수량적 정보들을 표현하는 데 적합한 방법이다. 현상이 발생한 빈도와 비율을 파악하는 분석방법이 해당된다.

3) 설명적 연구(explanatory study)

기술적 조사결과 발견한 현상이 나타나게 된 원인이 무엇인지 관심을 갖고, 인과관계를 규명하거나 미래를 예측하는 조사의 목적을 갖는다. 예를 들면 기술적 조사의 결과로 A지역의 노인들의 우울감 등의 부정적 정서를 호소하는 비율이 높다는 현상(결과)을 설명하기 위한 원인으로 사회적 관계망의 단절 등의 사회참여 기회가 부족하다는 원인이 규명되었다면, 사회관계망 증진을 위한 사회정책과 지역사회 체계적 변화를 해결방안으로 예측할 수 있게 된다. 이러한 변수들 간의 인과관계에 대한 설명은 과학적 이론을 검증하는 목적으로 사용하기 때문에 이를 가설검정조사라고 부르기도 한다(채구묵, 2015).

그림 3-1 설명적 연구 목적을 위한 인과관계의 세 가지 조건

인과관계가 있다고 할 수 있는 것은 다음의 세 가지 조건이 충족된 상태를 말하며, 이는 다음과 같다. 첫째, 원인이 되는 사건과 결과가 되는 사건은 관련되어야 하며, 따라서 함께 발생된다. 이를 공동변화 혹은 공변성이라고 한다. 둘째, 시간적 우선순위는 항상 원인이 되는 사건이 먼저이고, 원인 이후에 결과사건이 일어나야 한다. 셋째, 결과를 설명하는 원인은 결과에 영향을 미칠지도 모르는 다른 원인들이 제거되고 통제된 상태에서 이루어져야 한다(Cook & Campbell, 1979). 인과관계의 조건이 충족된 상태에서 이루어져야 가설 검증의 결과가 왜곡될 가능성이 배제되며, 현상에 대한 합리적인 추론이 가능해진다.

2 자료접근 방법에 따른 조사 유형

1) 양적연구(quantitative research)

사회과학 연구의 대부분은 복잡한 수치적인 정보를 자료로 활용하는 분석방법을 활용하고 있으며, 이런 연구의 대부분이 양적연구(quantitative research)다. 양적연구는 경험적인 접근방법을 사용하며 대상의 속성을 계량적으로 표현하고 그들의 관계를 통계분석을 통해 밝혀내는 조사로서 실증주의적 인식론에 바탕을 두고 있어 객관성과 보편성을 강조하며 가설의 수립과 검증을 통해 진리를 밝힐 수 있다고 주장한다(Marlow, 1998).

전통적으로 계량적인 경험주의를 바탕으로 한 연구자들은 그들이 나가서 경험적으로 검증할 수 있는 세상에 대한 아이디어나 이론으로부터 출발한다. 양적연구는 전형적으로 설문지, 구조화된 관찰 등의 기술을 사용한다. 또한 통계방법을 활용하여 연구자가 수집한 자료들을 분석하여 어떠한 패턴이나 상관관계에 대한 그들의 아이디어가 연구에서 나타난 사실에 의해 지지되는지를 확인한다.

양적연구자들은 이론을 기반으로 한 가설을 설정하여 개별 현상들이 이론으로 설명이 가능한지 가설을 검정하는 데 관심이 있으며, 개별 현상을 발견하는 표본들이 전체 집단의 특성을 잘 대표하는지, 보다 더 큰 대상 집단에게 연구결과를 적용할 수 있는지를 매우 중요하게 생각한다. 따라서 다양한 표집방법과 통계적 기술들을 동원하여 한 연구에 참여한 연구대상자뿐만 아니라 관련된 모든 사람들에게 연구결과를 일반화시킬 수 있도록 하는 데 초점을 둔다.

이러한 양적연구방법이 해결하기 복잡한 사회현상에 대한 관찰과 분석, 깊이 있는 해석을 시도하는 사회과학 연구방법의 하나라는 사실에는 많은 사람들이 동의하고 있다. 그러나 한편으로는 양적 접근에 대한 비판으로 대상에 대한 깊이 있는 이해와 해석의 노력들이 포함되지 않는 것을 한계점으로 지적하는데, 이를 극복하기 위하여 다양한 연구방법론들이 있다. 일반적으로 이를 질적 조사방법이라고 한다.

2) 질적연구(qualitative research)

질적연구는 연구자들의 개별적인 경험이나 탐색적 과정으로부터 발견된 관찰의 과정이 포함된다. 질적연구자들은 이미 존재하는 이론에서 출발하는 것이 아니라, 그들의 경험이나 관찰의 결과들이 분석의 과정을 통하여 패턴화하거나 유형으로 도출되기를 바란다. 따라서 질적 접근은 구체적인 관찰로부터 일반적인 이론을 끌어내는 귀납적 접근을 취하고 있다.

질적연구는 현상학과 해석학의 영향을 받아서 연구 영역을 넓혀 왔으며, 객관적 사실보다 주관적 의미에 관심을 가진다. 즉, 현상학적 논리에 따르면 사회현상에 대한 관심은 인간이 어떤 것을 어떻게 지각하는가에 따라 달라진다. 또한 질적연구는 새로운 개념들이나 이론들을 탐색하는 데 관심을 가진다.

질적연구의 목적은 본질적으로 의미 추구를 지향하는데, 이는 자신이 처한 환경 속에 있는 사건, 사물, 상황에 부여한 해석과 의미들을 탐색함으로써 인간 행동의 이면에 감추어진 관념, 느낌, 동기, 신념 등을 보다 심층적으로 이해하고자 하는 것이다(천혜정, 2004). 질적연구를 수행하는 데 활용될 수 있는 자료수집방법은 심층면접, 포커스 그룹(focus group), 예술품이나 사진 등이 있다.

질적연구자들은 양적연구는 수량화될 수 있는 측면만 측정하기 때문에 현실을 왜곡한다고 비판하며, 통계적인 절차나 대표성 등을 중요시하지 않는다. 질적연구에서 통계는 많은 사람들이 어떻게 느끼고 있는지 요약하고 서술하는 목적으로 매우 제한적으로 사용된다. 이렇듯 질적연구는 현상학적인 인식론에 바탕을 두기 때문에 주관성과 상황적 변화를 강조하지만, 가설의 수립과 검증을 통해 보편적 진리를 밝히는 데 한계가 있다.

20세기 중반에 들어서면서 실증주의와 양적 패러다임을 강조하게 되어 질적연구는 점차 감소되었고, 사회복지연구에서도 통계적 분석법을 사용한 양적연구가 주로 사용되었다. 지금까지도 사회복지를 연구하는 방법으로 양적연구가 주로 사용되고 있으나, 이러한 연구들은 주로 인간의 생각과 태도를 다루는 것이기에 양적연구로만으로 연구의 본질을 규명하는 데 많은 한계가 있어 질적연구의 중요성이 날로 증가하고 있는 것이 현실이다.

양적연구방법은 수량으로 기술되거나 설명되는 인간의 특성을 수치화된 정보로 나타내는 태도를 취하고 있어서 매우 직관적이며, 합리적 관점의 접근방법이다. 하지만 사회복지실천적 관점에서 현상에 대한 본질과 의미를 해석하여 존재에 대한 가치를 인식하고자 하는 부분은 질적연구방법과 맥락을 같이 하고 있기에 최근의 사회복지조사의 경향은 두 연구방법 모두 장단점이 있음을 인정하고 양적연구와 질적연구를 병행하는 추세다. 많은 학자들은 이 두 가지 접근 방식을 이분법적으로 상반되게 보는 것이 아니라 지식을 개발하는 데 순환적인 과정의 다른 단계로 간주한다(Rubbin

& Babbie, 2001). 즉, 연구자들은 양적인 접근으로 보다 구체화된 가설들을 검증하기 전에 질적인 접근으로 그들의 아이디어를 탐색하는 것으로 시작할 수 있다. 실제로 많은 연구자들은 한 가지 이슈의 서로 다른 측면들을 살펴보기 위해 질적 접근과 양적 접근을 모두 사용한다(Sherman & Reid, 1994).

표 3-1 양적연구방법과 질적연구방법 비교

양적연구방법	질적연구방법
사회현상의 사실이나 원인 탐구, 논리실증주의적 입장	인간의 행태를 이해, 현상학적 입장
안정적 현상	동태적 현상
강제된, 통제된 측정	자연주의적, 비통제적 관찰
확증적, 축소주의적, 추론적, 연역적	탐색적, 확장주의적, 서술적, 귀납적
확인지향적이며 결과지향적	발견지향적이며 과정지향적
객관적	주관적
신뢰성 있는, 반복 가능한 자료	타당성 있는, 실질적이고 풍부한 깊이 있는 자료
분석결과활용으로 일반화 가능성을 전제로 함	분석결과활용으로 일반화 가능성을 전제하지 않음
대규모 분석	소규모 분석

3 시간적 차원에 따른 조사 유형

현상을 기술하거나 설명하기 위하여 조사를 일정시점에서 진행하거나 일정기간 동안 변화를 살펴보고자 하는 조사유형으로 구분할 수 있다.

1) 횡단적 조사(cross-sectional research)

대부분의 조사는 한 시점에서 이루어지는 현상을 살펴보고자 한다. 설문조사를 통하여 현재 발생하고 있는 현상을 기술하거나 원인을 설명하는 연구목적은 횡단적 조사를 통해서 가능해진다. 현상에 대한 변화를 살펴보고자 하는 목적이 아니라 어떤 시점만 관심을 갖고 있기에 상황에 대하여 기술하는 것이 조사의 주요 역할이라고 할 수 있다.

2) 종단적 조사(longitudinal research)

일정기간 동안 주기적 간격으로 조사를 반복하여 현상의 변화를 추적하고자 하는 조사를 종단적 조사라고 한다. 횡단조사와는 다르게 조사 시점이 다중적이며, 상대적으로 복잡하고 비용이 많이 들지만 사회현상의 진행과정이나 변화를 살펴보는 연구에 종단적 조사방법이 적용된다.

종단적 조사방법이 적용된 조사유형은 세 가지로 구분된다. 첫째, 추세조사(trend study) 또는 경향조사는 여러 시간에 걸쳐 반복적으로 조사가 이루어지지만 매 시기마다 대상이 동일하지는 않다. 예를 들어 2년마다 지역사회복지관이 지역주민을 대상으로 욕구조사를 실시하지만 불특정 다수에게 지역의 사회복지서비스 욕구를 파악한다면 이는 추세조사라고 할 수 있다.

둘째, 패널조사(panel study)는 관심현상에 대한 반복적 특성은 추세조세와 유사하지만 측정 시점마다 동일한 대상을 조사한다는 것이 차이점이라고 할 수 있다. 앞서 제시한 예에서 지역사회 주민을 대상으로 일정한 규모의 표본을 구성하여 매 시점마다 동일한 내용의 욕구조사를 실시하면 이는 패널조사라고 할 수 있다. 패널조사 대상자는 주기적으로 조사에 참여해야 하는 부담이 있기에 조사대상으로부터 이탈 가능성이 높아, 연구자 입장에서는 패널조사 대상자들이 이탈하지 않도록 관리하는 노력이 요구되기에 다른 종단조사보다 어려움이 발생한다.

셋째, 코호트조사(cohort study)는 동일한 사회적 경험을 한 집단을 대상으로 반복적인 측정으로 동류(同類)집단의 경험이 시간적 흐름에 따라 어떻게 변하는지 살펴보고자 하는 목적을 갖고 있다. 사회적 경험은 시대를 대표로 하는 사건이나 현상으로, 예를 들어 1997년 IMF로 실업을 경험한 남성들의 사회적응 특성을 살펴보고자 하는 연구에서 연구대상 집단은 국제구제금융 시기에 구조조정으로 직장을 잃은 남성들이 해당된다. 패널조사와 달리 연구대상 집단은 단지 동질한 사회적 경험을 한 것이지, 동일한 사람들이 반복적으로 조사대상이 되는 것은 아니다.

4 사회복지실천에서 조사의 활용

사회복지실천 과정은 일반적으로 욕구에 대한 사정, 서비스 및 프로그램 개입, 평가의 연속성에 그 특징이 있다(황성동, 2006). 사회복지실천의 목적은 욕구가 있는 개인, 가족, 집단, 조직, 지역사회의 전문적 개입과정으로 욕구가 충족된 상태로서의 변화, 즉 클라이언트의 삶의 질 보장이라고 할 수 있다. 사회복지조사는 이러한 과정에서 반드시 활용되어야 할 전문적 방법론이다. 최근에는 사회복지 프로그램이나 서비스 계획을 수립할 때 욕구측정이 필수조건이 되고 있다. 욕구를 탐색하는 것은 클라이언트가 지닌 욕구의 종류와 수준을 파악하고, 이를 충족시키기 위한 프로그램이나 정책을 개발하고 시행하도록 하는 데 있다. 개발된 정책과 개입 역시 조사로부터 자유로울 수 없는데, 이 시점에서의 조사는 수행되고 있는 프로그램의 효과성과 효율성을 평가하여 사회복지실천의 목표를 달성할 수 있도록 계획을 수정하는 등의 피드백 과정에 기여한다.

또한 사회복지조사는 사회복지 프로그램이나 정책의 효과성을 평가하기 위한 도구로서 활용된다. 사회복지실천에 의한 개입의 효과성을 측정하기 위한 평가조사가 개발되어 사회복지 분야에서 널리 쓰이고 있다. 이렇듯 사회복지조사는 다른 학문에 비해 욕구조사와 평가조사의 특성을 뚜렷하게 보인다(김영종, 2017; 채구묵, 2015).

1) 욕구조사

욕구조사는 사회복지를 위한 새로운 프로그램이나 정책을 수립하기 전에 그와 관련한 욕구를 탐색하여 확인하기 위한 목적을 가지고 있다. 특히 지역사회단위에서 사회복지실천이 지역주민의 욕구를 만족시키는 과정이라고 볼 때, 지역주민이 가지는 지역의 문제나 욕구를 확인하고 원인에 접근하는 노력이 무엇보다도 필요하다.

욕구조사는 다음의 내용을 조사하기 위하여 이루어진다. 첫째, 지역사회와 환경에 대한 이해를 위해 지역사회에 존재하는 문제를 탐색(exploring)한다. 탐색의 과정에는 지역사회에 인구집단에 영향을 미치는 정치적·사회적 환경의 요인들이 무엇인지를 파악하고자 하는 노력이 이루어진다. 둘째, 지역사회의 문제를 해결할 수 있도록 하는 욕구를 사정(assessment)하는 과정이다. 해당 지역에서 해결해야 할 가장 시급한 욕구는 무엇인지 해당 지역에 분포한 자원을 사정하여 문제를 해결할 수 있도록 하는 자원 활용의 우선순위를 파악한다. 셋째, 욕구조사를 기반으로 지역사회 문제를 해결하기 위한 개입전략을 개발(development)한다. 욕구조사가 완료되어 지역의 문제와 자원이 파악되면 개입목표를 설정하여 지역사회 중심의 정책대안이나 프로그램을 개발하고 수정하여 사회복지실천에 도움이 되는 자료를 제공한다.

욕구조사를 위한 연구방법으로 양적 방법과 질적 방법 모두 적용될 수 있다. 양적 방법에는 설문조사, 사회지표분석, 프로그램 검토기법 등이 있으며, 질적 방법에는 지역주민에게 직접 욕구를 사정하는 방법으로 비공식적 인터뷰와 공식적 인터뷰, 민속학적 방법이 있다. 또한 지역주민집단으로부터 욕구정보를 수집하기 위한 방법으로는 명목집단조사, 초점집단조사, 델파이조사 등이 있다.

2) 평가조사

사회복지조사 분야에서 평가조사는 그 수단적 가치가 매우 독특하다고 할 수 있다. 즉, 평가(evaluation)는 판단한다는 것을 의미하는데, 어떤 프로그램이나 정책이 개발되는 시점에서 이루어지는 조사가 아니라 개입 이후에 효과성을 검증하기 위한 목적을 지니고 있다. 이와 같이 사회정책이나 제도 등의 평가를 통해 사회정책에 대한 제언을 마련하기 위해 실시하는 조사를 평가조사라고 한다.

평가조사는 특정 개입기술이나 프로그램의 개선 및 계속 수행의 여부를 결정짓기 위하여 개입기술과 프로그램이 본래 의도한 목적을 어느 정도 달성하였는지에 관해 조사하는 용용조사의 성격이 강하다(양정하 외, 2003). 평가조사는 평가대상에 따라 단일사례연구와 사업(프로그램)평가조사로 나누어 볼 수 있는데, 단일사례연구는 개인이나 집단에 대한 개입효과를 평가하는 것이고 사업평가조사는 프로그램의 서비스 효과를 평가하는 조사다(김영종, 2017).

평가조사는 최근 사회복지분야에서 중요성이 매우 높아지고 있다. 사회복지현장에서 강조하는 실천적 가치 중 하나는 책무성(accountability)이기 때문이다. 책무성이라는 가치는 개입의 효과성 즉, 프로그램의 성과가 달성되었는지를 의미한다. 프로그램 혹은 사회복지정책 및 제도는 정부나 공공재원으로 충당되기에 한정된 자원이 목표를 달성토록 하는 성과를 측정하여 프로그램을 '지속해야 하는가' 혹은 '중단해야 하는가' 등의 의사결정 과정이 필요하다. 궁극적으로 프로그램 운영의 책임성 평가는 조사된 연구결과 그 자체가 된다.

평가와 책임성은 사회복지사에게 매우 중요한 개념이 되어 왔다. 프로그램 평가는 사회복지사의 실천이 효과적이며 점차적으로 개선되고 있음을 보장하기 위한 기술들을 발달시키는 도구가 되며, 또한 사회복지사의 실천에서 책임성과 투명성을 고려할 수 있도록 해 준다(Alston & Bowles, 2003). 즉, 평가조사의 목적은 프로그램이 목표를 분명히 하고, 개입의 효과성 판단과 피드백을 통해 사회복지실천의 효과성을 돕도록 한다.

평가조사가 적용된 연구방법은 주로 양적 조사를 한다. 프로그램의 성과를 측정하기 위하여 개입 전과 개입 이후의 변화를 살펴보는 실험설계 방법을 적용하며, 프로그램의 성격상 사전-사후 검사 적용이 어려운 경우 구조화된 설문지(survey)를 적용하여 성과의 원인을 설명하고자 하는 변인을 검증한다. 질적 조사는 현장조사(field study)로 관찰(observation)을 적용하여 프로그램 개입 이후의 대상자 혹은 집단의 변화를 탐색하는 방법이 있다. 주로 사회복지현장에서는 관찰일지나 사례관리 양식지에서 나타난 개인의 변화를 단일사례연구와 함께 질적 조사방법을 혼합하여 사용한다.

실습

여러분이 1장에서 밝힌 관심 있는 사회현상을 연구문제로 설정한 이후 연구 과정으로 연구 유형을 1) 연구목적, 2) 조사자료 접근방식, 3) 시간적 차원에 따라 어떻게 선택하여 진행하는 것이 바람직할지 논해 보시오.

1) 연구목적 □ 탐색적 연구 □ 기술적 연구 □ 설명적 연구
선택 이유 ______________________________

2) 조사자료 접근방식 □ 양적 연구 □ 질적 연구
선택 이유 ______________________________

3) 시간적 차원 □ 횡단 연구 □ 종단 연구
선택 이유 ______________________________

❙ 기출문제로 복습하기

1. 사회조사의 유형에 관한 설명으로 옳은 것은? 13회 기출

① 횡단연구는 탐색, 기술, 설명의 목적을 갖는다.

② 동년배(cohort)조사는 특정 하위모집단의 변화를 관찰하기 위해 매번 동일대상을 선정한다.

③ 종단연구는 장기간에 걸쳐 조사하는 연구로 질적연구로는 이루어지지 않는다.

④ 패널(panel)연구는 새로운 경향을 확인하기 위해 해마다 다른 표본을 선정한다.

⑤ 추이(trend)조사는 패널연구보다 개인의 변화에 대해 더 명확한 자료를 제공한다.

2. 종단연구(longitudinal study)에 관한 설명으로 옳지 않은 것은? 18회 기출

① 시간흐름에 따른 조사 대상의 변화를 측정하는 연구이다.

② 일정기간의 변화에 대해 가장 포괄적 자료를 제공하는 것은 동년배집단연구(cohort study)이다.

③ 조사대상의 추적과 관리 때문에 가장 많은 비용이 드는 것은 패널연구(panel study)이다.

④ 일정 주기별 인구변화에 대한 조사는 경향연구(trend study)이다.

⑤ 동년배집단연구는 언제나 동일한 대상을 조사하는 것은 아니다.

3. 다음 연구 상황에 유용한 조사유형은? 18회 기출

> 일본 후쿠시마 원전 유출이 지역주민들의 삶에 초래한 변화를 연구하고자 하였으나 관련 연구나 선행 자료가 상당히 부족함을 발견하였다.

① 평가적 연구　　② 기술적 연구

③ 설명적 연구　　④ 탐색적 연구

⑤ 척도개발 연구

❙ 정답 ❙ 1. ① 2. ② 3. ④

정리하기

- 사회복지조사의 유형은 연구목적에 따라 탐색적 연구, 기술적 연구, 설명적 연구로 나눌 수 있고, 자료접근 방법에 따라 양적연구와 질적연구로 구분된다.
- 시간적 차원에 따른 조사유형은 횡단적 조사와 종단적 조사로 나눌 수 있으며, 사회복지실천현장에서 주로 이루어지는 조사는 사회복지 현장에서 새로운 프로그램이나 정책을 수립하기 전 욕구를 탐색하기 위한 욕구조사와 프로그램 개입 이후 효과성을 검증하기 위한 평가조사가 이루어진다.

Chapter 04

Research Methods for Social Welfare

측정과 척도

학습 목표

- 측정의 의의를 설명하고 측정이 갖추어야 할 조건을 제시할 수 있다.
- 측정변수에 따른 측정수준을 구분하고 욕구조사에 적용할 수 있다.
- 측정수준에 따른 척도를 구분할 수 있다.

여러분에게 있어서 '행복의 척도'는 무엇인가. 스스로가 '나는 행복하다'라고 할 수 있는 상황과 조건은 무엇인지 개념적 정의를 내려야 할 것이다. 그 다음의 과정은 개념을 측정할 수 있도록 조작화(operationalization) 해야 한다. 측정에 있어서 초점은 과연 우리가 관심을 갖고 알아보고자 하는 개념이 '측정 가능한 것인가'이다. 행복을 측정할 수 있는 도구가 개발되었다면 여러분 역시 그 도구로 행복감을 측정할 것이고, 행복이라는 개념이 척도로 타당하게 측정이 이루어졌다고 판단되었다면 여러분은 그 도구를 신뢰할 것이며 다른 개인 혹은 집단에게도 적용하고자 할 것이다.

하지만 행복이라는 다소 개념이 모호하고 복잡한 인간의 태도를 측정할 수 있도록 어떻게 도구로 구성할 것인가는 과학적 지식을 습득해야 하는 연구자의 입장에서 매우 중요한 노력이 필요한 과정이라고 할 수 있다. 어떤 대상에게 동일한 도구를 적용하더라도 신뢰할 수 있는 측정이 이루어져야 하며, 우선시해야 할 것은 측정도구는 해당 개념을 정확하게 측정하고 있는가를 충족할 수 있는 조건을 갖추어야 한다. 사회복지사에게 기대되는 다양한 역할 수행 영역 중 연구자가 갖춰야 할 태도는 객관적인 관찰 태도일 것이다. 그렇기에 연구자로서 사회복지사가 관심을 갖고 있는 개념을 올바르게 측정하고자 하는 노력이 필요한 이유를 본 내용을 통해서 인식할 수 있기를 바란다.

1 측정

1) 측정의 개념

모든 현상과 인간의 태도는 고유한 속성을 지니고 있다. 속성이란 현상과 태도가 지닌 특성이나 특질을 말한다(Rubin & Babbie, 2016). 앞장에서 제시한 예로 생물학적 성은 어떤 누구나 가지고 있는 속성으로서, 이를 구분하기 위하여 우리는 고유한 그 값을 측정한다. 이를테면 '남성' 또는 '여성' 말이다.

측정(measurement)이란 속성을 일정한 규칙을 부여한 변수로 구분하고자 하는 것을 의미한다. 성별이라는 변수를 측정하기 위해 우리는 '남성'과 '여성'이라는 값으로 논리적으로 집합화해야 한다. 그뿐만 아니라 명확하게 구분하는 것 역시 추상적이고 이론적 세계인 개념을 현실에서 경험적으로 보여줄 있도록 하는 측정이 갖고 있는 중요한 역할이라고 할 수 있다.

2) 측정이 갖추어야 할 조건

현상과 태도와 같은 속성을 측정하기 위해서 변수라는 논리적인 집합이 활용된다. 역설적이지만, 변수로 측정하지 못하는 것은 속성을 경험적으로 파악할 수 없다는 것이다. 따라서 측정을 위해서는 변수가 갖추어야 할 중요한 성질을 이해할 필요가 있다.

(1) 총망라적 성격

총망라적(exhaustive)이라는 것은 속성을 측정하기 위하여 관찰 가능한 값들이 변수 안에 모두 포함되어야 한다는 것이다. 다음 사례 4-1과 같은 측정에서 연구자가 간과할 수 있는 것은 무엇인지 살펴보자.

사례 4-1

설문지 〈지역사회 이주여성들의 인구사회적 정보 측정〉

질문_ 귀하께서는 어느 나라에서 한국으로 이주해 오셨습니까?

보기_ ① 중국 ② 일본 ③ 필리핀 ④ 베트남

위 설문지 사례의 보기는 대부분의 이주여성의 출신국이 표기되어 있는 것이라고 볼 수 있다. 하지만 이는 단지 대부분일 뿐이지 충분히 응답 가능한 값들을 측정 변수로 설정하지 않은 것은 명백한 연구자의 잘못이 될 수 있다. 아무리 소수라고 하더라도 예측 가능한 응답변수를 망라하는 것은 측정에서 중요하다. 따라서 연구자는 연구주제와 유사한 연구논문과 보고서를 살펴보고 응답범주를 총망라할 수 있도록 해야 한다. 만일 잘 알려지지 않은 대상과 주제라고 한다면 변수의 범주에 '기타'라는 항목을 삽입하는 것도 방법이 될 수 있다. 어떤 조사라고 하더라도, 모든 관찰된 속성을 값으로 분류할 수 있어야 한다(Rubin & Babbie, 2016).

(2) 상호배타적 성격

측정을 위하여 변수는 상호배타적(mutually exclusive) 값들로 구성되어야 한다. 모든 관찰 값들은 한 가지 속성으로 분류되어야 한다. 역시 제시된 다음 사례 4-2에서 측정의 오류를 찾아보도록 하자.

사례 4-2

설문지 〈지역사회 이주여성들의 사회적 인식 측정〉

질문_ 한국사회에 대한 귀하의 인식은 어떻습니까?

보기_ ① 안전하다 ② 살기에 좋다 ③ 살기 불편하다 ④ 안전하지 못하다위 질문은 한국사회에 대한 인식이지만, 인식이라는 속성을 하나로 단일화할 필요가 있다. 안전과 편의성이라는 인식을 하나의 측정변수로 설정한 것은 응답대상자로 하여금 혼돈을 줄 수 있으며, 따라서 측정결과에 대한 신뢰성 역시 문제될 수 있다. 따라서 측정을 위한 질문 작성 시에는 무엇을 물어보고자 하는지 질문에 대한 목적을 분명히 할 필요가 있으며, 경우에 따라 제시된 값들이 응답자들로 하여금 명확히 구분하여 답을 할 수 있는지 연구자는 주의를 기울여 측정변수를 구성할 필요가 있다.

2 측정수준에 따른 변수의 구분

측정대상이 어떤 속성을 가졌는지 파악하기 위하여 측정수준을 다양하게 변수를 측정할 수 있다. 만일 여러분이 연구자로서 연구대상자에게 '월 소득수준'을 알아보고 싶다면, 어떻게 질문항목을 구성하겠는가? 소득이 있는지 여부를 측정할 수 있고, 소득수준을 상, 중, 하로 응답하게 할 수도 있을 것이다. 경우에 따라서는 소득단위를 만원 단위로 대상자에게 직접 제시하도록 하는 측정문항을 제시할 수도 있다. 변수를 활용하고자 하는 목적과 상황에 따라 연구자는 측정수준에 따라 네 가지 유형으로 구분하여 변수를 관찰할 수 있다.

1) 명목측정

명목(nominal)이란 단어는 '지정하다(nominate)'와 같이 이름을 짓는 것과 관계하는 의미를 포함하고 있다. 즉, 명목측정 수준으로 측정된 변수는 아무리 그 수로 표현된 것이라고 해도, 단지 이름만을 구분 짓는 것일 뿐, 그 숫자가 양(量)을 의미하는 것은 아니다. 예를 들어 축구선수의 등 번호는 선수를 구분하기 위한 이름의 의미이지, 숫자가 크고 작다고 해서 운동능력이 높고 낮다고 판단하는 것은 변수를 왜곡하여 해석한 결과이다.

명목측정 변수는 어떤 일정한 순서 없이 상호배적으로 범주화하며, 변수가 가지고 있는 정보의 양이 상대적으로 부족하기에 이용할 수 있는 통계적 분석방법도 빈도분석, 교차분석 등으로 한정적이다(한국직업능력개발원, 2015).

표 4-1 명목측정수준 문항의 예시

구분	내용
명목척도	1. 당신의 성별은 무엇입니까? ① 남자 ② 여자

2) 서열측정

서열(ordinal)은 순서라는 의미를 갖는 단어이다. 조금 더 구체적으로 말하자면 서열순서화된(rank-ordered) 변수를 측정하는 것을 서열측정 수준이라고 한다. 변수의 값들로 구성된 것은 상대적으로 더 많은 것 혹은 더 적은 것을 나타낼 수도 있고, 더 높은 것 혹은 더 낮은 것을 구분지을 수도 있다. 앞서 살펴본 명목측정과 비교하자면 하나의 정보가 추가된 셈인데, 즉, 값을 구분하는 정보를 추가하여 값이 지닌 순서의 정보가 포함된 것이다.

그러나 각 순서를 나타내는 변수의 값들이 값들 간 얼마나 높고 낮은 정도의 차이가 포함되어 있는지는 서열측정변수를 통해서 알 수 없다. 예를 들어 지역사회복지관의 프로그램에 대한 만족수준을 참여자로 하여금 평가하게 할 때 매우 만족하는지, 만족하는지, 불만족하는지 또는 매우 불만족하는지를 물어보는데 각 평가 단계별 값들은 일정 범위로 구분된 것이 아닌, 단지 만족하는 수준의 속성을 서열 순서로 측정한 것 이상의 정보를 갖지 않는다.

표 4-2 서열측정수준 문항의 예시

구분	내용
서열척도	1. 현재 제공받고 있는 사회복지서비스에 대해 만족하십니까? ① 매우 만족한다. ② 만족한다. ③ 보통이다. ④ 불만이다. ⑤ 매우 불만이다.

3) 등간측정

서열측정 변수의 값들 간의 차이는 순서에 대한 정보뿐이라는 것과 차별적으로 등간(interval)측정은 값의 차이에 실질적인 거리의 의미가 포함된다. 따라서 등간척도는 속성들 간의 논리적 거리의 의미가 있기에 변수가 가지고 있는 개념에 수치적 개념이 포함된다.

사실 사회과학에서 등간측정 변수로 볼 수 있는 것은 한정적이며, 해석의 여지에 따라 다른 측정변인으로 볼 수 있기에, 가장 일반적인 등간측정 변수로 활용되는 예로 온도를 들 수 있다. 각 온도 간의 높고 낮음은 순서에 대한 정보뿐만 아니라 간격이 일정한 온도 값을 지닌다. 하지만 주목해야 할 것은 '0'이라는 수(數)이다. '0'은 일반적으로 '없다'라는 의미를 갖고 있다. 그러나 온도에서 '0'의 개념은 상대 영 값의 의미를 갖고, 이는 온도가 '없다'라고 해석되는 것이 아니라, 물의 빙점(null)으로 판단한다. 즉, 등간측정 변수는 개별 값이 수량적 의미는 갖지만, '0'이라는 수를 상태변화에 대한 기준으로 여기고 있기에 변수로서 완전한 정보를 갖는다고는 할 수 없다. 따라서 등간변수 간 더하기(+)나 빼기(−)는 가능하지만, 곱하기(×)나 나누기(÷)는 불가하다.

사회과학 연구에서 통상적으로 사용하는 거의 유일한 등간측정 변수는 표준화된 지능지수 척도이다. 지능지수 100과 110을 분리하는 간격은 지능지수 110과 120을 구분 짓는 간격과 같은 것인데, 이것은 다년간 검사에 참여했던 수많은 사람들로부터 얻어진 관찰된 점수 분포에 대한 연구결과로 얻어진 것이다(Rubin & Babbie, 2016).

표 4-3 등간측정수준 문항의 예시

구분	내용
등간척도	1. 당신의 회복 탄력성 지수(RQ, Resilience Quotient)는 얼마입니까? __________________ 점

4) 비율측정

변수의 정보가 완전하다는 의미는 앞서 살펴본 등간측정과 비교했을 때, '0'값의 의미가 절대 영의 개념을 가진다는 것을 뜻한다. 절대 영의 개념은 앞서 설명한 상대 영관느 달리 숫자 '0'이 의미하는 속성은 '없다' 내지는 '존재하지 않는다'는 것을 의미한다. 비율측정의 변수는 절대 영의 개념을 포함하는 것으로, 변수의 수량적 개념이 완전하며, 따라서 앞서 설명한 측정수준들과 비교했을 때 정보의 양이 가장 많다. 사회복지 연구에서 비율변수의 예는 나이, 거주기간, 자녀 수, 서비스 급여기간, 월 소득 등이 포함된다. 절대 영 값이 비율측정 변수에 포함되는 개념이기 때문에 등간측정 간 가능한 연산뿐만 아니라 곱하기(×), 나누기(÷) 등의 모든 산술적 조작이 가능하다. 예를 들어 월 200만 원 소득자는 월 100만 원 소득자보다 2배 더 많은 소득이 있다고 할 수 있다.

사회복지 연구에서 개인의 가치나 태도 등의 속성은 비율변수로 측정할 수 있는 것이 거의 드물다. 사회복지 연구에서 비율측정 수준으로 변수를 관찰할 수 없는 인간의 태도와 행동들을 서열측정 수준 또는 등간측정 수준으로 관찰한 값을 비율측정 변수처럼 사용하는 것이 일반적이다. 이에 대한 사회과학자들의 찬반논란이 여전히 이어지고 있는 것이 사실이다. 예를 들어 아동의 자아존중감이나 노인의 우울감 등을 체중을 계측하는 것과 같은 직관적 도구(체중계)로 측정이 가능한 일인가. 인간의 행태는 생각 또는 가치관을 기반으로 이루어지는 것이기에, 이를 신장이나 체중을 측정하는 도구 등과 유사한 논리로 개발되는 것은 비합리적이며, 불가능한 것이다. 따라서 행태를 설명할 수 있는 하위요인들을 총망라하여 서열측정 또는 등간측정으로 관찰한 변수값들을 합산하거나 평균값을 산출한 척도 점수를 활용할 수밖에 없는 것이 사회과학의 측정의 한계점이라고 할 수 있다.

표 4-4 비율측정수준 문항의 예시

구분	내용
비율척도	1. 당신의 월 소득은 얼마입니까? ________________ (단위: 만 원)

5) 측정수준 간 변수의 속성 비교

응답변수의 값들이 수치적 의미를 가지고 있는지 여부에 따라 측정수준은 달리 적용되어야 한다. 큰 범주에서 비교하자면 변수의 값들이 수치적 정보를 갖고 있다면 이를 양적 변수(quantative variable)라고 하며, 그렇지 않다면 질적 변수(qualitative variable)라고 한다. 양적 변수의 경우 질적 변수와 비교하여 정보가 완전하며 해당 변수 그 자체가 수로서 의미를 갖고 있다. 대표적으로 등간측정 변수와 비율측정 변수가 양적 변수에 해당된다. 반면에 질적 변수로 사용된 값은 구분을 위해 붙여진 기호적 성격을 가진 것 이외의 어떤 정보도 갖고 있지 않다. 질적 변수는 수치적 의미를 부여할 수 없는 명목측정 변수와 서열측정 변수로 구분될 수 있다.

명목측정, 서열측정, 등간측정, 비율측정 순으로 정보가 많아지며, 정보가 많은 측정 변수에서 정보가 적은 측정 변수로 변수의 변환이 가능하기에, 가급적 정보가 많은 측정수준 변수로 설문문항을 구성하는 것이 바람직하다. 또한 측정수준에 따른 변수값의 통계자료 활용은 정보의 양이 많은 변수일수록 다양한 통계분석을 사용할 수 있지만, 질적 변수인 경우 기초 통계 분석 자료로만 활용할 수 있는 측정수준 간 변수의 속성을 연구자는 미리 파악할 필요가 있다.

표 4-5 측정수준에 따른 변수의 속성 비교

특성 \ 척도	명목변수	서열변수	등간변수	비율변수
범주	O	O	O	O
순위	X	O	O	O
등간격	X	X	O	O
절대영점	X	X	X	O
비교방법	확인, 분류	순위비교	간격비교	수량비교
사칙연산	불가	>, <	>, <, +, -	>, <, +, -, ×, ÷
집중경향도 측정	최빈값	중앙값	산술평균	기하평균 조화평균
예	성별 지역	순위 학력 수준	온도 지능 지수 탄력성 지수	소득 인구 수 빈곤율

3 신뢰도와 타당도

1) 신뢰도

다음 사례를 보며 해당 측정도구에 어떤 문제가 있는지 생각해 보자.

사례 4-3

선수 A는 체급에 따라 정해진 체중제한이 있는 복싱종목 대표팀 준비로 1kg 체중조절을 위해 집에 저울을 비치하고 있다. 일주일간의 유산소 운동 이후 A는 저울로 몸무게가 1kg 감량된 것을 확인하였다. 결과에 대한 확신을 얻기 위해 여러 번 같은 저울로 측정한 결과, 매 측정마다 약간의 차이는 있었지만 저울에 큰 문제가 없을 것이라는 생각으로, 체중조절을 마무리 지었다. 저울의 결과를 믿었던 A는 대표팀 발탁을 위한 체중 계측 시 중량 초과로 자신이 꿈꾸던 대표선수로 뛰지 못하게 되어 매우 속상해 했다.

위 사례에서 측정도구는 무엇인가. 바로 저울이다. 같은 질량의 개체들이 같은 체중으로 측정되어야만 우리는 그 저울을 신뢰할 수 있다. 측정에서 피해야 할 것은 추측과 신념체계이다. 해당 측정을 믿을 수 있도록 측정 결과가 동일하게 반복되었다면 이는 신뢰도가 높은 측정이라고 할 수 있다. 결과적으로 신뢰로운 측정 결과를 얻지 못했음에도 불구하고 '문제가 없을 것'이라는 추측으로 결국 선수 A 자신이 피해를 보게 된 사례이다.

신뢰도(reliability)는 같은 대상에 반복적으로 적용된 측정 도구가 매번 동일한 결과를 반영하고 있는가를 의미한다(Rubin & Babbie, 2015). 즉, 측정에서 일관성을 의미하며 반드시 갖추어야 할 요소이다(한국직업능력개발원, 2015). 신뢰도를 해당 측정도구가 갖추었는지를 평가하는 신뢰도 유형은 다음과 같다.

(1) 검사-재검사 신뢰도

검사-재검사(test-retest) 신뢰도는 동일한 대상에게 동일한 상황과 방법을 적용하되, 단지 시기만 다르게 조사하여 결과를 비교하는 것이다. 시점 A에서 측정한 도구를 일정시간 경과한 시점 B에서 동일한 도구를 측정하였을 때 두 시점 간 측정점수의 상관관계를 계산하는 방법이다.

검사-재검사 신뢰도 측정으로 두 번째 검사의 결과 값이 측정대상의 학습효과 혹은 성숙효과로 첫 번째 검사결과 값과 비교하여 체계적으로 높거나 낮게 나타날 수 있다. 즉 시간의 변화로 조사대상의 특성변화에 따른 효과가 나타날 수 있기 때문에 반복 측정의 정확성 문제가 해당 신뢰도 측정의 한계로 작용할 수 있다.

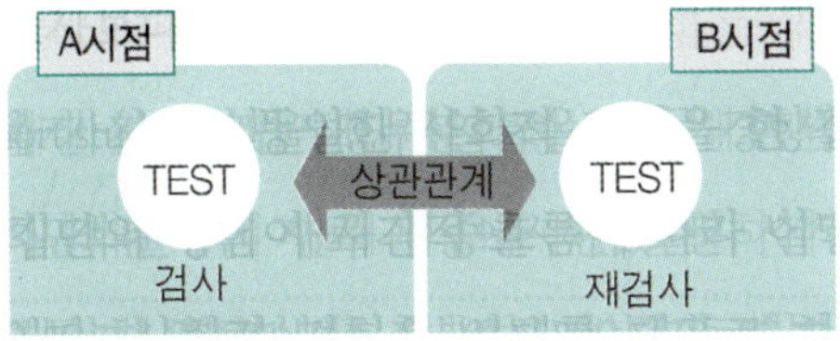

그림 4-1 검사-재검사 신뢰도 유형

(2) 유사양식 신뢰도

유사양식(parallel form) 신뢰도는 동등한 것으로 판단되는 유사한 측정도구 2개를 사용하여 동일한 조사대상에게 연속하여 신뢰도를 측정하는 유형이다. 표면적으로는 다르게 보일지 모르지만 내용적으로는 동등한 척도 2개를 개발하여 두 결과 사이의 상관관계분석으로 계수 간의 유사성을 측정하는 것이다.

유사양식 신뢰도를 측정하는 데 있어서 제한점은 두 가지가 있다. 먼저, 두 가지 척도를 개발하는 것이며, 다른 하나는 두 개의 척도가 개발되었다고 하더라도 두 척도가 유사하다고 여길 수 있는 것은 무엇으로 판단할 수 있는가에 대한 부분이다. 하지만 이러한 단점에도 위에서 설명한 검사-재검사 신뢰도의 제한점인 성숙요인의 효과를 극복하게 해준다는 점은 차별적 특성이라 할 수 있다.

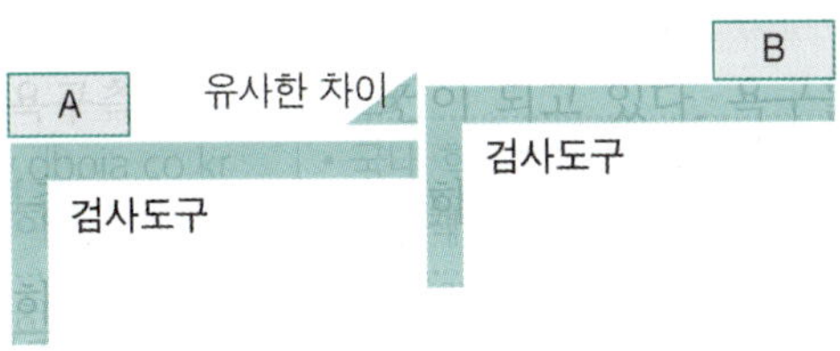

그림 4-2 유사양식 신뢰도 유형

(3) 반분검사 신뢰도

반분(split-half)검사란 말 그대로 하나의 도구를 둘로 나누어 그 둘 간의 유사성을 상관관계로 살펴보는 신뢰도 유형이다. 하나의 검사 도구를 제작한 후 대상자 집단에 실시하도록 하는 것은 일반적인 신뢰도 측정검사와 유사하지만 평가문항을 특정한 방법으로 두 부분으로 분할, 반분된 두 개의 검사 점수 간의 상관계수를 분석하여 신뢰도를 구한다.

반분법으로 신뢰도를 측정하기 위한 전제조건은 먼저, 측정도구가 같은 개념을 측정한다는 것이 명백해야 하며, 둘째, 둘로 나눈 각 측정도구의 항목은 그 자체가 각각 완전한 척도를 이룰 수 있도록 충분히 많아야 한다. 반분검사 도구를 구성하기 위해 유의해야 할 점은 반분된 도구 각각의 항목들을 구분하는 방식에 따라 신뢰도 계수의 추정치가 달라지는 문제점이 있다는 것이다(손병덕 외, 2010).

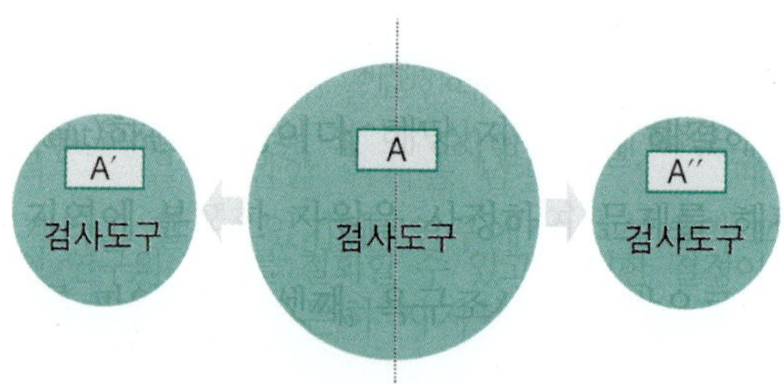

그림 4-3 반분검사 신뢰도 유형

(4) 내적 일관성 신뢰도

반분된 항목의 구성방식에 따라 신뢰도가 달라지는 반분검사의 한계점을 극복하고자 개발된 것이 내적 일관성(internal consistency) 신뢰도 검사이다. 내적 일관성 검사는 측정도구에 포함된 문항들 간의 동질성 정도를 평가하는 것으로, 가능한 구할 수 있는 모든 반분 신뢰도 점수를 구한 다음 평균값으로 신뢰도를 표기하는데, 이러한 방법으로 구한 신뢰도 계수를 Cronbach α 값이라고 한다.

신뢰도 계수는 해당 측정도구의 신뢰수준을 0에서 1사이의 해당 값으로 표기하는데, 1에 가까울수록 측정도구의 신뢰수준이 높다고 할 수 있다. 신뢰수준에 대한 절대적 기준이 마련되어 있는 것은 아니지만, 통상적으로 측정도구의 신뢰수준은 0.7이상이어야 측정도구로서 수용할 만하다고 할 수 있다(George & Mallery, 2003).

2) 타당도

측정에서 가장 중요하게 갖추어야 할 요소는 바로 정확성이다. 대상의 개념을 측정하기 위하여 우리는 정확하게 측정하고 있는가는 연구자의 역할로서 지속적으로 반성하며, 스스로 고민해야 할 매우 중요한 부분이다. 1장에서 살펴본 과학적 지식 습득을 어렵게 하는 요인들은 측정의 타당성을 저해하는 요인들이기에, 타당도는 연구자가 측정을 위하여 매우 의미 있게 여겨야 할 부분인 것이다. 다음 사례를 통하여 타당도가 어떤 의미인지를 생각해보자.

사례 4-4

사회복지학과 학생 A는 아동양육시설 아동들의 하루 급식 비용단가가 당사자의 건강상태에 미치는 영향을 알고 싶다. 2017년 현재 시설아동의 급식비용은 한 끼 2,348원이라는 것을 측정하였고, A에게 이제 남은 것은 아동의 건강상태를 어떻게 측정할 것인가이다. 식사의 제공은 곧 아동의 신체발육상태와 관련된 것으로, A는 당사자들의 신체건강상태를 해당 연령대의 아동들의 신체지수를 측정한 평균값과 비교 · 평가하여 건강상태의 수준이 어떠한지를 측정하고자 하였다.

사례에서 연구자가 정확한 측정을 위해 고민한 변수는 종속변수인 아동들의 건강상태이다. 건강상태를 무엇으로 측정할 것인가 하는 측정도구에 대한 고민 이전에 건강상태에 대한 정확한 개념, 즉, 무엇을 측정해야 연구자로서 아동의 건강상태를 정확하게 측정했다고 할 수 있는가를 고민해야 한다. 위 사례에서 A학생은 나름대로 건강상태를 신체적 건강으로 조작화하여 측정했다고 할 수 있지만, 건강상태는 일반적으로 정신건강의 범주 역시 포함시켜야 하는 개념이라고 할 수 있다.

하나의 개념을 측정하기 위하여 이론적으로 포함시켜야 할 요인들이 무엇인지 충분한 고민이 필요하다. 아주 쉬운 예로 '비만'이라는 상태를 측정하기 위하여 단지 체중이라는 요인만 측정해서는 곤란하다. 정확하게 비만 여부를 알기 위하여 파악이 필요한 것은 '신장'이다. 체중이 80kg으로 동일한 두 사람이 각각 신장 160cm와 180cm이라고 했을 때, 비만의 해당 여부는 다르기 때문이다. 따라서 체중만 보고 '비만'이라는 개념을 측정하고자 했다면, 이는 정확한 측정이라고 보기 어렵다. 그렇다면 정확한 측정수준을 평가하는 타당도는 어떤 유형이 있는지 살펴보자.

(1) 내용타당도

내용타당도(content validity)는 측정하고자 하는 개념을 척도가 포괄하는 정도를 의미하는 것이다. 앞서 사례 4-4에서 아동의 건강상태를 측정하고자 하는 척도를 개발하는 데 관심이 있는 연구자라고 한다면 건강상태의 개념에 대한 정의를 내려야 하고, 해당 개념이 포함하고 있는 모든 측면들을 포함할 수 있어야 한다.

내용타당도를 측정하는 것은 전적으로 판단에 기초하여 확립한다. 즉, 연구자가 혹은 다른 전문가들이 척도가 개념을 구성하는 측면들이 포괄되었는지 판단한다. 이러한 이유로 내용타당도를 전문가타당도라고 부르며, 전문가의 직관적 측면으로 얻은 정보를 바탕으로 척도가 측정하고자 하는 개념을 모두 포괄하고 있는지 확인하게 된다. 그러나 전문가에 주관적 견해에 의해 결정되기 쉽고, 따라서 타당도를 검증하는 방법으로 객관적 검증이 떨어지는 방법이라고 할 수 있다. 그럼에도 불구하고 내용타당도는 측정도구의 타당도를 검증하는 가장 기본적인 방법으로 이용되고 있다.

(2) 기준 관련 타당도

기준 관련 타당도(criterion-related validity)는 몇 가지 외부적 기준에 근거한다. 예를 들어 대학수학능력시험 역시 학생들의 수학능력을 측정하는 척도로서 이 시험의 타당도는 대학에서 학생들의 성공적인 학업적응을 예견하는 능력에서 판단된다. 즉, 학생의 성공적 학업적응이 기준이 된다(Rubin & babbie, 2015). 또 다른 예는 대학생활 적응의 문제를 갖고 있는 학생들을 대상으로 집단 프로그램을 실시하기 위해 생활 스트레스 척도로 프로그램 참여가 필요한 집단을 구분한다고 하면, 생활 스트레스 척도 점수가 현재 스트레스에 대한 심각성 여부를 구분해 낼 때 해당 상태에 대한 진단이 동시에 이루어지는지는 기준이 된다. 제시된 예를 바탕으로 예측타당도와 동시타당도를 구분해 볼 수 있다.

① 예측타당도

예측타당도(predict validity)는 앞서 들었던 예시처럼, 대학수학능력시험은 현재 고등학생들이 미래의 대학생이 될 때, 얼마나 대학 학업의 과정에 잘 적응할 수 있을지를 예측하는 것과 관련된 타당도이다. 만일 예측타당도가 높은 대학수학능력시험이라고 한다면, 해당 학교에서 요구하는 점수를 득점한 학생들은 학업을 수행하는 데 어려움이 발생되지 않을 것이다. 즉 학생이 대학을 입학할 수 있는지 없는지를 즉시 판단하는 것이 아니라 일정 점수 이상이면 해당 학교에 입학하여 학업을 이수해도 문제없다고 인정해주는 것이기 때문에 현재 발생적 관점이 아니라 미래적 관점으로 판단하는 타당도의 개념이다.

② 동시타당도

동시타당도(concurrent validity)는 개발된 측정도구가 지금 현재의 특성과 상태를 얼마나 잘 구분하고 판단하는가에 대한 타당도 개념이다. 특정 상황에 대한 판단을 측정한 도구의 점수 기준으로 정확하게 판단하거나 진단하였다면 해당 척도는 동시타당도가 높다고 할 수 있다. 예측타당도와 개념이 유사하다고 할 수 있으나, 현재 상태를 얼마나 올바르게 나타내는지를 파악하는 정도이기에, 예측타당도의 미래적 관점과는 시점의 차이가 명백히 다른 부분이라고 볼 수 있다.

사회복지 영역 중 정신건강은 사정도구로 서비스 이용 당사자의 욕구를 측정하는데, 사정도구로서 기능적이라고 할 수 있는 척도일수록, 동시타당도가 높다고 볼 수 있다. 이는 당사자의 욕구의 상태를 명확하게 관찰하고 객관적인 사정이 가능한 척도일수록 당사자에게 필요한 서비스의 제공으로 효과성과 적절성을 동시에 충족시킬 수 있기 때문이다.

(3) 구성타당도

구성타당도(construct validity)는 개념구성타당도라고 한다. 이는 추상적 개념을 측정 가능하도록 하는 데 있어서 해당 개념이 어떠한 하위 개념의 구성들로 이루어져 있는데 이러한 개념구성이 잘 되었는가를 판단하는 타당도이기 때문이다. 예를 들어 자아존중감(self-seteem)은 실재하지 않는 개념인데 이를 적응능력, 스트레스 대처능력, 자신에 대한 신뢰, 문제해결능력과 같은 개념으로 측정 가능하도록 상위영역과 하위영역 간의 관계 구성을 한다면, 이러한 구성이 타당한가를 분석하는 개념이 구성타당도이다.

구성타당도는 척도의 총 문항 점수와 하위영역점수와의 상관관계 분석이나 요인분석을 통해 판단한다. 구성타당도는 객관적이며 경험적 기준에 의한 판단이 이루어지는 것이기에, 앞서 살펴본 내용타당도와 비교하자면 척도 판단의 관점에서 상반된 태도를 취하고 있다. 구성타당도는 이해타당도, 수렴타당도, 판별타당도로 분류할 수 있다.

① 이해타당도

이해타당도(nomlogical validity)**는 특정 개념을 어떻게 이해하고 있는가에 관한 것이다. 즉, 이를 높이기 위해서는 연구자가 관심이 있는 특정 개념과 관련이 있는 개념**들을 체계적으로 연결시키는 이론적 구성도를 작성하여 그 모델에 측정방법을 연결시키는 노력을 하여야 한다.

② 수렴타당도

새롭게 마련된 측정도구의 결과가 같은 개념구성을 측정하는 기존의 측정도구의 결과와 일치될 때 그 새롭게 마련된 척도는 수렴타당도(convergent validity)를 가진다. 이는 동일한 구성개념을 측정하는 서로 다른 방법들의 결과가 일치될 때 확인되는 것으로, 집중타당도라고 부르기도 한다.

③ 판별타당도

두 측정도구들이 비록 유사하더라도 만약 각각 다른 개념을 측정하고 있다면, 두 측정 사이에 높은 상관관계를 나타내서는 안 된다. 이것이 판별타당도(discriminant validity)인데, 상이한 구성개념을 측정하였을 때 얻어진 측정치들 간에는 상관관계가 낮을수록 판별타당도가 높다고 할 수 있다. 다시 말하면 유사한 측정도구가 사용되더라도 상이한 속성을 측정하는 것이면 두 측정치 간에 서로 높은 상관관계가 있어서는 안 된다는 것이다(손병덕 외, 2010).

3) 신뢰도와 타당도의 관계

신뢰도는 척도가 동일한 대상을 여러 번 측정하더라도 동일한 측정값이 관찰되는지 여부를 판단하는 개념이며, 타당도 척도가 측정하고자 하는 개념을 얼마나 정확하게 측정하고 있는지에 대한 내용이다. 즉, 신뢰도 확보는 척도가 일관성을 유지하고 있는가를, 타당도 확보는 개념측정의 정확성을 담보하고 있는가이다.

그렇다면 정확성이 더 중요한가 아니면 일관성이 더 중요한가. 측정의 주요관심은 바로 정확성이다. 정확성이 담보되지 않는다면 사실 신뢰도는 무의미한 것이 된다. 역으로 사회과학에서 사용되는 측정도구가 충분히 타당도가 높으면 신뢰도는 자연발생적으로 확보된다. 타당도와 신뢰도의 관계를 구체적으로 살펴보면 다음과 같다.

① 타당도가 높은 측정은 항상 신뢰도가 높다.

② 신뢰도가 높은 측정은 타당도가 높을 수도 있고 낮을 수도 있다. 신뢰도가 높다고 해서 반드시 타당도가 높은 것은 아니다.

③ 결과적으로 타당도는 신뢰도의 충분조건이며, 신뢰도는 타당도의 필수조건으로 볼 수 있다.

미국 사회복지조사론 교과목의 선구주자로 일컫는 Rubin과 Babbie(2016)는 타당도와 신뢰도를 과녁에 박혀 있는 총알의 흔적으로 비유한다. 과녁을 연구자가 알고자 하는 연구문제라고 한다면, 연구자는 그 과녁의 중앙을 조준하며 사격을 하기 때문에 총은 연구문제를 측정하고자 하는 도구로 볼 수 있다. [그림 4-4]에서 A는 신뢰도와 타당도가 매우 높은 경우로 총은 과녁은 중앙을 향해 매우 일관적으로 흔적을 남기고 있다. B는 일관적이기는 하나 정확하게 과녁을 맞추지 못하여 신뢰도는 높으나 타당도는 낮은 경우를 의미한다. C는 일관적이지도 또 정확하지도 못한 총을 보여주는데, 이는 신뢰도와 타당도 모두 낮은 경우를 보여준다.

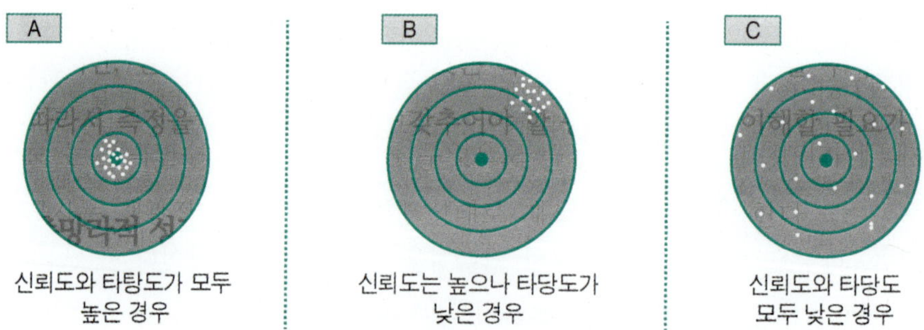

그림 4-4 신뢰도와 타당도의 관계

4 측정수준에 따른 척도의 유형

연구문제를 해결하기 위하여 연구자는 측정수준에 따라 다양한 척도를 기존 참고문헌을 통하여 인용하거나, 혹은 직접 제작해야 한다. 척도 사용에 있어서 중요한 것은 측정하고자 하는 변수의 특성을 고려해야 하고 분석을 염두에 두어야 하는 점이다. 더불어서 연구대상자로 하여금 척도에 대한 응답의 저항이나 어려움이 없는지 살펴 무응답과 신뢰도가 떨어지는 응답이 발생하지 않도록 해야 한다. 측정수준에 따른 여러 척도유형들이 있지만 몇 가지 대표적인 척도유형만 설명하기로 한다.

1) 리커트 척도

총화평정척도라고 일컬어지는 리커트 척도(Likert sclae)는 하나의 개념을 묻는 문항을 단일문항으로 만들지 않고 여러 개의 질문을 만들어서 사용하게 된다. 이는 추상적 개념을 조작화하기 위하여 하나의 문항에 의해 측정되는 것은 개념 구성타당도가 떨어져 정확한 측정이 어렵기 때문에 하나의 개념을 측정하기 위해서는 하위 요인으로 구성된 여러 개의 문항에 의해 측정하는 것이 올바르기 때문이다.

질문의 형식은 응답 범주의 수를 3점, 4점, 5점 등의 평정식 질문으로 문항을 제작하며, 각 문항은 동일한 비중을 갖도록 제작하는 것이 필요하다(최선희, 2012). 리커트 척도는 일반적으로 응답의 범주를 중간을 기준으로 좌우대칭으로 이루도록 하며, 서열측정 수준의 척도이다.

사례 4-5

리커트 척도

귀 댁이 현재 거주하고 있는 주택의 상태에 대해 평가해 주십시오.
(시설이 없는 경우는 불량으로 표기해 주십시오.)

항목	① 불량	② 조금 불량	③ 조금 양호	④ 양호
C2-1-1 집의 구조물(견고, 균열 상태)	□ ①	□ ②	□ ③	□ ④
C2-1-2 방수 상태(습기가 많거나 빗물이 새는 정도)	□ ①	□ ②	□ ③	□ ④
C2-1-3 난방 상태	□ ①	□ ②	□ ③	□ ④
C2-1-4 환기 상태(창문 개폐 여부, 통풍 상태)	□ ①	□ ②	□ ③	□ ④
C2-1-5 채광 상태	□ ①	□ ②	□ ③	□ ④
C2-1-6 방음 상태(이웃 간 혹은 층간 소음)	□ ①	□ ②	□ ③	□ ④
C2-1-7 재난, 재해(산사태나 홍수, 지진 피해 등) 안전성	□ ①	□ ②	□ ③	□ ④
C2-1-8 화재로부터의 안전성(화재예방 전기시설, 화재 대피시설 유무)	□ ①	□ ②	□ ③	□ ④
C2-1-9 주택 방범상태(외부인의 주택 내 침입에 대한 안전성)	□ ①	□ ②	□ ③	□ ④

출처 : 지역사회보장균형발전센터(2018). 제4기 지역사회보장계획 수립을 위한 지역주민욕구조사. 보건복지부.

2) 거트만 척도

누적척도의 성격을 가지고 있는 거트만 척도(Guttman scale)는 질문문항들의 서열성이 존재하는 것을 전제로 한다. 질문문항을 개발하는 데 있어서 설문문항의 배치는 강한 개념을 가진 문항들은 약한 개념을 가진 문항들을 의미상으로 포함하도록 구성한다. 강한 개념을 가진 문항에 우호적인 응답을 한 사람은 당연히 약한 개념을 가진 문항에 우호적인 응답을 하도록 되어 있다.

어떤 개념에 대한 수용적 태도를 알아보고자 구성된 척도문항에서 문항이 진행될 수록 강한 개념에 대하여 긍정적으로 답한 사람은 당연히 약한 개념을 묻는 질문에서 역시 긍정적으로 답하여야 한다. 아래 사례에서 장애인 시설에 대한 지역주민의 수용정도를 묻는 척도에서 3번 문항에 긍정적인 대답을 하게 된다면 2번 이하 질문은 의미가 없게 된다. 이 경우 3점을 부여하게 되며, 만일 1번 문항에 부정적인 답을 하면 2번 문항으로 넘어가 찬성여부를 확인하게 되며, 확인된 응답내용에 따라 점수가 부여된다.

거트만 척도는 사회적 집단에 대한 거리감과 수용성을 비교하는 데 장점을 가지고 있다. 특정 사회적 집단에 대한 조사대상자의 태도를 단일 차원의 누적문항으로 응답하게 함으로써 내적 일관성의 문제를 해결하는 데 장점을 가지고 있다. 서열척도이긴 하지만 항목 간격에 따른 질문 문장의 의미 구성을 단일차원성이라는 가정 하에서 누적성을 갖도록 만들기가 쉽지 않아 리커트 척도만큼 활용도가 높지는 않다.

사례 4-6

커트만 척도

지역사회에 장애인 시설 설립에 대한 지역주민의 의식에 대한 조사입니다.
문항에 여부를 답해주세요.

항목	① 예	② 아니오
1 귀하 집 옆에 장애인시설이 설립되는 것에 대해 찬성하십니까?	□ ①	□ ②
2 귀하의 마을에 장애인시설이 설립되는 것에 대해 찬성하십니까?	□ ①	□ ②
3 귀하의 동(면)에 장애인시설이 설립되는 것에 대해 찬성하십니까?	□ ①	□ ②

3) 서스톤 척도

서스톤 척도(Thurstone scale)는 앞서 소개한 척도들과 다른 측정수준을 가지고 있다.

서스톤 척도는 유사등간척도(equal-appearing interval scale)라고도 한다. 즉, 서스톤 척도는 등간측정 수준의 척도로서, 응답자의 태도를 묻는 문항들이 동일한 비중의 간격을 갖도록 하여 각 태도에 적합한 연속선상의 한 지점을 선택할 수 있는 것을 전제로 한다.

사례 4-7

서스톤 척도

문항은 지역사회에 관련된 다양한 생각들입니다. 찬성하는 문항을 선택해 주시길 바랍니다.

문항	척도치 (가중치)	찬성
1. 사회 전체를 위해 개인의 행복을 희생시키는 것은 옳은 일이다.	4.5	
2. 아동복지시설이 우리 동네에 신축되는 것은 반가운 일이다.	5.4	V
3. 주말에 자원봉사하는 것은 그 시간에 돈버는 것만큼 즐거운 일이다.	9.2	
4. 소득이 많을 수록 높은 비율의 소득세를 내는 것은 바람직한 일이다.	3.8	
5. 장애인의무고용제도는 사회를 발전시키는 데 기여한다.	6.6	V
6. 사회보험 재정 적자를 세금으로 충당하는 것은 옳은 일이다.	4.2	
7. 농어촌 출신 고등학생들의 대학 우선입학제도는 바람직한 일이다.	5.6	

척도 항목 중 응답자는 2개를 선택하였기 때문에 두 항목의 척도 값의 평균이 점수가 된다. 응답자는 2번, 5번 항목에 응답하였는데 각각 5.4점과 6.6점으로 이를 평균한 값 6점이 된다.

응답자의 반응을 점수로 배분하는 문항측정이라는 점에서는 리커트 척도와 유사하다고 할 수 있으나 각 문항 자체에 고정된 점수(가중치)를 척도화한다는 점에서 차이가 있다. 서스톤 척도의 개발연구 시 Thurstone과 Chave는 130개의 질문문항을 300명의 문항평가자들에게 심사하도록 하였다. 각 문항을 긍정과 부정의 정도에 따라 중간범주는 중립적 태도를, 5개 범주는 긍정적 태도를, 5개 범주는 부정적 태도를 반영하도록 하였다. 최종적으로 척도를 구성할 문항을 선정하는 데 있어서 평가자들이 부여한 점수의 분포가 극단적 분산의 값을 가진 문항은 제외하고 등간격으로 고르게 분포되도록 구성하였다.

서스톤 척도는 등간측정 수준으로 척도 사용의 범용성이 상대적으로 넓은 장점이 있으나, 척도 구성에 많은 시간과 노력이 필요하다는 단점을 함께 지닌다. 또한 평가자에 의존하기 때문에 여러 평가자의 편견이 개입될 여지가 있어서 평가항목의 이론적 근거가 부족하다는 제한점이 있다.

실습

1. 여러분이 거주하고 있는 지역사회 독거노인의 건강에 대한 욕구와 관련된 설문문항을 만들기 위하여 먼저 노인의 신체와 정신건강상태를 파악하는 측정문항을 영역당 3문항씩 개발하자. (5점 리커트 척도)

1) 신체건강상태

1번	문항	
	보기항목	
2번	문항	
	보기항목	
3번	문항	
	보기항목	

2) 정신건강상태

1번	문항	
	보기항목	
2번	문항	
	보기항목	
3번	문항	
	보기항목	

2. 개발된 측정문항에서 측정도구로서 갖추어야 할 조건이 포함되어 있는지 살펴보고, 개선이 필요한 부분에 대하여 상호 피드백해 보자.

기출문제로 복습하기

1. 측정에 관한 설명으로 옳지 않은 것은? 16회 기출

① 개념의 구체화 과정에서 포괄성의 원칙을 지켜야 한다.
② 개념의 경험화 과정에서 변수를 구성하는 속성들 간의 구분이 분명해야 한다.
③ 신뢰도가 높은 측정을 위해서는 문항 간 내적 일관성을 가져야 한다.
④ 측정은 개념의 현상적 구조와 경험적 측정값들이 일치될수록 정확해진다.
⑤ 개념화가 조작화에 비해 경험적 차원에서의 구체화 정도가 높다.

2. 변수의 측정 종류가 바르게 짝지어진 것은? 16회 기출

ㄱ. 사회복지사의 근무지역 동(洞)
ㄴ. 사회복지사가 이수한 보수교육 시간(분)
ㄷ. 사회복지사의 근무기관 평가등급 점수(A, B, C, D)

① ㄱ: 명목측정, ㄴ: 서열측정, ㄷ: 비율측정
② ㄱ: 비율측정, ㄴ: 서열측정, ㄷ: 명목측정
③ ㄱ: 서열측정, ㄴ: 비율측정, ㄷ: 서열측정
④ ㄱ: 명목측정, ㄴ: 비율측정, ㄷ: 서열측정
⑤ ㄱ: 서열측정, ㄴ: 명목측정, ㄷ: 비율측정

3. 노인의 우울에 관하여 연구할 때 조작적 정의(operational definition) 단계에 해당하는 것은? 12회 기출

① 사전(dictionary)을 참고하여 우울을 명확히 정의한다.
② 노인의 우울에 대한 기존 연구 결과를 정리한다.
③ 우울관련 척도를 탐색 후 선정한다.
④ 우울한 노인과 그렇지 않은 노인의 차이에 대해 조사한다.
⑤ 우울한 노인의 현황을 파악한다.

| 정답 | 1. ⑤ 2. ④ 3. ③

정리하기

- 측정이란 현상과 태도의 속성에 일정한 규칙을 부여한 변수로 구분하고자 하는 것을 의미하며, 측정은 총망라적이며, 상호배타적으로 문항이 구성되어야 한다.
- 측정수준에 따른 변수는 명목측정, 서열측정, 등간측정, 비율측정이 있다. 명목측정에서 비율측정순서로 측정변수의 정보의 양이 많아지기 때문에 비율측정 수준의 변수에서 정보의 수준이 낮은 서열이나, 명목측정 수준으로 변수의 전환이 가능하다.
- 측정도구는 신뢰도와 타당도의 조건을 갖추어야 한다. 신뢰도는 측정의 일관성의 개념으로 같은 대상에 반복적으로 적용된 측정도구가 동일한 결과를 가져오는가를 의미한다. 타당도는 정확성의 개념이다. 연구자가 관심을 두고 있는 현상을 정확한 측정도구로 측정하였다면 해당 연구는 타당도가 높은 연구라고 할 수 있다.
- 신뢰도와 타당도의 관계를 살펴보면 타당도가 높은 측정은 항상 신뢰도가 높다고 할 수 있다. 하지만 신뢰도가 높다고 해서 반드시 타당도가 높은 것은 아니다. 따라서 타당도는 신뢰도의 충분조건이며, 신뢰도는 타당도의 필수조건으로 볼 수 있다.
- 측정수준에 따른 척도의 유형은 서열측정 수준의 척도인 리커트(Likert) 척도가 있다. 응답범주의 수를 3~5점 등의 평정식 질문으로 문항을 제작하여 사용한다. 거트만(Guttman) 척도는 질문문항을 개발하는 데 있어서 설문문항의 배치는 강한 개념을 가진 문항들은 약한 개념을 가진 문항들을 포함하도록 구성하여 누적척도의 성격을 갖고 있다. 서스톤(Thurstone) 척도는 등간측정 수준의 척도로서 응답자의 문항별 반응을 점수로 척도화한다는 점에서 서열척도와 차이가 있다.

Research Methods for Social Welfare

Part 02

조사의 방법

Chapter 05

Research Methods for Social Welfare

실험조사(조사설계)

학습 목표

- 인과관계 추론요소에 대해 살펴본다.
- 조사설계의 내·외적타당도에 대해 살펴본다.
- 실험설계의 원리 및 방법에 대해 살펴본다.

사례 5-1

사회복지실천현장에서는 서비스 이용자들을 대상으로 집단 프로그램을 진행할 때가 많다. 예를 들어 청소년들의 자아존중감 프로그램을 기획한다고 가정할 때, 프로그램에 참여할 청소년들을 어떻게 선발할 것인지, 프로그램 종결 후 결과는 어떻게 평가할 것인지 등처럼 기획단계에서부터 고려해야 할 사항들이 있다. 아울러 프로그램 완료 후 성과 측정 결과 기대했던 방향으로 결과가 도출되었다면, 그 결과가 순수하게 그 프로그램 때문이라고 확신할 수 있어야(즉, 프로그램과 결과 간의 인과관계 성립) 프로그램으로 인한 변화라고 할 수 있다. 그런데 프로그램 도중 결과에 영향을 미칠 수 있는 다양한 상황들이 개입될 수 있으므로 사회복지사는 완벽할 수 없다고 하더라도 가능한 이러한 요소들을 배제할 필요가 있다.

사회복지에서 "실험"이라고 하면 다소 의아하게 느낄 수 있다. 실험이라는 단어를 생각하면 자연과학이나 공학분야의 실험실에서 이루어지는 무언가에 대한 검증 활동이 떠오르는 것이 일반적이기 때문이다. 그렇다면 사회복지에서 실험을 말하는 것은 어떤 의미이며 어떤 활동을 말하는 것일까? 사회복지에서의 실험은 사회복지현장에서 진행하는 프로그램을 생각하면 이해하기가 수월할 것이다.

사회복지실천현장에서는 특정한 목적과 목표를 설정하여 다양한 사회복지 프로그램을 진행하고 있다. 사회복지사가 기대하는 것은 프로그램 기획 당시 설정한 목표를 달성하는 것이다. 좀 더 엄밀히 말하면 '프로그램으로 인하여' 설정한 목표를 달성하는 것이다. 그런데 만일 사회복지사가 프로그램을 설계함에 있어 어떠한 원칙이나 논리적 과정 없이 개인의 선호나 진행의 편리함만을 고려하여 기획한다면, 프로그램의 결과가 가설에 맞지 않는 방향으로 도출된다거나 프로그램 결과의 해석에서 논리상 오류가 발생할 수 있다. 이러한 오류들을 최대한 줄이기 위하여 이번 장에서는 인프로그램 결과에 영향을 줄 수 있는 요인들(내적타당도), 인과관계를 보다 확실하게 할 수 있는 실험설계 방법 등 실험조사 전반에 걸쳐 살펴보고자 한다.

1 조사설계에서 인과관계 추론

1) 인과관계 추론 필요성

위의 사례에서 자아존중감 상승이 프로그램 때문이라고 확신할 수 있어야 사회복지 프로그램의 온전한 성과라고 할 수 있다. 이 장에서는 인과관계를 추론하기 위한 조건과 실험설계 방법 등에 대해 학습하며, 실험설계에서 고려해야 하는 내적타당도와 외적타당도 저해 요인 등에 대해 살펴보고자 한다.

2) 인과관계 추론 요소

위의 예시에서 자아존중감 향상 프로그램이 자아존중감 상승의 결과를 야기했다고 주장하기 위해서는 세 가지 조건이 모두 필요하다. 인과관계를 추론하기 위한 조건에 대해 살펴보자.

(1) 시간 우선성

인과관계를 추론하기 위한 첫 번째 조건은 독립변수가 종속변수를 시간적으로 선행하여야 한다는 것이다. 사례 5-1에서 독립변수인 자아존중감 프로그램이 먼저 제공된 이후에 자아존중감이 상승해야 논리적으로 타당하다. 이는 프로그램으로 인하여 자아존중감이 상승했다고 주장할 수 있는 최소한의 조건이 충족된 것이다.

(2) 공변성

인과관계를 입증하기 위해서는 선행되는 현상(독립변수)이 변화할 때 그에 따라 결과가 나타나야 한다(종속변수). 논리적으로 인과관계가 성립되려면 원인이 되는 현상과 이와 관련한 결과가 함께 발생해야 함이 타당하다. 만일 자아존중감 프로그램을 진행하였는데 자아존중감 정도가 변하지 않았다거나, 프로그램 없이 자아존중감이 상승했다면 둘 사이에 인과관계가 존재한다고 설명할 수 없다. 두 현상이 함께 변화해야 인과관계가 성립된다는 것이다. 만일 공변성의 강도가 높아지면 인과관계 가능성이 증가한다.

(3) 외생변수의 배제(통제)

마지막으로 원인이 되는 사건과 그에 따른 결과가 변화할 때, 두 변수에 영향을 미칠 수 있는 외부의 변수를 배제할 수 있어야 한다. 즉, 순수하게 독립변수가 종속변수의 원인이 된다는 것을 설명할 수 있어야 한다. 예를 들면, 자아존중감 프로그램 기간 동안 프로그램 참가자들의 자아존중감에 영향을 미칠 수 있는 다른 요소들을 통제하여야 한다는 것이다.

2 조사설계의 내적타당도

1) 정의

조사설계에서 인과관계를 설명하기 위해서는 타당도가 높아야 한다. 여기서의 타당도는 측정의 타당도, 측정도구의 타당도와는 전혀 다른 개념으로, 조사설계가 인과관계에 대한 정보를 얼마나 정확하게 제공하느냐를 의미한다. 조사설계의 타당도는 내적타당도와 외적타당도로 구분한다.

자아존중감 프로그램 이후 자아존중감 점수가 상승하였다고 가정해 보자. 자아존중감 점수의 상승이 자아존중감 프로그램에 의한 것임을 확신할 수 있을까? 이것이 바로 내적타당도에 대한 질문이다. 즉, 내적타당도(internal validity)란 종속변수에서 나타나는 변화의 차이가 독립변수에 의한 것임을 확신(인과관계)할 수 있는 정도를 말한다. 조사설계를 할 때에는 가설에서 종속변수에 영향을 미친다고 설정한 변수 이외의 다른 요소들이 영향을 미치지 않도록 하거나 영향을 분리할 수 있도록 주의해야 한다(강종수, 2013). 다음은 내적타당도에 영향을 미치는 다양한 요소들에 대해 살펴본다.

2) 내적타당도 저해요인

(1) 우연한 사건(history)

연구가 진행되는 동안 우연한 사건이 발생하여 결과에 영향을 미치는 경우이다. 우연한 사건은 역사적인 사건뿐 아니라 우연하게 발생하는 외부의 모든 상황을 포함한다.

> 종합사회복지관에서 청소년의 자아존중감 향상 프로그램을 실시하고 사전·사후평가를 하였다. 프로그램 이후 평가 결과 자아존중감이 향상된 것으로 나타났다. 이 무렵 프로그램에 참여한 학생들은 인문학 강좌를 듣게 되었고 그들이 좋아하는 유명인들을 만나 왔다.

(2) 성숙효과(maturation)

시간의 흐름에 따라 발생하는 조사참여자의 생물학적 발달이나 성장을 경험할 때 발생하는 변화를 말한다. 연구의 결과가 개입의 영향 때문인지 자연스러운 성장과 성숙의 영향인지 확신하기 어렵다.

> 재난 현장에 노출된 지역 주민을 대상으로 트라우마를 치유할 수 있는 프로그램을 진행하였다. 한 달 뒤 이들을 대상으로 트라우마 정도를 측정하였다.

(3) 검사효과(테스트효과, testing effects)

사전검사와 사후검사에서 동일한 측정도구를 사용하는 경우 측정도구에 익숙해져 개입의 효과와 관계없이 두 번째 검사의 측정치가 개선될 수 있다.

> 청소년 자아존중감 프로그램을 기획하면서 사전과 사후 결과를 비교하는 평가방법을 설정하였다. 이때 사전과 사후검사에서 같은 측정도구를 사용한다면 사전검사에 의해 사후검사가 영향을 받을 수 있다.

(4) 도구효과(instrumentation)

검사효과에서 살펴본 문제를 개선하기 위하여 사전검사와 사후검사에 다른 측정도구를 사용할 때 나타나는 내적타당도 저해요인이다. 이 경우 결과를 해석할 때 프로그램 효과 때문인지 측정도구의 차이 때문인지 확신하기 어렵다.

> 검사효과를 의식하여 자아존중감 프로그램 사전과 사후 서로 다른 평가도구를 사용할 때, 동일한 척도가 아니므로 결과를 비교할 때, 그 차이가 프로그램으로 인한 것인지 척도의 차이에 의한 것인지 알기 어렵다.

(5) 통계적 회귀(statistical regression)

사전검사에서 평균보다 극단적으로 높거나 낮은 결과를 보고한 참가자의 경우 다음 검사에서는 평균값에 근접하는 경향을 보이는 현상이다. 이렇게 되면 독립변수의 효과 때문에 점수가 개선되었다고 확신하기 어렵다.

> 우울감이 극단적으로 높은 경우 프로그램 이후 우울 정도가 개선되었다면 사후 측정에서는 평균값으로 회귀하는 경향이 있으므로 프로그램 효과인지 통계적 회귀인지 명확하게 판단하기 어렵다.

(6) 편향된 선발(selection bias)

실험집단과 통제집단으로 나누어 개입의 효과를 검증할 경우 가장 중요한 것은 두 집단의 동질성이 확보되었는지에 대한 것이다. 만일 애초에 두 집단의 차이가 있다면 개입의 결과를 단순히 비교하는 것은 아무 의미가 없다고 할 수 있다.

> 노인종합복지관에서 어르신의 건강증진을 위한 프로그램을 계획하고 건강한 남성어르신을 실험집단으로, 여성어르신을 통제집단으로 배정하였다.

(7) 실험 중도탈락(mortality)

실험 도중에 참가자가 다양한 이유로 탈락하는 경우가 많다. 탈락한 참가자들이 지나치게 많거나 특정한 유형을 가진 집단일 경우 그들을 제외하고 사전·사후검사 결과를 비교할 때 연구결과에 중대한 영향을 미치게 된다.

> 청소년을 위한 미술프로그램에서 처음에는 12명으로 진행하였으나 프로그램이 모두 끝난 뒤 7명만 남게 되었다. 사후 측정에서 사전에 비해 문제행동이 개선된 것으로 나타난 경우, 프로그램 효과일 수도 있지만 프로그램에 우호적이거나 흥미를 가진 청소년이 남아있을 수 있기 때문에 측정 결과를 해석하는 데 모호할 수 있다.

(8) 인과관계 방향의 모호성(ambiguity about the direction of causal influence)

독립변수와 종속변수 사이의 시간 순서(time-order)에 모호성이 존재하는 경우 즉, 두 변수 사이에서 어느 것이 원인인지 불확실하여 인과관계의 방향을 확신하기 곤란하게 될 때 내적타당도가 저해될 수 있다.

> 3개월간 알코올 의존 단계에 있는 사람들을 대상으로 프로그램을 기획하였다. 이 모임의 참여 조건은 프로그램 진행 기간 동안 술을 마시지 않아야 한다는 것이다. 3개월이 지나고 이들의 단주비율이 중도 탈락한 클라이언트에 비해 더 높았다고 하자. 이 경우 프로그램의 효과라고 말하기에는 모호하다. 왜냐하면 프로그램의 효과로 인하여 단주를 유지할 수 있었다고 할 수도 있지만, 프로그램에 남아 있기 때문에 중도탈락자와 비교할 수 있는 대상이 된 것일 수 있기 때문이다. 즉, 프로그램 완주와 단주 사이에 인과관계의 방향이 모호하다.

(9) 개입효과의 확산 혹은 모방(diffusion or imitation of treatment)

실험집단과 통제집단에 속해 있는 사람들이 만나거나 대화할 수 있는 경우 실험집단에 참가한 사람들이 프로그램 내용에 대해 언급한다면 프로그램의 효과가 통제집단까지 확산되거나 모방될 수 있다. 이 경우 실험집단과 통제집단의 차이가 약해지게 되어 내적타당도에 대한 위협이 될 수 있다.

> 한 중학교에서 건강한 신체를 유지하기 위하여 건강에 관심이 있는 학생들을 대상으로 프로그램을 진행하고 있다. 프로그램에 다녀온 참가자들은 건강한 식단을 구성하는 법, 칼로리 계산하는 법, 운동방법 등에 대해 듣고 이를 같은 반 친구들에게 수시로 전달해준다.

(10) 선택과의 상호작용

선택과의 상호작용은 '편향된 선발'과 상호작용하여 내적타당도를 저해하는 것을 말한다. 실험집단과 통제집단은 원칙적으로 동질적인 집단으로 구성되어야 하지만 편향된 선발을 한 경우 실험집단과 통제집단이 이질적인 집단이 될 수 있다. 이 경우 편향된 선발 자체가 이후 프로그램(실험) 과정에 영향을 미칠 수 있다.

(6)의 예에서 건강증진프로그램을 3개월간 진행한 뒤 프로그램 전에 비해 변화가 있는지 측정하였다. 실험집단과 통제집단 각각 사전 - 사후 변화 정도를 분석할 경우 이미 이질적인 집단이므로 프로그램의 효과라고 확신하기 어렵다.

3) 내적타당도 확보방안

사회복지실천현장에서 개입에 대한 효과를 명확히 하기 위해서는 독립변수를 제외하고 다른 변수의 영향 즉, 외생변수들을 통제해야 한다. 실험설계에서 외생변수를 통제해 내적타당도를 확보하는 방법으로는 ① 실험에 영향을 미치는 외생변수에 대한 경험을 가진 참여자를 배제하는 방법, ② 실험집단과 통제집단을 무작위로 배정하는 방법, ③ 조사자가 미리 알고 있는 외생변수의 특성이 동일하도록 실험집단과 통제집단에 배치하는 방법, ④ 통계적 통제 등이 있다.

3 조사설계의 외적타당도

1) 정의

외적타당도(external validity)란 어떤 연구를 통해 인지한 인과관계에 대한 결과를 그 조건을 넘어 다른 환경이나 집단에까지 일반화할 수 있는 정도를 의미한다. 외적타당도에 영향을 미치는 요인은 연구의 대표성과 연구 반응성 등이 있다.

2) 외적타당도 관련 요인

(1) 연구의 대표성

실험설계를 할 때 대부분 표본을 대상으로 하게 된다. 시간과 비용 등 현실적인 어려움으로 전수조사를 할 수 없기 때문에 일부만 뽑아 그 표본(sample)을 대상으로 연구를 진행한다. 이때 표본은 반드시 모집단을 대표할 수 있어야 한다. 또한 연구의 상황이나 환경, 과정 등이 모집단을 대표할 수 있어야 외적타당도를 높일 수 있다.

(2) 연구 반응성

연구 반응성이란 연구 참여자가 현재 연구 대상임을 의식하여 평소와 다르게 행동하거나 연구자가 원하는 반응을 보이려 노력하는 것을 말한다. 연구 참여자의 이러한 행동은 평범한 사람들에게서 나타나는 결과와 상이할 가능성이 높다. 이러한 반응성은 외적타당도에 심각한 영향을 미칠 수 있다. 대표적으로 호손효과와 플라시보 효과를 들 수 있다. 호손효과는 피실험자가 연구 목적을 알고 있을 때 평상시와는 다르게 행동함으로써 결과에 영향을 미치게 되는 현상을 말한다. 플라시보 효과는 특정 개입이나 실험이 이뤄지지 않아도 특정한 치료나 관심을 받고 있다고 인식하면 유사한 효과가 나타나는 경우를 말한다. 이 경우 모두 측정 결과를 일반화하기 어려워 외적타당도를 위협하는 요소가 된다.

3) 외적타당도 확보방안

어떠한 개입의 결과를 일반화하기 위하여 외적타당도를 확보하여야 하는데 방법은 ①'무작위 표집'을 통하여 표본을 선정한 뒤 무작위로 실험집단과 통제집단에 배치하는 것, ② 연구결과를 일반화시키고자 하는 집단, 상황, 시기를 규정한 다음 이에 포함되는 여러 가지 이질적인 사례들이 포함될 수 있도록 '계획적으로 표집'하는 방법, ③ 연구결과를 일반화시키고자 하는 집단, 상황, 시기를 규정한 다음 그와 같은 집단, 상황, 시기의 계층 중에서 각 계층을 가장 잘 '대표할 수 있는' 특성을 갖추고 있는 최소한 하나의 사례가 포함될 수 있도록 표본을 선정하는 방법 등이 있다.

4 실험설계의 유형

연번	유형	세부유형	주요특징
1	순수실험설계 (무작위할당이 가장 큰 특징)	1) 통제집단 사전·사후설계	• 사전검사O, 사후검사O • 시험효과(검사효과)
		2) 통제집단 사후설계	• 사후검사O • 비교대상이 없음
		3) 솔로몬 4집단설계	• 순수실험설계 중 가장 이상적인 설계 • 1)과 2)의 단점 해결 • 현실적으로 어려움
		4) 플라시보 통제집단설계	• 1) 또는 2)에 플라시보집단 추가
2	유사실험설계 (=준실험설계, 의사실험설계)	1) 비동일 통제집단설계	• 사전검사O, 사후검사O • 무작위할당 ×
		2) 단순시계열설계	• 통제집단 없이 통제집단역할 자료 도출 가능 • 시험효과, 상호작용효과
		3) 복수시계열설계	• 비교집단 존재, 외부효과 가능성 보완 • 시험효과, 상호작용효과
3	전실험설계 (=선실험설계, 원시실험설계)	1) 일회사례연구	• 가장 간단한 방법 • 내·외적타당도 신뢰× • 인과관계 요소 중 시간 우선성만 충족
		2) 단일집단사전·사후검사설계	• 하나의 집단 • 사전·사후검사 실시 • 외생변수 통제 불가
		3) 비동일집단 사후검사설계 (정태적집단비교설계)	• 개입 후 사후검사 집단 • 개입집단과 유사한 집단을 대상으로 사후검사만 실시하여 결과비교

1) 필요성과 의의

실험이라고 하면 흔히 자연과학이나 이공계열의 연구들을 생각하게 된다. 그러나 실험은 사회복지실천현장에서도 흔히 쓰인다. 우리가 흔히 다양한 내용으로 개입하고 있는 '프로그램'은 사회과학에서 대표적으로 꼽을 수 있는 실험이다. 프로그램은 독립변수가 되고, 그 프로그램이 목표로 하는 변화는 종속변수가 된다. 사회과학에서 수행하는 실험은 실험실처럼 통제된 환경에서 진행하기 어렵고, 따라서 일상생활에서 자연스럽게 다양한 영향을 받을 수밖에 없으므로 가능한 외부의 요소들을 통제할 수 있는 논리적 장치가 필요하다. 아울러 최근 사회복지실천현장에서는 책임성과 책무성에 대한 강조, 실천결과에 대한 객관적인 평가 등에 대한 관심이 어느 때보다 높아지고 있다. 이러한 요구는 조금 더 객관적이고 논리적인 방법으로 프로그램의 효과성을 증명하도록 프로그램의 설계 방식과 측정 방식의 논리성을 요구하고 있다.

본 장에서는 실험설계의 다양한 방식과 각각의 장·단점을 살펴봄으로써 사회복지현장에서 각각의 목적에 맞는 프로그램을 설계할 수 있도록 한다.

2) 실험설계의 유형을 분류하는 기준

결론적으로 말하면 실험설계의 유형은 다양하다. 실험설계의 유형을 구분하는 대표적인 기준은 ① 통제집단의 여부, ② 독립변수의 조작 여부, ③ 무작위 할당 여부이다. 이 세 가지 조건을 어느 정도 갖추었는지에 따라 순수실험설계, 유사실험설계, 전실험설계, 사후실험설계로 나뉘게 된다. 이에 대해 자세히 살펴보고자 한다.

첫째, 통제집단은 비교집단이라고도 하는데, 실험집단과 통제집단을 비교하여 독립변수의 효과를 평가한다. 실험집단은 실험 목적을 달성하기 위하여 다양한 조건을 조작하는 집단이고, 통제집단은 그 실험의 결과를 비교하기 위하여 어떠한 실험 조작도 하지 않는 집단이다.

둘째, 독립변수의 조작이라 함은 독립변수를 제공하는 것을 말한다. 즉 실험집단에 독립변수(프로그램)를 제공하고 통제집단에는 어떠한 처치를 하지 않는다거나 집단별로 처치의 정도나 양을 달리 제공함으로써 독립변수를 조작할 수 있다.

셋째, 무작위 할당은 실험집단과 통제집단으로 분류할 때 두 집단을 동일한 조건이 되도록 연구대상을 무작위로 할당하는 것이다. 즉, 연구 참여자들이 실험집단과 통제집단에 할당될 확률이 동일하도록 배치하는 것이다. 이렇게 하면 개인적 특성이 연구결과에 반영되더라도 그 정도가 연구자가 임의대로 두 집단에 배치할 때에 비해 비교적 비슷하게(동질적으로) 각 집단에 분포될 수 있기 때문이다.

3) 순수실험설계(true experimental design)

순수실험설계는 고전적실험설계, 진실험설계, 실험설계 등으로 다양하게 불린다. 순수실험설계는 위의 세 가지 조건을 비교적 이상적으로 따르고 있는 설계이다. 즉, 무작위할당으로 실험집단과 통제집단으로 분류하고 외부의 변수를 차단한 채 실험집단에만 독립변수를 개입(조작)하는 방식이다. 인과관계의 검증이 쉽고 재현 가능성이 높으나, 사회과학에서는 비교적 엄격하게 만든 조건을 모두 충족시키기 쉽지 않고 통제집단에는 개입하지 않음으로써 윤리적인 문제가 제기될 수 있다.

(1) 통제집단 사전·사후설계(pretest-posttest control group design)

		사전검사	개입	사후검사
R (무작위 선발)	실험집단	O_1	X	O_2
	통제집단	O_3		O_4

조사대상을 무작위할당을 통해 실험집단과 통제집단으로 나누고 두 집단의 교류를 차단하여 외부 변수를 발생하지 않게 한다. 이는 내적타당도 저해 요인을 통제하기

위함이다. 이후 개입 전과 후에 검사를 실시하여 개입 전과 후의 결과를 각 집단 내에서 비교하고 두 집단 간 비교도 진행한다. 무작위할당과 외부 영향력 통제 등은 내적타당도를 저해하지 않기 위해서는 적절하지만 검사와 재검사를 진행하면서 사후검사의 영향력을 왜곡할 수 있는 여지가 남아 있다. 이를 해결하기 위하여 다음에 소개하는 통제집단 사후설계를 대안으로 고려해볼 수 있다.

> 요가가 노인의 우울감에 미치는 영향을 조사하기 위해 우울감을 호소하는 노인 100명을 모집하였다. 100명을 대상으로 우울감을 측정하였고, 이들 중 50명을 무작위로 선정하여 화요일에 요가강좌를 실시하였다. 또한 이틀 후인 목요일에 100명을 대상으로 우울감 정도를 측정하였다.

(2) 통제집단 사후설계(posttest only control group design)

		개입	사후검사
R (무작위 선발)	실험집단	X	O_1
	통제집단		O_2

통제집단 사후설계는 위에서 살펴본 통제집단 사전·사후설계와 거의 유사하다. 다만 개입 전 검사를 생략한다는 점이 다른데, 사전검사를 진행하기 어렵거나 사전검사가 사후검사의 결과를 왜곡하는 것이 우려되는 경우 이 방식을 적용할 수 있다. 실험개입 효과는 개입 후 측정한 결과를 실험집단과 통제집단 간 비교함으로써 알 수 있다. 이 실험은 개입 전 검사가 생략되므로 실험집단과 통제집단이 애초에 유사한 집단인지 검증할 수 없다는 것이 단점이다.

> 요가가 노인의 우울감에 미치는 영향을 조사하기 위해 우울감을 호소하는 노인 100명을 모집하였다. 이들 중 50명을 무작위로 선정하여 화요일에 요가강좌를 실시하고, 이틀 후인 목요일에 100명을 대상으로 우울감 정도를 측정하였다.
>
> \- 사회복지사1급 국가자격시험 15회 사회복지조사론 기출문제
>
> (1)과 (2) 예시의 차이는 프로그램 진행 전에 검사를 실시했는지의 여부이다.

(3) 솔로몬 4집단 설계(Solomon four group design)

		사전검사	개입	사후검사
R (무작위 선발)	집단1	O_1	X	O_2
	집단2	O_3		O_4
	집단3		X	O_5
	집단4			O_6

솔로몬 4집단 설계는 순수실험설계 중 가장 이상적인 실험설계 유형이다. 위에서 살펴본 통제집단 사전·사후설계와 통제집단 사후설계를 결합한 유형이다. 4집단은 무작위할당을 통해 배치되고 외부의 영향력은 모두 통제한다. 집단1은 사전검사를 진행한 뒤 개입이 진행되고 이후 사후검사를 실시한다. 집단2는 사전검사를 진행한 뒤 아무런 개입을 받지 않는다. 집단3은 사전검사 없이 개입 후 사후검사를 진행한다. 집단4는 사전검사와 개입 없이 사후검사만을 실시한다. 이렇게 하면 위의 두 가지 실험설계에서 나타났던 문제점 즉, 재검사 시 나타날 수 있는 개입결과의 왜곡 정도를 파악할 수 있고, 사전검사가 없었기 때문에 애초 동질적인 집단인지 알기 어렵다는 단점 또한 개선할 수 있다.

이렇듯 실험설계 중 가장 이상적이고 강력한 방법이기는 하나 무작위할당으로 동질적인 4집단을 구성하기가 현실적으로 어렵고 4집단들을 통제하기에 실질적인 어려움이 있으며 비용이 많이 든다는 단점이 있어 사회복지실천현장에서 거의 활용하지 않는다.

요가가 노인의 우울감에 미치는 영향을 조사하기 위해 우울감을 호소하는 노인 140명을 모집하였다. 이들을 무작위로 35명씩 네 집단으로 할당하였다. 집단1과 집단2에 속한 노인 70명을 대상으로 우울감을 측정하였다. 그 후 집단1과 집단3을 대상으로 화요일에 요가강좌를 실시하고, 이틀 후인 목요일에 네 집단 140명을 대상으로 우울감 정도를 측정하였다.

(4) 플라시보 통제집단설계(placebo control group design)

		개입	사후검사
R (무작위 선발)	실험집단	X	O_1
	통제집단		O_2
	플라시보집단	X_P	O_3

이 방법은 통제집단 사전·사후설계나 통제집단 사후설계에 플라시보 집단 하나를 더 추가하는 방법이다. 플라시보 효과가 의심되거나 예상할 수 있을 때 활용하는 방법이다. 통제집단 사전·사후설계에 플라시보 집단을 추가한다고 가정하면 실험집단에는 사전검사→개입→사후검사를 진행하고, 통제집단에서는 사전검사→사후검사를 진행하며, 플라시보 집단에는 사전검사→다른 개입→사후검사를 진행한다. 순수 실험 효과에 대한 결과는 (실험집단 사후검사값－통제집단 사후검사값)－(플라시보 사후검사값－통제집단 사후검사값)으로 측정한다. 통제집단 사후설계에 플라시보 집단 추가도 가능하다. 이 경우 실험집단은 개입→사후검사를 진행하고, 통제집단에는 사후검사만을 실행하며, 플라시보 집단에는 실험집단의 내용과는 다른 개입→사후검사를 진행하면 된다.

> 요가가 노인의 우울감에 미치는 영향을 조사하기 위해 우울감을 호소하는 노인 120명을 모집하였다. 이들을 40명씩 세 집단으로 무작위로 선정하였다. 실험집단과 플라시보집단을 대상으로 화요일에 요가강좌와 일회용품 줄이기 환경관련 강좌를 각각 실시한 뒤 목요일에 120명을 대상으로 우울감 정도를 측정하였다.

4) 유사실험설계(quasi-experimental design)

준실험설계라고도 불린다. 앞에서 살펴본 순수실험설계는 비교적 엄격한 통제집단을 갖는다는 점에서 순수한 개입의 효과를 검증하는 데 있어 긍정적이지만 실제 사회복지현장에서 활용하기에는 현실적으로 어려운 측면이 있다. 이에 대한 대안으로 유사실험설계를 활용하는 경우가 많은데 무작위할당으로 통제집단을 구성하기 어려울 때 그와 유사한 효과를 낼 수 있는 방안을 동원하여 실험집단과 유사한 통제집단을 구성하는 것이다. 유사실험설계는 순수실험설계보다는 엄격함이 덜하지만 전실험설계보다는 논리적 검증에서 우수하다고 할 수 있다.

(1) 비동일 통제집단설계(비동일 비교집단설계, non-equivalent control group design)

		사전검사	개입	사후검사
임의적선발	실험집단	O_1	X	O_2
	비교집단	O_3		O_4

비동일 통제집단 사전·사후설계는 통제(비교)집단이 존재한다는 점에서 순수실험설계와 유사하나 무작위할당이 아닌 임의할당으로 통제집단이 구성된다는 점에서 차이가 있다. 임의할당으로 구성된 실험집단과 통제집단은 개입 전 조건이 동질적인 집단이 아니기 때문에 사전에 측정한 결과를 분석하여 측정결과 분석에 반영하여야 한다. 내적타당도를 저해하는 요소들이 많이 존재할 수밖에 없으나 현실적인 측면에서 쉽게 적용할 수 있다는 점 때문에 사회복지현장에서 많이 활용되는 방식이다.

> 요가가 노인의 우울감에 미치는 영향을 조사하기 위해 우울감을 호소하는 노인 100명을 모집하였다. 100명을 대상으로 우울감을 측정하였고, 이들 중 50명을 임의대로 선정하여 화요일에 요가강좌를 실시하였다. 이후 100명을 대상으로 우울감 정도를 측정하였다.

(2) 단순시계열설계(simple interrupted time-series design)

O_1	O_2	O_3	O_4	O_5	X	O_6	O_7	O_8	O_9	O_{10}

단순시계열설계의 장점은 통제집단을 따로 갖지 않아도 한 집단 내에서 통제집단 역할을 할 수 있는 자료를 시계열 자료에서 도출할 수 있다는 점이다. 이 점 때문에 실제 사회복지현장에서 선호되는 설계이다. 개입 전 여러 차례 측정 자료들을 통해 개입 전 상태를 확인할 수 있는데 이 부분이 통제집단의 성격을 갖는 것이다. 개입 이후 측정하는 자료들은 실험집단과 유사하다. 전실험설계의 일종인 단일집단 사전·사후설계의 확장된 형태로 전실험설계에 비해 내적타당도가 확보된다. 개입 전 측정한 값들에서 특정한 변화가 일어나지 않았고, 개입 이후 측정한 값들이 변화했다는 점으로 개입 효과를 증명한다. 그러나 이 설계는 개입 후 측정 기간 동안 우연히 일어나는 사건들을 통제할 수 없다는 점에서 취약점이 있다. 또한 빈번한 측정으로 인하여 테스트효과나 상호작용효과(검사와 개입의 상호작용)가 나타날 수 있다는 점도 이 설계의 단점이다.

> 요가가 노인의 우울감에 미치는 영향을 조사하기 위해 우울감을 호소하는 노인 35명을 모집하였다. 이들에게 우울감을 일정한 주기에 따라 5차례 측정한 뒤, 요가강좌를 실시하였다. 이후 일정한 주기에 따라 우울감 정도를 5회 더 측정하였다.

(3) 복수시계열설계(multiple interrupted time-series design)

임의적 선발	실험집단	O_1	O_2	O_3	X	O_4	O_5	O_6
	비교집단	O_7	O_8	O_9		O_{10}	O_{11}	O_{12}

복수시계열설계는 실험집단과 비교집단에서 개입 전 각각 3회 이상의 종속변수의 변화를 측정하여 비교하는 방식이다. 단순시계열설계의 경우 개입 시점에서 외부효과

(역사요인)의 개입 가능성을 통제할 수 없으나, 복수시계열설계의 경우 비교집단이 존재하기 때문에 개입 시점에서 외부효과(역사요인) 개입의 가능성을 보완할 수 있다. 그러나 단순시계열설계와 마찬가지로 테스트효과나 상호작용효과의 통제가 불가하다.

요가가 노인의 우울감에 미치는 영향을 조사하기 위해 우울감을 호소하는 노인 70명을 모집하였다. 이들에게 우울감을 일정한 주기에 따라 5차례 측정한 뒤, 35명을 임의대로 뽑아 요가강좌를 실시하였다. 이후 일정 주기에 따라 70명에게 우울감 정도를 5회 더 측정하였다.

5) 전실험설계(pre-experimental design)

선실험설계, 원시실험설계로도 불린다. 전실험설계는 인과관계 추론의 조건을 모두 갖추지 못한 설계이다. 가설의 검증보다는 실험설계 이전에 탐색을 위한 시험의 성격으로 진행되는 경우가 많다.

(1) 일회사례연구(one-shot case study)

X	O

하나의 실험집단에 개입을 한 뒤 사후검사를 진행하는 가장 간단한 방식이다. 비교대상 없이 사후검사만으로는 실험의 순수한 효과를 인정하기 어려워 직관적인 해석에 의존할 수밖에 없다. 외생변수의 통제가 불가능하고 프로그램으로 인하여 결과가 개선되었는지도 판단하기 어려워 내적·외적타당도 모두 신뢰할 수 없는 설계이다. 일회사례연구는 인과관계가 성립되기 위한 3가지 요소인 공변성, 시간우선성, 외생변수의 통제 중 시간우선성만 충족한다.

요가가 노인의 우울감에 미치는 영향을 조사하기 위해 우울감을 호소하는 노인 35명을 모집하였다. 이들에게 요가강좌를 실시한 뒤 우울감 정도를 한차례 측정하였다.

(2) 단일집단 사전·사후검사설계(one group pretest-posttest design)

O_1	X	O_2

이 설계는 하나의 집단에 사전검사를 실시한 뒤 개입하고 사후검사를 실시하는 방식이다. 개입 이전과 이후의 종속변수의 변화를 측정한다. 인과관계를 추론하는 세 가지 요소 중 개입이라는 독립변수와 그 결과인 종속변수가 함께 변화하고(공변성), 독립변수가 우선으로 발생하도록 통제(시간우선성), 종속변수 비교 기준이 존재한다는 점은 충족된다. 그러나 내적타당도를 저해하는 요소(외생변수)를 통제하고 있지 못한다는 점이 이 설계의 단점이다. 예를 들면, 우연한 사건, 성숙, 검사, 통계적 회귀 등의 요소들을 통제하지 못한다는 것이다.

> 요가가 노인의 우울감에 미치는 영향을 조사하기 위해 우울감을 호소하는 노인 35명을 모집하였다. 이들에게 요가강좌를 실시하기 전 우울감 정도를 측정하였고, 요가강좌를 실시한 후 한 차례 더 우울감 정도를 측정하였다.

(3) 비동일집단 사후검사설계(posttest-only design with nonequivalent groups)

집단A	X	O_1
집단B		O_2

정태적 집단비교설계(static group comparison design)라고도 불린다. 실험집단에 개입 후 사후검사를 실시하고, 비슷한 특성을 지닌 다른 집단에서 사후조사를 한 뒤 두 개의 집단 사후검사 결과를 비교하는 방법이다. 순수실험설계의 통제집단사후설계와 유사하나 무작위할당으로 이뤄지지 않는다는 점에서 차이가 있다. 내적타당도에 대한 위협을 통제하지 못하는 문제가 있으나, 통제집단이 존재하면서도 비교적 실험 운

영이 간결하고 시간과 비용이 절감되어 사회과학에서는 많이 활용되는 방법이다.

> 요가가 노인의 우울감에 미치는 영향을 조사하기 위해 우울감을 호소하는 노인 35명에게 요가 프로그램을 실시한 후 우울감을 측정한다. 또한 실험에 참여하지 않은 35명(집단B)을 대상으로 우울감을 측정한 뒤 두 집단의 우울감 정도를 비교한다.

실습 1

1. 내적타당도 저해요인 중 2개를 선정한다.
2. 선택한 저해요인을 보여줄 수 있는 사례를 작성해 본다.
3. 사례를 발표하면 다른 학생이 어떤 요인에 해당하는지 맞춰 본다.

실습 2

1. 팀별로 실험(프로그램)을 실행할 분야를 선정한다.
2. 순수실험설계, 유사실험설계, 전실험설계별로 각각 하나의 설계유형을 선택하여 실험계획을 수립한다.
3. 실험계획을 듣고 다른 팀은 실험설계 유형 중 어떤 유형인지 맞춰 본다.
4. 각각 설계한 유형의 장단점을 비교하여 발표한다.

❙ 기출문제로 복습하기

1. 사전-사후검사에서 서로 다른 척도를 사용해서 발생하는 타당도 저해요인은? 10회 기출

① 성숙효과(maturation)
② 테스트효과(testing effect)
③ 조사반응성(research reactivity)
④ 도구효과(instrumentation)
⑤ 통계적 회귀(statistical regression)

2. 솔로몬 연구설계에 관한 설명으로 옳은 것을 모두 고른 것은? 10회 기출

ㄱ. 4개의 집단으로 구성한다.
ㄴ. 사후측정만 하는 집단은 2개이다.
ㄷ. 검사와 개입의 상호작용효과를 도출할 수 있다.
ㄹ. 통제집단 사전사후검사 설계와 비동일 비교집단 설계를 합한 형태이다.

① ㄱ, ㄴ, ㄷ
② ㄱ, ㄷ
③ ㄴ, ㄹ
④ ㄹ
⑤ ㄱ, ㄴ, ㄷ, ㄹ

3. 다음 사례의 내적타당도 저해요인은? 11회 기출

사전검사에서 우울점수가 지나치게 높은 5명의 노인을 선정하여 우울감소 프로그램을 제공한 후 동일한 도구로 사후검사를 실시하였더니 이들의 우울점수가 낮아졌다.

① 후광효과
② 통계적 회귀
③ 실험대상 변동
④ 도구효과
⑤ 인과적 시간 순서

4. 검사효과(testing)를 통제할 수 있는 실험설계를 모두 고른 것은? 11회 기출

ㄱ. 통제집단 사전사후검사 설계
ㄴ. 솔로몬 4집단 설계
ㄷ. 비동일 통제집단 설계
ㄹ. 통제집단 사후검사 설계

① ㄱ, ㄴ, ㄷ
② ㄱ, ㄷ
③ ㄴ, ㄹ
④ ㄹ
⑤ ㄱ, ㄴ, ㄷ, ㄹ

5. 다음이 공통적으로 설명하는 조사 설계는? 11회 기출

• 일회사례연구보다 진일보한 설계이다.
• 시간적 우선성과 비교의 기준이 존재한다.
• 내적타당도 저해요인을 통제하지 못한다.

① 통제집단 사후검사 설계
② 단일집단 사전사후검사 설계
③ 비동일 통제집단 설계
④ 플라시보 통제집단 설계
⑤ 통제집단 사전사후검사 설계

6. 외적타당도에 관한 설명으로 옳은 것을 모두 고른 것은? 11회 기출

ㄱ. 연구대상의 대표성이 외적타당도에 영향을 준다.
ㄴ. 연구대상의 조사반응성은 외적타당도를 저해할 수 있다.
ㄷ. 연구결과의 일반화와 관련이 있다.
ㄹ. 인과관계의 정도와 관련이 있다.

① ㄱ, ㄴ, ㄷ
② ㄱ, ㄷ
③ ㄴ, ㄹ
④ ㄹ
⑤ ㄱ, ㄴ, ㄷ, ㄹ

7. 조사설계의 타당성에 관한 설명으로 옳은 것은? 14회 기출

① 내적타당도와 외적타당도는 서로 필요조건의 관계에 있다.
② 조사대상의 성숙은 외적타당도에 영향을 미치는 요인이다.
③ 동일한 프로그램의 효과성이 서울과 제주에서 같지 않은 것은 외적타당도의 문제이다.
④ 외적타당도는 연구결과에 대한 대안적 설명 가능성 정도를 의미한다.
⑤ 특정 프로그램의 효과를 확인하기 위해 연구의 외적타당도를 확보해야 한다.

8. 다음 연구의 내적타당도에 영향을 미칠 수 있는 요인은? 14회 기출

아동학대 예방을 위한 부모교육의 효과성 검증을 위해 아동보호 전문기관을 통해 교육참여를 희망하는 부모를 모집하고 교육을 실시하였다. 교육 종료 후 1년 동안, 교육을 받은 부모집단과 받지 않은 부모집단에서 아동학대 사례로 확인된 부모의 비율을 비교하였다.

① 통계적 회귀
② 편향된 집단 선택
③ 반복된 검사
④ 동시타당도
⑤ 인과관계 방향성의 모호함

9. 실험설계에 관한 설명으로 옳지 않은 것은? 14회 기출

① 순수실험설계는 무작위 할당을 활용해야 한다.

② 순수실험설계는 준(유사)실험설계에 비해 내적타당도가 높다.

③ 준(유사)실험설계에는 사전 측정이 있어야 한다.

④ 준(유사)실험설계에는 두 개 이상의 집단이 필요하다.

⑤ 단일집단 사전사후검사 설계는 전실험설계이다.

10. 다음에 해당하는 설계로 옳은 것은? 17회 기출

> 학교폭력 예방프로그램의 효과를 평가하기 위해 OO시 소재 중학교 중에서 학교와 학생들의 특성이 유사한 A학교와 B학교를 선정하였다. 두 학교 학생들을 대상으로 사전검사를 실시한 다음 A학교에서 학교폭력 예방프로그램을 실시한 후 다시 한 번 두 학교 학생들을 대상으로 사후검사를 실시하였다.

① 비동일 통제집단 설계 ② 통제집단 사후검사 설계

③ 정태적 집단(고정집단) 비교 설계 ④ 일회검사사례연구

⑤ 솔로몬 4집단 설계

| 정답 | 1. ④ 2. ① 3. ② 4. ③ 5. ② 6. ① 7. ③ 8. ② 9. ④ 10. ①

• 정리하기 •

- 인과관계 성립 3가지 요소 : 공변성, 시간 우선성, 외생변수의 배제(통제)
- 조사설계의 내적타당도 : 독립변수와 종속변수 간 인과관계를 확신할 수 있는 정도
- 내적타당도 저해요인 : 외부사건, 성숙효과, 검사효과, 도구효과, 통계적 회귀, 중도탈락(피험자 상실), 선택과의 상호작용, 확산 및 모방, 시간적 모호성, 편향된 선발
- 내적타당도 저해요인 통제방법 : 무작위 할당, 외생변수에 영향을 줄 수 있는 참여자 배제, 조사자가 정보를 알고 있는 경우 외생변수의 특성이 동일하도록 실험집단과 통제집단에 배치, 통계적 통제
- 조사 설계의 외적타당도 : 조사 결과를 일반화할 수 있는 정도
- 외적타당도 저해요인 : 표본의 대표성, 조사 반응성(호손효과, 플라시보효과), 일반적이지 않은 상황에서의 조사
- 외적타당도 저해요인 통제방법 : 표본의 대표선 향상(표본 크기 증가, 확률표집 사용), 조사반응성 통제(호손효과, 플라시보효과 통제)를 위한 통제집단 추가한 조사 설계, 유사실험 설계(준실험)와 같이 현실적 상황을 고려하여 조사 설계
- 실험의 기본요소 : 무작위할당, 독립변수의 조작, 종속변수의 비교
- 순수실험설계 : 조사설계 유형 중 내적타당도가 가장 높음
- 순수실험설계 종류 : 통제집단 사전사후 설계, 통제집단 사후 설계, 솔로몬 4집단 설계, 플라시보 통제집단 설계
- 유사실험설계 : 순수실험설계보다 내적타당도가 떨어지지만 외적타당도는 더 높음(현실에서 반영하기 유리)
- 유사실험설계 종류 : 비동일 비교집단(통제집단) 설계, 단순시계열설계, 복수시계열설계
- 전실험(원시실험설계) : 외생변수 통제 불가한 설계
- 전실험설계의 종류 : 일회사례설계, 단일집단 사전사후검사 설계, 정태집단 비교설계

Chapter 06

Research Methods for Social Welfare

설문조사

학습 목표

- 설문지법의 의의와 설문조사의 유형의 장·단점에 대해 살펴본다.
- 설문지의 구성요소에 대해 살펴본다.
- 설문지 작성과정 및 작성요령에 대해 살펴본다.
- 표본추출방법에 대해 살펴보고 적용해본다.

사례 6-1

OO구 정신건강복지센터에서는 지역 내 기초생활수급자를 대상으로 알코올 의존, 우울증, 삶의 질 등의 정신건강 정도를 측정하여 필요한 서비스를 제공하려고 한다. 어떤 방법으로 조사를 실시할 것인가? 설문지를 어떻게 구성하는 것이 좋을까? 또한 지역 내 기초생활수급자를 어떤 방법으로 선정하여 설문에 참여하게 할 것인가?

만일 지역 안에서 사회복지서비스에 대한 주민들의 인식 및 욕구를 파악한다고 가정해보자. 어떤 방법으로 지역주민의 생각을 파악할 것인가? 가장 효과적이고 효율적인 방법은 무엇일까? 단순하게 생각해본다면 지역주민들을 직접 만나 일일이 면접하면서 그들의 생각을 듣는 방법이 있고, 설문지를 활용하여 참여자가 설문지에 직접 자신의 생각을 작성하게 하는 방법도 있을 것이다. 설문지를 활용하는 방법이 전자보다 효율성 측면에서 뛰어나므로 설문조사 방법으로 결정을 내린 것만으로 선택해야 할 것을 모두 끝냈다고 생각할 수도 있다. 그러나 설문조사를 할 때 설문지는 어떻게 구성할 것인가? 설문조사의 다양한 방법들 중 어떤 방법을 동원할 것인가? 즉, 찾아다니면서 설문지를 받을 것인가, 우편으로 발송하고 받을 것인가, 이메일로 일괄 발송할 것인가? 또 조사 참여자는 어떻게 구할 것인가? …. 이렇듯 아직도 고민해고 결정해야 할 것들이 많이 있다. 이번 장에서는 설문조사의 의의, 설문지의 구성요소, 설문조사 유형, 표본추출 방법 등 설문조사에 대한 전반적인 내용을 살펴보고자 한다.

1 설문조사의 의의

설문조사는 설문지를 통하여 연구자가 조사하고자 하는 정보를 획득하는 방법이다. 설문지에는 연구자가 필요로 하는 정보가 다수의 문항으로 체계적으로 배열되어 있고, 이 질문에 대해 응답자가 스스로 답하는 자료수집 방법이다. 설문지를 통한 조사는 한 번 작성하면 동시에 많은 인원에게 자료를 수집할 수 있고, 통계적 처리도 용이하여 조사와 연구를 위하여 매우 많이 쓰이는 방법이다. 설문조사의 편리함에도 불구하고 설문문항을 한 번 작성하여 배부하면 추후에 문항에 문제가 발견되더라도 수정하기 매우 어려우므로 문항 작성 시 조사·연구의 주제 및 설문 대상 등을 고려하여 신중하게 작성하고 충분히 검토해야 한다.

2 설문지 구성 요소

설문지는 표준화된 형식으로 작성하는 것이 좋다. 설문지를 작성할 때 많은 사람들이 설문에 응함에 있어 오류를 줄일 수 있도록 문항의 내용을 명확히 해야 하고 응답자가 빠짐 없이 응답할 수 있도록 문항의 배치 등도 고려해야 한다. 효과적으로 설문지를 작성하기 위한 구성요소는 다음과 같다.

1) 표지

설문지의 가장 앞 페이지에는 연구자와 연구의 주체기관을 소개하고 조사의 목적에 대해 제시한다. 이 부분은 설문 참여자에게 협조를 구함으로써 응답률을 높이기 위한 부분으로 특히 응답 내용에 대한 비밀보장 등에 대한 확신을 심어주어야 한다.

다음은 설문지 표지의 예시이다(유아라, 2018).

ID	

안녕하십니까?

○○대학교 일반대학원 ○○학과 ○○○○○○○○○전공 석사 과정 재학생 유○○입니다. 귀중한 시간을 내어 설문에 참여해주신 선생님께 감사를 드립니다.

본 설문지는 대학생의 정서지능과 관련된 정서적 요인에 관련된 내용들이며, 소요시간은 약 15-20분입니다.

본 설문은 무기명으로 작성하며, 개인에 관한 일체의 비밀이 보장될 것입니다. 설문을 통해 수집된 자료는 오직 학술 연구 목적으로만 사용될 것이며, 이외에 다른 어떤 용도로도 사용되지 않을 것입니다.

귀하께서 작성해주시는 설문은 정답 혹은 오답이 없으므로 편안하고 솔직하게 응답하여 주시기 바랍니다.

바쁘신 가운데 설문에 응해주심에 진심으로 감사드립니다.

2018년 6월

○○대학교 일반대학원 ○○학과 ○○○○○○○○○전공

지도교수 : 김○○ 교수님

연 구 자 : 석사과정 유○○

e-mail : ○○○○○○○○○○○@NAVER.com

〈연구 참여 동의서〉

- 본인은 본 설문지의 설명문을 읽었습니다.
- 본인은 이 연구에 참여하는 것에 대하여 자발적으로 동의합니다.
- 본인은 언제든지 연구의 참여를 거부하거나 연구의 참여를 중도에 철회할 수 있고 이러한 결정이 나에게 어떠한 해가 되지 않을 것이라는 것도 알고 있습니다.
- 본인은 이 설명서 및 동의서에 서명함으로써 내가 적은 정보가 현행 법률과 규정이 허용하는 범위 내에서 연구자가 수집하고 처리하는 데 동의합니다.

이 연구의 참여에 동의합니다 . (동 의)

아울러 위의 예시에서 보듯, 최근에는 연구 윤리에 대한 중요성이 강조됨에 따라 표지에 연구 참여 동의서를 함께 제시할 수 있다.

2) 응답자 식별 번호

설문자료의 통계 프로그램 입력 및 설문조사 완료 후 확인이 필요하거나 추가 질문을 해야 할 때 식별할 수 있도록 대개 첫 장이나 마지막 장에 기록하는 부분을 마련한다. 여기에는 설문지 일련번호, 응답자 번호, 면접자의 이름과 면접 일시 등을 기록할 수 있다.

3) 응답방법

만일 응답자가 도움 없이 설문지를 작성해야 하는 상황이라면 설문에 응답할 때 필요한 요령을 제시하여야 한다. 이 부분에는 문항별 응답방법, 응답순서, 조사자에게 전달하는 방법 등을 상세하게 제시하도록 한다.

4) 연구목적에 따른 질문

설문지 구성 요소 중 가장 중요하고 핵심적인 부분이다. 연구목적과 관련된 응답자의 개인의 신상에 대한 질문, 응답자의 행동이나 의견, 태도, 그리고 지식 등에 관한 질문들이다. 설문지를 구성할 때에는 대답하기 곤란한 질문일수록 뒤에 배치하는 것이 좋다. 또한 신뢰도 측정을 위한 문항은 멀리 배치하는 것이 좋다.

5) 응답자 분류를 위한 문항

설문지 문항의 처음 또는 맨 마지막에는 응답자의 특성을 파악하기 위한 나이, 성별, 종교 등의 인구통계학적 변수와 교육수준, 직업, 소득 등의 사회경제적 위치에 관한 질문이 포함된다. 응답자가 불쾌해하지 않도록 조사목적에 맞는 내용만을 포함해야 한다. 또한 나이, 교육 연수, 소득 등의 질문은 연구자가 추후 자료 분석을 고려하여 질문을 구성한다.

(예) "귀하의 연령은? (　　　)세" 또는
"귀하의 연령은?"
① 20대 미만 ② 20대 ③ 30대 ④ 40대 ⑤ 50대 ⑥ 60대 이상

3 설문조사의 장·단점 및 유형

1) 설문조사의 장·단점

설문조사의 가장 큰 장점은 동일한 설문지를 배포할 수 있어 대단위 모집단의 특성을 측정할 때 유용하다. 표준화된 설문지를 사용한다면 타당도와 신뢰도가 높은 정보를 획득할 수 있다. 응답자가 몇 차례 읽고 답할 수 있다는 점과 객관적인 표본추

출을 통하여 일반화 수준을 높일 수 있다는 장점이 있다. 반면 단점은 무응답률이 높아 설문지를 결과에 이용할 수 없는 경우가 발생할 수 있고 응답 당시 응답자의 심리상태를 파악하기 어렵다. 또한 외부 상황의 통제가 어렵다거나 표본오차가 발생한다는 점도 설문조사의 단점이다.

2) 설문조사의 유형

(1) 우편조사

우편조사는 설문지를 응답자에게 우편으로 발송하여 응답하게 하는 방법이다. 장점은 비교적 비용이 적게 든다는 점과 자기보고식이므로 면접자의 영향이 개입되지 않는다는 점이다. 또한 익명성이 어느 정도 보장되기 때문에 답변이 곤란한 질문에도 비교적 솔직하게 응답할 수 있다. 응답자는 시간을 두고 생각할 수 있기 때문에 신중하게 답변할 수 있고 응답자의 생활패턴에 맞춰 자유롭게 참여할 수 있다.

반면 단점은 응답 후 우편으로 발송해야 하는 번거로움이 있고, 강제성이 없기 때문에 설문지의 회수비율이 매우 낮다. 또한 설문이 연구자에게 도착하기까지 오랜 시간이 걸릴 수 있다. 글로 인쇄된 설문지를 작성하는 것이기 때문에 글을 모르는 응답자가 참여하기 어렵고, 설문 문항이 이해하기 어려운 경우 연구자에게 직접 묻기 어렵다는 단점이 있다. 응답자의 답변이 진지했는지 또는 불성실했는지, 응답 대상자가 직접 응했는지 제3자가 작성했는지 알기 어렵다.

만일 질문지를 구성해야 한다면 질문지의 언어는 명확하고 간결하며 응답자의 능력을 고려하여 작성해야 한다. 응답 범주는 상호배타성, 포괄성, 논리적 연관성 원칙을 지켜야 하며, 이중질문과 유도질문을 피해야 한다. 또한 수반형 질문이 많으면 응답자가 피로해지고 응답률이 낮아질 수 있으므로 유의해야 한다. 마지막으로 전문적이고 기술적인 용어나 민감한 용어의 사용, 모호한 질문과 부정형 질문유형은 피해야 한다.

(2) 전화조사

전화조사는 훈련된 조사원이 전화를 통하여 직접 질문을 하고 응답을 듣는 방법으로 신속하게 정보를 얻는 데 적합하다. 전화조사의 장점은 조사자가 대면하여 질문하는 면접조사에 비해 시간과 비용이 적게 든다는 점이다. 또한 표본추출이 쉽고 조사자에 대한 감독이 가능하여 비표본오차를 줄이는 데 용이하다.

반면 단점으로는 전화로 질문과 응답을 하기 때문에 질문의 양이 많거나 시간이 길어질 경우 응답을 유지하는 비율이 낮아진다는 점이다. 전화는 본인의 의지에 의해 끊어버리는 경우가 많아 관심 있는 질문에 따라 조사에 응하는 비율이 달라지므로 표본의 대표성에 문제가 생길 수 있다는 단점이 있다. 전화로 질문을 할 수 없는 집단이 존재한다.

또한 사전에 질문을 녹음해두고 응답자는 관련 답을 전화기 버튼을 이용하여 입력하는 방식(자동응답시스템)도 적용할 수 있다. 중간에 잘못한 경우 수정이 어렵고 응답에 성의가 없는 경우에도 걸러내기 어렵다. 보기에 원하는 답이 없는 경우 엉뚱한 답을 하거나 응답을 포기하는 경우가 많다. 이러한 시스템이 익숙하지 않은 집단의 경우 응답을 포기할 수 있다.

(3) 면접조사

면접조사는 조사대상자(표본)로 선정된 사람들을 대상으로 대면하여 질문하고 답을 듣는 방식을 말한다. 비표본오차가 발생하지 않도록 조사원의 교육이 중요하며 응답자들에게 편안하게 질문할 수 있는 기술을 필요로 한다. 면접조사의 장점은 조사원이 융통성을 발휘하여 재질문이나 추가질문을 할 수 있다는 점이다. 또한 높은 응답률을 보장할 수 있고, 면접 당시 비언어적 행위를 관찰할 수 있다. 조사참여자와 응답자가 일치하는지 판단할 수 있고, 복잡한 질문도 다룰 수 있다. 조사참여자의 환경이나 사적인 부분에 대한 참고자료를 얻을 수 있다.

반면 시간과 비용이 많이 들고, 조사원이 조사참여자의 응답을 왜곡할 수 있어 편의(bias)가 발생할 수 있고, 조사참여자가 생각하거나 참고자료를 찾아볼 수 있는 기회가 덜 부여될 수 있다. 또한 익명성이 결여되기 때문에 응답이 위축될 수 있다.

(4) 전자설문

최근에 많이 이용하는 방법 중 인터넷을 이용한 설문 방식이 있다. 크게 이메일을 이용한 설문과 웹사이트 설문으로 나누어 볼 수 있다. 연구자가 설문지를 이메일로 작성하여 다수의 이메일 사용자에게 발송한 뒤, 응답자가 설문을 완성하고 연구자에게 회신하는 방법이다. 설문지 배포에 시간이 적게 들고, 비용도 거의 들지 않는다는 장점이 있는 반면 이메일 주소를 확보하기 쉽지 않은 점과 이메일을 사용하지 않는 사람들은 참여할 수 없기 때문에 표본의 대표성 확보에 어려움이 있다.

최근에는 구글 설문지, 네이버 폼, 서베이몽키 등 웹사이트상에서 설문지를 만들고 다수에게 쉽게 배포할 수 있는 웹사이트 설문이 많이 활용되고 있다. 응답자가 웹으로 응답을 하면 바로 연구자가 지정한 곳으로 응답 결과가 저장되기 때문에 즉각적으로 응답률과 결과를 확인할 수 있다는 장점이 있다. 설문지에 대한 접근성이 뛰어나기 때문에 응답 참여율이 높을 수 있다. 그러나 표집 대상이 매우 한정적이어서 표본의 대표성에 문제가 있고, 응답자와 설문대상자의 일치 여부 파악이 어렵다는 단점이 있다.

4 표본추출

연번	유형	세부유형	주요특징
1	확률표집방법 (무작위추출, 모집단에서 표본으로 선정될 확률이 동일)	1) 단순무작위표집법	확률표집의 기본적방법 제비뽑기, 난수표 등
		2) 체계표집법	K번째 주기성 있는 표본은 적용 곤란 K+1번째 가능
		3) 층화표집법	모집단을 이질적 집단으로 나누고 그 집단에서 각각 추출 집단 간 이질적, 집단 내 동질적 표집오차가 가장 작음
		4) 집락표집법 (=군집표집법)	범위가 넓은 지역에서 표본추출할 때 상위군집에서 하위군집으로 이동하면서 마지막 단계에서 추출 표집단위와 관찰단위 불일치 집단 간 동질적, 집단 내 이질적
2	비확률표집방법 (모집단 확인하기 어렵거나 표집틀 확보가 어려울 때)	1) 편의표집법	연구자의 편의대로 대표성 & 일반화 어려움
		2) 할당표집법	층화표집과 유사하지만 무작위추출을 하지 않는 경우 비확률표집 중 가장 과학적 비확률표집 중 표집오차가 가장 작음
		3) 유의표집법 (의도적표집법)	연구자의 연구 질문에 대해 잘 알고 있을 만한 이들을 대상으로 대표성 & 일반화 어려움
		4) 눈덩이표집법	모집단의 구성요소를 찾기 어려운 소수집단 소수인원부터 시작하면서 점차 표본을 늘려감

일반적으로 연구주제와 관련이 있는 모든 사람들을 연구대상으로 삼을 수 없기 때문에 연구에 직접 참여하는 대상을 선택하게 되는데 이를 표본(sample)이라고 한다.

이러한 표본을 뽑아내는 과정을 표집(sampling)이라고 한다. 표집은 확률표집방법(probability sampling method)과 비확률표집방법(nonprobability sampling method)이 있다.

대표성 있는 표본을 선택해야 일반화가 가능하고 그렇지 않을 경우 왜곡된 연구결과가 도출될 수 있다. 확률표집방법과 비확률표집방법을 알아보자.

1) 확률표집방법

확률표집방법은 모집단의 개별 샘플링 단위가 표본으로 선발될 확률을 계산할 수 있고, 무작위 추출절차를 따른다. 모집단에서 표본으로 추출될 기회는 모두 동등하다. 표본에서 도출된 통계치와 그에 따른 표준오차의 정보를 이용하면 표본에서 얻은 결과로 모집단에 대한 대표성을 추정할 수 있다(김영종, 2013).

(1) 단순무작위표집법(simple random sampling)

이 방법은 확률표집의 가장 기본적인 유형이다. 개별 샘플링 단위가 표본으로 선택될 확률이 모두 동등한 경우이다. 또한 표본으로 선택된 확률을 알 수 있는 방법이기도 하다. 예를 들면 3,000명의 집단 중에 600명을 표집한다고 했을 때 표본으로 선택될 확률은 6/30이다. 표집 시 모집단에 대한 조사자의 지식을 활용할 필요가 없다. 복권 추첨처럼 무작위 뽑기를 이용하는 방법이나 컴퓨터 프로그램을 이용하는 방법, 그리고 난수표를 이용하는 방법 등이 있다. 무작위 추출을 통한 표본 선택이므로 가장 이상적인 것으로 평가되나 전체 모집단이 클 경우 실용적이지 못하다.

(2) 체계표집법(systemic random sampling)

단순무작위표집법과 거의 비슷한 방법이다. 먼저 표집틀에 일련번호를 부여하고 일정한 표집 간격을 두고 번호를 추출하는 방법이다. 표집 간격은 모집단의 수를 표본의 수로 나눈 것이다(k). 예를 들어 k를 선택할 때 3,000명의 모집단 중 600명의 표본을 체계표집법으로 구성한다면 3,000/600로 k는 5가 된다. 이때 중요한 것은 체계표집법은 첫 번째 요소는 무작위로 정한 뒤 그 다음부터는 모든 k번째 요소를 계속 표본으로 선택한다는 것이다. 위의 예에서 k는 5이므로 첫 번째 표집 간격(1~5)에서 한 번호를 무작위로 택하면 된다. 만일 3이 무작위로 추출되었다면 표집은 3, 8, 13, 18, 23 … 2993이 될 것이다. 주의할 것은 모집단의 구성요소들이 어떤 특성을 가지고 주기적으로 배열되어 있다면 적용할 수 없다는 점이다. 이럴 경우 k+1번째 요소를 선택할 수 있다. 다음의 경우를 살펴보자.

어느 대기업의 모든 계열사 모든 부서 중 사원, 대리, 과장, 부장을 대상으로 회사에 대한 만족도에 대해 설문조사를 실시하고자 한다. 만일 표집틀이 어떠한 주기를 가지고 작성되어 있다면 주의하여야 한다. 다음과 같이 표집틀이 작성되어 있다고 하자.

연번	표집틀	연번	표집틀	연번	표집틀
1	사원	5	사원	9	사원
2	대리	6	대리	10	대리
3	과장	7	과장	11	과장
4	부장	8	부장	12	부장
… 120번					

사원, 대리, 과장, 부장이 이러한 주기를 가지고 작성되어 있고, 각각 30명씩 총 120명이 참여하고 있다. 120명 중 30명을 체계표집으로 추출하고자 한다면 30/120이므로 k는 4가 된다. 또한 K가 4이므로 1-4까지 중 무작위로 하나를 뽑아 기준으로 삼고 4번째마다 표본으로 추출하면 된다. 만일 1-4 중 무작위로 3을 뽑았다고 하면 연번 3에 있는 과장이 기준이 되고 그 다음 4번째마다 표본으로 뽑는 것이다. 이때 4번째는 7번 과장, 또 4번째는 11번 과장 그 이후도 계속 과장만 표본으로 추출된다.

이렇게 되면 조사 결과에 편향이 발생할 수 있으므로, 주기성을 가진 표집틀에서는 주의하여야 한다.

(3) 층화표집법(stratified random sampling)

층화표집법은 확률표집방법 중 하나로 기본적으로는 무작위 추출방법을 사용하지만 표집 전 이미 알려진 정보를 바탕으로 표집 과정을 층화시켜 놓았다는 점에서 단순무작위표집과 다르다. 만일 어떠한 특성이 있는 하위집단의 규모가 작을 경우 이 방법을 사용하면 이 집단이 모집단에 적절한 크기로 선택될 수 있도록 하는 데 유용하다.

연구 주제에 적합한 변수를 사용하여 모집단을 동질적인 하위집단으로 나눈다. 이렇게 나뉜 하위집단에서 무작위로 표본요소들을 추출하게 된다. 예를 들면 모집단에서 성별에 따라 남성과 여성 하위집단으로 나눈 뒤, 남성 집단과 여성 집단에서 각각 무작위로 표본을 추출하는 것이다. 이 경우 하위집단끼리는 이질적이고 집단 내에서는 동질적인 성격을 갖는다. 다시 말하면 표본을 모집단에서 직접 추출하는 것이 아니라 하위집단에서 추출하는 것이다. 층화표집은 동질적 하위집단에서 각각 표본을 추출하기 때문에 확률표집 방법 중에서 표집오차가 가장 작다.

층화표집법에는 비례층화표집법과 비비례층화표집법이 있다. 비례층화표집법은 모집단의 특정 변수(층)의 비율과 비례하여 표본을 선택하는 방법이다. 만일 남성과 여성의 비율이 3:1이라면 이 비율에 맞춰 표본 수를 정하는 것이 비례층화표집법이다. 그런데 만일 모집단에서 일부 하위집단의 수가 지나치게 적을 경우 비례층화표집법을 적용하면 해당 집단의 특성을 대표하기 어렵게 된다. 이럴 경우 비비례층화표집법을 적용하는데, 모집단과 다르게 표본 비율을 설정하는 방법이다. 이 경우 비중이 작은 하위집단이 표본에 적절한 크기로 포함되게 하는 데 유용하다.

학년	모집단 수(명)	비례층화표집(명)	비비례층화표집(명)
1	350	35(10%)	20(5.7%)
2	250	25(10%)	20(8%)
3	150	15(10%)	20(13.3%)
4	50	5(10%)	20(40%)
계	800	80(10%)	80(10%)

(4) 집락표집법(cluster random sampling)

집락표집(군집표집)법은 모집단을 여러 개의 군집으로 나누고 각 군집에서 표본 요소를 무작위로 추출하는 방법이다. 상위군집에서 하위군집으로 이동하면서 마지막 단계에서 연구 단위를 선택하게 된다. 집락표집은 특히 넓은 지역 단위에서 좁은 지역 단위로 좁혀 가면서 단계적으로 지역을 선정할 때 주로 사용된다. 이렇게 단계적으로 좁혀 가면서 2회 이상 단계를 거칠 경우 다단계 집락표집이라고 한다. 예를 들면, 전국의 중학교 2학년을 대상으로 연구를 진행할 경우 전국 시·도에서 몇 개의 시·도를 추출하고 추출된 곳에서 다시 몇 개의 학교를 추출한 후 해당 중학교 2학년을 대상으로 조사하는 것이다.

집락표집은 확률 표집 내의 층화표집과 비교되는 경우가 많은데, 층화표집과는 반대로 집락표집은 집단 간은 동질적이고 집단 내에서는 이질적이다. 위의 예시를 보면 같은 조건으로 시·도를 추출하므로 동질적인 하위집단이 추출된다고 보는 것이다. 최종 중학교 2학년생들은 각각 이질적인 특성을 가지고 조사에 참여하게 된다. 단위를 좁혀 가면서 선정하는 과정에서 표집단위와 관찰단위가 달라진다. 즉, 위의 예시에서 표집단위는 학교였는데 관찰단위는 중학교 2학년 학생들이므로 표집단위와 관찰단위가 다른 것이다. 이와 같은 이유로 집락표집은 확률표집방법 중 표집오차가 가장 크게 발생한다. 따라서 표집오차를 고려한다면 집락표집방법을 사용할 때에는 표본의 수를 늘리는 것이 좋다. 그럼에도 불구하고 모집단의 표집틀을 확보할 수 없는 경우나 넓은 지역을 대상으로 연구를 실시할 때 집락표집이 유용하다.

2) 비확률표집방법

비확률표집방법은 표본이 모집단을 어느 정도 대표하는지 정보가 부재하다(김영종, 2013). 그러나 현실적으로 확률표집방법을 적용하기 어려워 비확률표집방법을 더 많이 사용하게 된다. 구체적으로 모집단을 확인할 수 없거나 표집틀을 확보할 수 없을 때 비확률표집방법을 사용해야 한다.

비확률표집방법을 적용할 때 고려해야 하는 점은 표본의 대표성을 확인할 수 없다는 점과 표집오차를 계산할 수 없다는 것이다. 또한 표본 선정 시 연구자의 편견이 개입될 수 있고, 조사 결과를 일반화하는 데 어려움이 있다(외적타당도 한계).

(1) 편의표집법(convenience sampling)

연구자의 이용 편의에 의해 표본에 선정되는 경우를 말한다. 길거리에서 우연하게 지나가는 사람들이 연구참여자로 참여하는 것을 예로 들 수 있다. 그러나 이러한 경우는 모집단을 대표한다고 보기 어렵기 때문에 보통 연구를 위한 아이디어를 구하거나 예비연구를 위해 사용된다. 편의라는 말에서 알 수 있듯 가장 편리하고 비용도 적게 드는 방법이다. 그러나 표본의 대표성이 확보되기 어렵고 일반화 가능성도 떨어진다. 예를 들어 150명에게 최근 체감 경제에 대해 의견을 물을 때 연구자가 거리로 나가 쉽게 응답해 줄 것 같은 150명을 선정하여 질문하는 경우를 생각해 볼 수 있다.

(2) 할당표집법(quota sampling)

모집단의 특징을 먼저 안 뒤 특정 변수를 몇 개의 소집단으로 나눈 후 각 집단에서

할당해서 표본에 포함시키는 표집방법이다. 층화표집법과 유사해 보이나 층화표집은 무작위 추출이 이루어지는 반면 할당표집법에서는 연구자의 임의대로(작위적으로) 표집(편의표집, 유의표집)한다는 점에서 다르다고 할 수 있다. 비확률표집법 중 가장 과학적인 방법이고 집단 내 동질성이 확보되기 때문에 표집오차가 가장 작은 방법이다.

(3) 유의표집(의도적 표집)법(purposive sampling)

연구자의 주관적 판단에 따라 표집 단위가 선택되는 방식이다. 이때 연구자는 모집단에 대해 풍부한 사전 지식을 갖고 있어야 한다. 연구자의 의도에 의한 표집이므로 사례연구나 질적연구 등에 널리 쓰인다. 표집이 편리하고 시간과 비용도 적게 든다. 예를 들면 국민기초생활수급제도의 개선 방향을 연구하기 위하여 사회복지 전담공무원이나 국민기초생활수급자 등 국민기초생활수급제도에 대해 풍부하게 설명해 줄 수 있는 대상을 조사하는 경우이다.

(4) 눈덩이 표집법(snowball sampling)

눈덩이 표집법은 작은 표본에서 시작하여 점차 큰 표본으로 선택해 가는 방법이다. 질적연구에서 많이 사용되며 비행청소년이나 AIDS환자 등의 경우처럼 모집단의 구성요소를 찾기 어려운 소수집단에 대한 질적조사에 주로 활용한다. 소수 사례를 대상으로 조사를 수행하면서 이들로부터 소개를 받아 표본을 추가해 가는 방법이다. 질적조사에서 가장 많이 활용되지만 표본의 대표성에 문제가 있는 방법이다.

실습 1

1. 자신이 과대표이며 종강모임을 개최할 것인지 고민 중이라고 가정한다.
2. 과 학생들에게 종강모임이 필요한지, 어느 장소로 가고 싶은 지 등 묻고 싶은 내용들을 문항으로 정리한다.
3. 구글설문지에 접속하여 관련 내용을 작성해 본다.
4. 링크를 생성하여 교수에게 발송한다.
5. 교수자는 잘 구성된 설문지를 골라 링크를 수업 중인 반에 발송하고 응답을 하게 한다.
6. 응답이 어떻게 모여지는지 결과를 확인한다.

실습 2

- 연구과정 중 설문조사를 계획한다.

1. 연구대상은 누구인가? 몇 명을 어떻게 선발할 것인가?
2. 다음의 내용으로 설문지를 작성한다.
   - 다음에 제시한 설문 내용들은 전자 저널에서 설문 내용에 제시된 용어를 키워드로 검색하면 쉽게 찾을 수 있다. 학위논문에는 부록에 설문지가 첨부되어 있는 경우가 많기 때문에 학위논문 위주로 찾아 설문지를 만들어 본다.

OO구에서는 60세 이상 기초생활수급자를 대상으로 하여 정신건강을 측정하기 위한 설문을 진행하고자 한다. 다음의 질문 문항으로 설문지를 작성하시오.

구분	설문내용
인구사회학적 특징	성별, 월평균 소득, 연령, 가족형태, 직업, 주거, 종교유형 등
삶의 질	개인이 느끼는 삶에 대한 만족감(QOL)
우울	우울증 척도(CES-D)
절망	절망감 측정(BHS)

3. 표지에 들어갈 안내문을 작성해 본다.
   - 안내문 역시 학위논문 부록에 제시되어 있어 참고하여 작성할 수 있다.
4. 이 내용은 Part 04. 양적통계의 실제에서 실제로 코딩한 후 분석할 것이다.

❙ 기출문제로 복습하기

1. 설문지 작성에 관한 설명으로 옳은 것은? 16회 기출

① 개방형 질문은 응답률을 높이기 위해 주로 설문지의 앞부분에 배치한다.

② 수반형(contingency)질문이 많아질수록 응답률은 높아진다.

③ 명확한 응답을 얻기 위해 이중(double-barreled)질문을 사용한다.

④ 문항은 응답자의 특성과 무관하게 작성되어야 한다.

⑤ 신뢰도 측정을 위해 짝(pair)으로 된 문항들은 가급적 떨어지게 배치한다.

2. 대인면접에 비해 우편설문이 갖는 장점은? 16회 기출

① 질문 과정의 유연성 증대

② 동일 표집조건 시 비용의 절감

③ 높은 응답률

④ 응답환경의 통제 용이

⑤ 심층규명 증대

3. 1,000명을 번호 순서대로 배열한 모집단에서 4번이 처음 무작위로 선정되고 9번, 14번, 19번… 등이 차례대로 체계적(systematic)표집을 통해 선정되었다. 이 표집에서 표집간격(ㄱ)과 표본 수(ㄴ)가 바르게 짝지어진 것은? 13회 기출

	ㄱ	ㄴ
①	4	200
②	4	250
③	5	200
④	5	250
⑤	10	200

4. 다음 조사에 해당하는 표집방법은? 15회 기출

> 한국산업인력공단은 2015년 사회복지사 1급 국가시험 합격자 명단에서 수험번호가 가장 앞 쪽인 10명 중 무작위로 첫 번째 요소를 추출하였다. 그 후 첫 번째 요소로부터 매 10번째 요소를 추출하여 합격자들의 특성을 파악하였다.

① 체계적 표집

② 단순무작위 표집

③ 층화표집

④ 할당표집

⑤ 다단계 집락표집

5. 확률표집에 관한 설명으로 옳지 않은 것은? **15회 기출**

① 모집단으로부터 표본으로 추출될 확률을 알 수 있다.
② 무작위방법이 기본 전제이다.
③ 비비례층화(disproportionate stratified)표집은 확률표집이다.
④ 신뢰수준이 높을수록 표본오차는 감소한다.
⑤ 표본의 수가 증가할수록 표본오차는 감소한다.

| 정답 | 1. ⑤ 2. ② 3. ③ 4. ① 5. ④

• 정리하기 •

- 우편설문은 저렴한 비용, 조사자로 인한 편의(bias) 감소, 익명성 보장, 응답 시간 보장, 접근 용이, 시간 절약 등의 장점이 있다.
- 우편설문의 단점은 간단한 질문만 적합, 응답 내용 추가 확인 어려움, 응답 상황 통제 불가, 낮은 응답률, 비언어적 행동 조사가 불가하다는 점이다.
- 면접조사의 장점은 융통성, 높은 응답률, 비언어적 행위 관찰 가능, 환경 통제 가능, 복잡한 질문 가능, 모든 질문 응답여부 확인 가능, 참고 자료 확보 가능하다는 점이다.
- 면접조사의 단점은 시간과 경비가 많이 소요되고 면접자로 인한 편의 발생, 익명성 결여 등이 있다.
- 인터넷 설문의 장점은 시간과 비용 절감, 설문 만들기 용이, 빠른 답변이 가능한 반면 대표성의 문제가 발생할 수 있는 점이 단점이다.
- 확률표집방법 : 표본의 대표성 높음, 표집오차 작음
- 확률표집방법 유형 : 단순무작위표집, 체계적 표집, 층화표집, 집락표집
- 비확률표집방법 : 표본의 대표성 낮음, 표집오차 큼
- 비확률표집방법 유형 : 편의표집, 유의표집, 할당표집, 눈덩이 표집

Chapter 07

질적연구방법

학습 목표

- 질적연구방법의 의의 및 특징에 대해 살펴본다.
- 질적연구방법의 필요성에 대해 살펴본다.
- 질적연구방법의 종류에 대해 살펴본다.

사례 7-1

K씨는 최근 양적연구방법을 통하여 OO구에 거주하는 여성의 산후우울증에 영향을 미치는 요인들에 대하여 연구를 실시하였다. 그런데 K씨는 양적연구를 통하여 도출한 결과에 대해 보다 심도 깊게 살펴보려고 한다. 어떤 방법이 있을까?
즉, 양적연구를 통해 산후우울증에 영향을 미치는 것으로 밝혀진 어떤 요인이 실제로 산모에 어떻게 영향을 미쳤는지, 산후우울증은 어떠한 과정을 거쳐 악화되거나 개선되는지, 산모들의 경험을 깊이 있게 분석하여 파악하고자 한다.

지금까지 배운 사회복지조사론의 주요 내용은 주로 양적연구의 패러다임으로서의 연구방법이었다. 양적연구는 연구자의 연구 문제를 해결하기 위하여 모집단을 대표하는 표본을 추출하여 조사하고, 그 결과를 모집단에 일반화하는 과정을 거친다. 그런데 만일 연구자가 연구하고자 하는 주제가 일반화가 주 관심이 아닌 개인의 독특한 경험이나 삶 자체라고 한다면 어떻게 연구할 것인가? 또한 그간 알려져 있던 이론과 다른 현상들이 지속적으로 발생하여 이론을 새롭게 만들어 내고 싶을 때 어떻게 할 것인가? 이러한 때에는 양적연구보다는 질적연구가 더 적합하다. 질적연구는 양적연구와 달리 연구자가 도구가 되어 연구가 진행되기 때문에 연구 참여자와 신뢰를 형성하고 연구 참여자의 언어를 해석하고 분석할 수 있는 능력이 필요하다. 일반화가 애초의 목적은 아니라고 하더라도 그리고 연구참여자가 1명 또는 소수 인원이라 하더라도 연구결과의 신뢰도와 타당도를 확보하기 위한 노력을 지속적으로 해 나가야 한다. 이번 장에서는 질적연구의 의의와 필요성 그리고 질적연구의 종류에 대해 살펴보고자 한다.

1 질적연구의 개념 및 필요성

일반적으로 사회과학의 연구방법은 양적(quantitative)연구방법에 많은 비중을 두고 있고, 대다수의 사람들도 연구라고 하면 자연스럽게 양적연구를 떠올리게 된다. 그러나 특정한 상황에서는 질적연구방법(qualitative research method)이 필요하다. 예를 들면, 알코올의존자의 단주 및 회복에 영향을 주는 요인들을 연구할 때에는 양적연구가 더없이 좋지만, 알코올의존자의 단주 경험과 회복에 이르는 과정 그 '자체'를 연구하기 위해서는 그들의 경험을 직접 듣고 분석하는 질적연구방법을 적용하는 것이 더 적합하다. 이를 통해 알 수 있듯 질적연구는 양적연구방법과 달리 연구 자료의 계량화가 반드시 필요한 것은 아니다. 또한 질적연구는 이미 알려져 있는 이론이나 선행연구를 기초로 이루어지는 연역적 방법이 아닌 개별 사례를 통해 실증적 일반화를 도출하는 귀납적 방법을 기반으로 한다. 이러한 이유로 양적연구와 달리 가설도 필요치 않다. 질적연구방법은 연구자가 관심 있는 주제에 대해 그 경험을 풍부하게 제공해 줄 수 있는 비구조화된 자료를 통하여 그것을 분석함으로써 연구를 진행한다. 연구자는 그 자신이 연구 도구가 되어 연구참여자와 현상에 대하여 깊이 탐색하고, 이 과정에서 연구대상자의 경험과 생각을 충분히 드러내 줄 수 있는 다양한 자료들을 이용할 수 있다.

질적연구방법은 해석주의(interpretivism) 패러다임을 기반으로 연구를 진행한다. 주로 언어를 분석대상으로 활용하여 개인의 경험을 깊이 있게 해석하고 이해하는 것을 연구의 목적으로 한다. 또한 해석주의는 현상에 대한 직접적인 이해와 객관적 원인규명은 가능하지 않고, 그것을 경험한 사람들을 통해서만 알 수 있다고 본다. 따라서 보편적으로 적용할 수 있는 분석도구 역시 존재하지 않는다고 보는 입장을 취한다. 질적연구에서는 연구자와 연구대상자가 대면하여 연구문제를 해결해 가는 경우가 많은데, 이때 연구자와 연구참여자를 엄격하게 분리하는 것은 불가능하다. 또한 연구자는 완전히 객관적인 존재로 기능하기 어렵다(황창순 외, 2014). 즉, 연구자는 중립성을 유지하기 어렵고 오히려 연구자의 가치나 태도 등의 활용을 강조한다.

정리하면 질적연구방법이 필요한 경우는 다음과 같다. 첫째, 양적연구방법으로 밝혀내기 어려운 연구 주제를 탐색할 때, 둘째, 개인의 경험이나 사례의 본질에 대한 깊이 있는 분석을 할 때, 셋째, 사전에 연구할 대상에 대하여 전혀 알려진 바가 없을 때 탐색을 위하여, 넷째, 양적연구결과를 보충할 때, 다섯째, 기존에 알려진 이론과 일치하지 않는 현상이 반복될 때 등 활용할 수 있다. 특히 네 번째의 경우 만일 양적연구결과와 질적연구결과가 일치하지 않는다고 하더라도 문제가 되는 것이 아니라 추후 또 다른 연구를 계획할 수 있다. 즉 양적연구결과와 질적연구결과가 반드시 일치해야만 하는 것은 아니다. 중요한 것은 양적연구방법과 질적연구방법을 상호배타적인 성격으로 인식할 것이 아니라 상호보완적인 역할을 할 수 있음을 아는 것이다. 최근에는 이 두 연구방법을 혼합하여 설계하는 경우가 많아지고 있다.

2 질적연구방법의 특징

질적연구방법은 다음과 같은 특징을 갖는다.

① 주관적 세상

연구대상자의 주관적 경험과 말, 행동의 맥락을 고찰한다. 연구자와 연구대상자가 있는 곳이라면 어디든 연구장소가 될 수 있다. 연구자료는 연구자와 연구대상자의 느낌, 해석, 인지 등 어떠한 것이든 인정된다.

② 다양한 자료

사진, 현장일지, 영상, 대본, 일기, 신문기사, 사례일지 등 연구주제에 알맞은 자료라면 모두 질적연구를 위한 분석자료가 될 수 있다.

③ 과정에 관심

어떤 사실에 대한 최종적인 결과보다는 연구대상자나 연구대상이 그러한 경험과 의미를 부여하게 된 과정에 더욱 관심이 있다.

④ 절차의 유연성

질적연구방법은 고정되거나 구조화된 절차를 따르지 않는다. 그보다는 현장의 분위기나 연구대상자의 상황 등을 고려하여 그때그때 결정되는 경우가 많다.

⑤ 귀납적 방법

질적연구는 연구대상자 개개인의 경험을 중시한다. 이러한 개인의 경험을 분석하여 이론에 적용하는 귀납적 방법을 선호한다.

⑥ 일반화의 한계

연구결과의 일반화를 꾀하는 양적연구와 달리 질적연구는 개개인의 특별한 경험을 깊이 있게 연구하기 때문에 그 결과를 일반화하기 어렵다.

3 양적연구방법과의 비교

질적연구방법과 양적연구방법에 있어서는 상당한 차이가 있다. 특히 연구목적과 연구방법은 이 두 가지 연구방법에 있어 가장 큰 차이라 할 수 있다. 어느 하나의 연구방법이 더 과학적 방법이라는 것은 아니다. 연구목적과 방법에서 이 두 연구방법은 상당히 이질성을 담고 있다. 먼저, 질적연구방법은 주로 그동안 우리에게 잘 알려져 있지 않은 점에 대해 '탐색'할 목적으로 진행된다. 무엇이 문제이고, 그 문제의 원인은 무엇이고, 왜 그러한 현상이 벌어지고 있는지 등에 대한 기초자료를 획득하고, 깊이 있는 탐색을 위해 연구를 진행한다. 반면 양적연구방법은 이미 알려져 있는 이론이나 선행연구를 바탕으로 인과관계를 추론하거나 가설을 객관적으로 '검증'하는 데 연구의 목적이 있다.

표 7-1 양적연구와 질적연구의 비교

특성	양적연구	질적연구
연구의 초점	• 양	• 질(본성, 본질)
이론적 근거	• 논리실증주의, 행동주의	• 현상학, 해석학, 자연주의
기본 가정	• 객관적 실재 • 기계론적 관점, 외부자적 관점	• 구성된 실재 • 인간의 의도 중시, 내부자적 관점
목적	• 이론검증, 객관적 실체 규명	• 이론 개발, 실상의 구성
연구설계	• 사전 결정, 미시적, 명세적, 구조화	• 즉각적, 점진적, 거시적, 융통성
주안점	• 인간행동의 규칙성, 안정성 중시	• 인간행동의 가변성, 역동성 중시
연구방법	• 연역법	• 귀납법
표본	• 큼	• 작음
표집	• 확률표집	• 비확률표집
절차	• 실험적, 상관적 가설과 이론이 선행	• 분석적, 문화기술적 가설과 기초 이론의 발견
도구/자료원	• 측정, 설문지, 척도, 검사, 구조화된 면접과 관찰	• 현장 기록, 문서, 테이프, 사진, 문화기술적 면접과 관찰
조사결과의 일반화	• 가능	• 곤란
자료분석	• 양적, 수량화, 가설검증	• 기술적, 언어화, 패턴 탐색
결과보고	• 객관적, 통계적 보고서	• 해석적, 이야기 보고체

출처: 강종수(2013).

자료수집 방법 역시 큰 차이가 있다. 질적연구방법은 연구자가 설정한 주제에 대한 답을 잘 알려줄 수 있는 다양한 자료들을 연구자의 의도대로 선정하지만, 양적연구방법에서는 조사결과의 일반화를 중요하게 생각하므로 조사결과가 모집단을 잘 대표할 수 있도록 과학적이고 논리적인 방법을 동원하여 표본을 추출한다.

분석할 자료의 종류는 질적연구방법의 경우 연구주제를 잘 보여줄 수 있는 다양한 자료들을 동원하지만, 양적연구방법의 경우 연구주제를 검증할 수 있도록 조작화한 변수를 이용하여 설문지를 만들고, 설문지의 답을 통해 연구가 이루어진다.

자료를 분석하는 방법에도 차이가 있다. 질적연구방법이 다양한 자료의 의미를 도출하고 해석하는 방법으로 자료를 분석한다면, 양적연구방법은 연구목적과 변수의 수준에 따라 다양한 통계기법을 적용함으로써 얻어지는 숫자의 의미를 해석하여 자료를 분석한다.

4 질적연구방법

1) 근거이론

근거이론은 앞으로 제시될 다양한 질적연구방법과 비교했을 때 가장 이질적인 연구방법이라고 할 수 있다. 1967년 사회학자인 Glaser & Strauss가 발전시킨 개념이다. 대부분의 질적연구 목적은 연구대상이 가지고 있는 경험이나 의미를 깊이 있게 분석하여 해석하고 결과를 도출하는 것이다. 반면 근거이론(grounded theory)은 귀납적 방법으로 수집된 경험적 자료에 기반하여 '이론을 개발'하는 데 목적이 있는 연구방법이다. 근거이론에서 이론을 개발하는 이유는 아직 이론이 정립되어 있지 않은 분야이거나, 이미 알려진 이론이 있지만 더 이상 유효하지 않거나 좀 더 명료하게 정리되어야 할 때 등이다.

근거이론은 비구조화된 면접과 관찰을 통해서 자료를 수집하고, 연구자의 관점을 중요시한다. 또한 연구자와 연구참여자의 상호작용을 반영한다. 수집한 자료(data)를 분석할 때에는 대표적으로 3단계 체계적 코딩을 수행한다. 3단계 코딩은 개방코딩(open coding)－축코딩(axial coding)－선택코딩(selective coding) 순으로 이루어진다.

① **개방코딩(open coding)** : 연구자가 준비한 다양한 자료, 예를 들면 인터뷰, 관찰, 여러 문서 등을 근거로 하여 어떠한 현상에 대해 최초로 개념을 형성하고 범주(categories)를 만드는 과정이다.

② **축코딩(axial coding)** : 개방코딩에서 생성된 범주들을 하위범주들과 연결하고, 주요 범주들을 패러다임 모형(인과적 조건, 맥락적 조건, 중심현상, 중재적 조건, 작용과 상호작용, 결과)이라는 틀에 맞게 연결하고 재구성하는 과정이다.

③ **선택코딩(selective coding)** : 선택코딩은 개방코딩과 축코딩에서 생성된 범주들의 핵심범주(core category)를 선택하고, 그 핵심범주를 다른 범주들과 연결시키면서 이론을 통합시키고 하나의 이론으로 정교화하는 과정이다.

근거이론의 표집은 이론적 표집 방법을 이용한다. 이론적 표집 방법은 비확률 표집 중 일종의 의도적 표집이다. 연구자의 자료를 바탕으로 이론을 도출하는 데 도움이 될 것으로 판단되는 사례들을 의도적으로 표집하는 방법이다. 사례들을 한 번에 표집하는 것이 아니라 하나의 사례를 분석하여 개념과 가설을 도출하고 유사한 사례를 다시 표집하여 분석하고 앞 사례와 비교한다. 이러한 과정을 반복하다 더 이상 새로운 사실이 도출되지 않는 시점을 '이론적 포화상태'라고 하는데 이 상태에 이를 때까지 사례를 표집해야 한다.

다음은 근거이론을 활용한 질적연구의 일부이다(심현, 2017).

국립대학 학생의 중도탈락 요인에 관한 근거이론 기반 분석

1) 연구대상

이 연구에서 연구 대상으로 삼은 참여자는 전라남도에 위치한 중소도시의 국립대학에 입학 후 제적 또는 자퇴한 29명의 학생을 대상으로 이루어졌다. …(중략) 이 연구를 위해서 자퇴를 신청하는 학생은 교수학습개발센터의 담당자와 면담을 거친 후, 자퇴신청을 진행하도록 행정절차를 조정하였으며, 참여대상자 선발은 400명 면담 대상자 중에서 학과의 비율과 요인별 구성에 적합한 대상자 29명을 선정하여 심층면담을 실시하였다

…(중략)

2) 자료 분석 방법

수집된 자료의 분석은 근거이론에서 제시하는 개방코딩(open coding), 축코딩(axial coding) 및 선택코딩(selective coding)의 형식으로 이루어졌다. 개방코딩은 개념을 밝히고 개념별로 범주화 작업을 통해 분석하는 과정이고, 축코딩은 개방코딩을 통해 도출된 범주들을 기초로 하위 범주들 간의 상호관계와 현상에 대한 설명을 제시하며, 선택코딩은 마지막으로 핵심범주를 발견하여 다른 범주와 체계적으로 이론을 통합시키고 정교화 하는 과정이다.

…(중략)

3) 연구결과

<table>
<tr><th>구분</th><th>선택코딩</th><th>축코딩</th><th>개방코딩</th></tr>
<tr><td rowspan="8">학습자 요인</td><td rowspan="3">학습자배경</td><td>연령</td><td>나이</td></tr>
<tr><td>일과 학업병행의 어려움</td><td>일을 선택. 시간부족. 벅참</td></tr>
<tr><td>개인적인 사정</td><td>경제적 어려움. 몸이 약함</td></tr>
<tr><td>입학목적</td><td>목표의 방향전환</td><td>목적의 변경. 관심의 변경</td></tr>
<tr><td rowspan="2">심리적인 영향</td><td>갈등 및 고립감</td><td>또래 없음. 소속감 결여. 동료와 갈등문제 발생. 군 제대 후 심경변화</td></tr>
<tr><td>의욕상실</td><td>흥미를 못 느낌. 적성에 맞지 않는 학과내용</td></tr>
<tr><td>학습자능력</td><td>기본학습능력 부족</td><td>수학이 너무 어려움. 수업을 따라 갈 수 없음. 전문계고를 나와서 기본 학습수준이 미비함. 공부가 부족하고 자기주도적 학습 부적응</td></tr>
</table>

…(후략)

2) 현상학적 연구

현상학적 접근에서는 인간경험이란 외부관찰자에 의해 관찰될 수 없는 경험 그 자체의 고유한 구조적 속성을 갖는다고 본다(김태성 외, 2016). 현상학적 연구(phenomenological research)는 연구참여자들의 경험의 본질이나 그 경험 안에서 공통적으로 갖게 된 주관적인 '의미'를 탐구하는 연구방법이다. 연구자는 연구참여자들의 주관적 경험 그 자체에 관심을 두기보다는 경험의 '본질'이 무엇인가에 관심을 둔다. 현상학적 연구에서 연구자는 최대한 편견 없이 관찰하기 위하여 '선입견을 배제'하는 방법을 사용한다.

다음은 현상학적연구를 활용한 질적연구의 일부분이다(신지영 외, 2018).

청소년 자녀와 사별한 부모의 부부관계 경험에 관한 질적연구

1) 연구대상

본 연구에서는 세월호 재난으로 자녀를 잃은 유가족 15명의 면담자료를 자료분석에 활용하였다. 먼저 연구참여자들은 세월호 재난 이후 2년이 흐른 시점에서 의도적 표집방법(purposive sampling)과 눈덩이 표집(snowball sampling)을 활용하여 모집되었으며, …(중략)

2) 연구방법

본 연구는 세월호 재난으로 청소년 자녀와 사별한 부모의 부부관계 경험을 탐색하기 위하여, 기혼 상태인 연구참여자들의 구술자료를 2차 자료분석(secondary analysis)에 활용하였다.

3) 자료수집 및 분석방법

심층면담 기록 가운데 본 연구주제에 부합하는 부부관계를 유지하고 있었던 15명의 연구참여자들의 축어록을 바탕으로 부부관계에 대한 구술만을 추출하여 활용하였다. 부부관계였던 10명(총 5쌍) 중 8명(4쌍)의 연구참여자들은 배우자와 함께 부부단위로 심층면담에 참여하였으며, 나머지 2명(1쌍)은 서로 면담시간 조율이 곤란하여 각기 따로 개별 면담에 참여하였다. 개인적인 사정으로 심층면담에 배우자를 동반하기 어려웠던 연구참여자 5명은 개별 면담에 참여하였다.

…(중략)

현상학적 연구방법은 경험의 본질과 의미를 밝히는 연구방법으로서 연구참여자의 고유한 경험세계를 드러내는 귀납적인 방법이므로, 예기치 못한 자녀의 죽음을 경험한 부모들의 부부관계 경험에 대한 본질과 의미를 심층적으로 파악하는데 적합하다고 판단하였다. 따라서 본 연구에서는 심층적인 접근을 통하여 세월호 재난으로 자녀를 잃은 부모들의 부부관계 경험에 대한 본질과 의미를 탐색하고, 있는 그대로 기술함으로써 그들의 경험세계를 생생하게 드러내는 것에 초점을 두었다.

4) 결과

• 슬픔에 갇힌 채 일상을 버텨가는 아내

세월호 재난 이후 유가족 어머니들의 일상은 슬픔에 갇힌 감옥과 같았다. 유가족 어머니들은 자녀를 잃은 고통으로 아무것도 할 수 없었고 그저 몸져 누워있을 수밖에 없었다(연구참여자 15). 모든 의욕은 사라졌고 집안은 슬픔으로 가득했다. 집안 살림이나 식사를 챙기는 것은 물론 다른 가족을 챙기는 것도 소홀해질 수밖에 없었다(연구참여자 13).

…(중략)

유가족과 함께하는 시간들은 잃은 자녀의 어머니라는 정체성을 다시 찾아 주는 경험이 되었기 때문에 잠시나마 고통을 잊고 견뎌 나아갈 수 있는 힘이 되어 주었다.

"밤에는 술 먹고 낮에는 자고 그러더라고요 그리고 이렇게 저희같이 활동하는 사람이 그나마 좀 나아요. 이 공방에 와서 이제 여기 있는 동안에 같이 웃고 울고 하면 되는데. 그나마 활동하기 때문에 건강한 거라고 생각하거든요?" (연구참여자 11)

…(후략)

3) 내러티브 연구

내러티브 연구는 조사 문제나 주제를 '이야기'식으로 서술하는 형태의 연구를 말한다. 현상학적 연구가 연구참여자'들'의 경험의 본질을 밝히고자 한다면 내러티브 연구는 '단일한 개인'을 대상으로 한다. 개인의 이야기를 통하여 어린 시절부터 현 시점까지 개인의 성장 과정을 이해하는 것이다. 내러티브 연구에서는 개인의 이야기를 시간

순으로 정리하고 개인의 내러티브(설화)를 만들어 나가게 된다.

내러티브 연구는 개인의 경험을 장시간에 걸쳐 충분히 탐색하고, 그 경험이 일어난 더 큰 범위인 사회적·문화적·제도적 내러티브들을 탐색한다. 연구참여자가 경험한 사건 그 자체에만 초점을 두는 것이 아니라 그 사건을 구성하고 있는 시간적 특성, 개인적·사회적 의미, 물리적 환경적 측면에 대한 보다 광범위하고 생생한 이해를 가능하게 하는 방법이다.

다음은 내러티브를 활용한 질적연구의 일부분이다(박봉수·김영순, 2018).

포토텔링 기법을 활용한 영주귀국 사할린 한인 K씨의 생애사적 내러티브 탐색

1) 연구대상

사할린 경로당의 회장님께 본 연구의 목적을 설명하고 한국어에 능통한 연구 참여자를 K씨를 소개 받았다. 그 후 연구 참여자 본인은 물론 가족들의 이야기와 사진 공개에 동의한 연구 참여자 K씨…(중략)

2) 자료수집 및 연구윤리

본 연구의 자료수집은 포토텔링이 주를 이룬다. 포토텔링(Photo Telling)은 말 그대로 포토(Photo)와 스토리텔링의 텔링(Telling)에 기반한 자료수집방법이다. 포토텔링은 연구 참여자가 소지하고 있는 사진을 이야기의 매개체로 활용하여 잠자고 있던 기억을 일깨워 이야기하는 방식으로 기억력을 담보할 수 없는 고령의 연구 참여자에게 적합한 연구방법이다.

3) 결과

(1) K씨의 가계도와 인생진행 과정구조 곡선

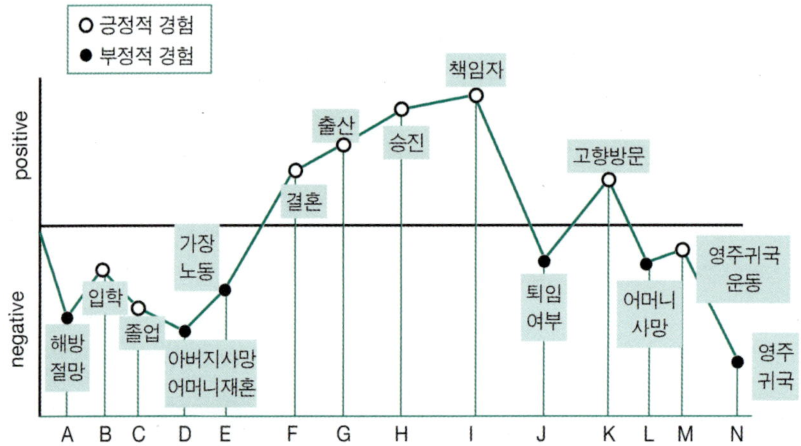

그림 1 K씨의 인생진행 과정구조

… (중략)

K씨의 유년 시절은 코르사코프에서 시작된다. 코르사코프 망향의 언덕은 사할린 한인 누구에게나 특별한 곳이다. 사할린 한인 귀환의 꿈이 좌절된 아픈 역사의 상징이기 때문이다. K씨에게는 더욱 특별해 보인다.

1945년 해방을 맞자 그의 가족은 고향에 가기 위해 코르사코프 항구 언덕 위에 올라앉아서 고향으로 가는 배를 기다렸지만 배는 달이 가고 해가 가도 오지 않았다. 한인들은 고향으로 갈 길이 막히자 술로 세월을 보내다가 미치고, 고래고래 소리를 지르다가 바다에 빠져 죽는 사람도 많았다.

그의 가족도 코르사코프에 둥지를 틀었다. 코르사코프에는 고향으로 돌아가지 못한 조선인들이 자연스럽게 모여 살았다. 그들은 고향과 비슷한 마을을 만들어 성이 같거나 동향인 사람들끼리 의형제를 맺어 집안의 대소사를 치루며 실향의 고단함을 달랜다. K씨 아버지 역시 하동이 고향인 사람들끼리 '동생간'이라는 계를 맺어 부모와 형제애를 느끼며 새로운 고향을 만들어 갔다.

… (후략)

4) 문화기술지

문화기술지(ethnography)는 인류학에서 발전한 질적조사 방법이다. 문화기술지는 일정한 문화 속에 사는 사람들의 관점으로 그 문화를 기술하는 것이다. 즉, 문화기술지에서 연구자는 연구하고자 하는 문화를 가진 사람들이 살고 있는 현지에 직접 들어가 장기간(6개월~1년) 머물고, 현지인들과 접촉하면서 그들의 일상생활에 참여관찰하는 것을 기반으로 하여 이루어지는 연구이다. 참여관찰과 면접을 통하여 자료를 수집한다. 예를 들어, 노숙인들이 공유하는 문화를 그들의 '관점'에서 연구하고자 하는 경우 문화기술지 방법을 적용할 수 있다.

문화기술지는 풍부한 기술(description)과 해석(interpretation)을 중요시하는 일반적인 질적연구와는 달리 문화를 그들의 관점으로 기술하고 있는 그대로 묘사하는 것을 강조한다.

다음은 문화기술지를 활용한 질적연구의 일부분이다(정경환 외, 2018).

학생선수 폭력경험에 대한 문화기술지 연구

1) 연구대상

기준은 첫째, 학생선수로서 폭력의 경험(피해자)을 가지고 있고 둘째, 기억에 대한 구술이 가능하며 셋째, 주제에 대한 깊은 관심을 가지고 있는 자였다. 위에 기준에 적합한 총 8명의 연구 참여자가 연구에 참여해 주었다. 연구 참여자들은 서로 다른 6개 종목에서 학생선수로 활약하였으며 모두 중·고·대학 포함 8년 이상의 학생선수를 경험하였다.

현재는 미래에 대한 불확실, 부상, 진로 변경의 이유로 은퇴한 상태이다. 연구 참여자와 연구자는 짧게는 1년 길게는 10년 동안 친밀한 관계를 유지, 충분한 라포(raport)를 형성하고 있었다. …(중략)

2) 자료수집

본 연구에서의 주된 자료는 연구 참여자와 폭력 경험에 대한 심층면담을 통해 얻었다. 면담의 형식은 비구조화된 면담방식으로 진행되었으며, 총 3차에 걸쳐 면담이 진행되었다. 1차

면담은 전화면담(5명)과 일대일 면담(3명)을 약 5~10분간 진행하였다. 2차면담은 연구 참여자가 원하는 시간 장소에 연구자가 방문하여, 연구 참여에 공식적 동의를 받은 후(연구 참여 동의서 작성), 10분간 분위기를 환기시키는 이야기를 나누고 30~40분 동안 공식적인 면담을 진행하였다. 3차면담은 2차면담 후, 전사과정을 통하여 연구주제에 대해 보다 깊은 이해를 가지고 있는 3명을 선택, 추가 면담에 대한 동의를 얻은 후, 연구 참여자가 원하는 시간과 장소에 연구자가 방문하여 약 1시간에 걸쳐 진행되었다. 모든 면담내용은 동의를 구한 후 녹음되었으며 전사 작업을 통해 연구 자료로 기록
되었다. …(중략)

3) 결과

• 관습으로 정착된 자연스러운 현상

대다수의 연구 참여자들은 폭력을 운동부 문화 속 일탈 행위가 아닌 트레이닝의 한 과정으로 인식했었으며, 어렸을 때부터 자연스럽게 세뇌되어 큰 문제가 되지 않은 것으로 이해했었다고 이야기해 주었다.

"*지도자들이나 선후배들한테 맞는 거는 그냥 당연하다는 듯이 누구하나 문제 삼는 사람이 없었어요.*" (연구참여자 신승주)

"*운동부는 이래야 돼! 라는 게 애들한테 이미 세뇌가 되어 있어요… 이래야 돼? 라는 생각할 필요 없이 우리는 무조건 맞는 애들이야 생각을 하고…* "(연구참여자 김건수)

…(후략)

* 이름은 가명임.

5) 사례연구

사례연구(case study)는 한 사례를 심층적으로 연구하는 것이다. 이때 사례는 특정한 개인, 집단, 조직, 프로그램, 기관, 사건, 활동 등 모두 가능하다. 사례에 대해 관찰, 면접, 사례일지 검토 등 다양한 방법으로 자료를 수집하고, 집중적 개입을 통해 사례에 대해 심층적으로 이해하고자 한다. 만일 어떤 클라이언트에 대한 단일사례연구에서 위

에 제시한 것과 같은 질적자료를 수집하고 분석했다면 이는 사례연구에 해당한다.

다음은 사례연구를 활용한 질적연구의 일부분이다(남수경, 2019).

신혼기 부부의 이혼 전 상담에서 주체의 인정과 변형과정에 대한 사례연구

1) 연구대상

결혼 4년차 부부로 아내가 이혼을 요구하여 갈등이 심화되던 중, 가족의 권유로 상담에 자발적으로 참여한 부부이다.

2) 사례분석

총 14회기로 진행된 부부상담을 분석하였는데, 아내의 이혼 요구로 상담에 의뢰되어 9회기의 부부상담과 5회기의 개인상담으로 진행되었다. 아내는 상담이후 이혼의사를 철회하였으며, 2달 후 진행된 추수상담에서 부부의 관계가 친밀하게 변하였음을 확인할 수 있었다. 상담은 보웬의 다세대 가족치료와 구조적 가족치료, 인지행동치료와 대상관계, 해결중심단기치료 등의 이론이 통합적으로 적용되었다.

(1) 통합적 관점의 적용

…(중략)

(2) 지배와 굴복의 상보적 관계

남편은 두 형제가 자라면서 말투가 거칠고 명료한 패턴을 습득하였고, 아내는 자매가 대화도 많이 하고 챙겨주는 관계로 자랐다. 그래서 부부는 각각 배우자의 언어에 낯설었고, 이해하지 못했다. 위계가 분명하고 가부장적인 가정환경을 편안하게 느끼고 자란 남편과 달리, 아내는 부모님의 위계가 갈등적인 것을 보면서 성장하여서 결혼을 하지 않으려고 했는데, 남편이 연하이기도 하고 연애시절에는 다정하고 잘 챙겨주는 모습에 친정어머니와 같은 모습으로 살지 않을 것 같은 기대를 가지고 결혼하였다. 그러나 결혼 후에 부부는 각각 상보적 관계에 노출되었다고 느꼈다. 남편이 느끼는 부부관계는 잔소리가 많고 자신을 믿어주지 않는 아내로 인해 자신은 굴복의 자리에 있다는 느낌이 들었고, 아내는 지시적이고 명령적, 비난적으로 대하는 남편의 태도로 인해 청소도우미 같은 노예의 자리에 놓이는 느낌을 갖게 되었다.

남편 : "저도 참는 게 있잖아요. 아내가 애기 땜에 힘든 건 아는데 저도 힘들거든요. 그래서 참는데..."

"저만 바꿔야 되고 저만 해야 되고 그렇게 얘기하니까.. 제가 청소는 전담하고 매일하지는 못하지만 저녁에 설거지도 제가 다 하고, 다른 집에 비해서 저는 많이 하거든요. 저도 이런 얘기하는 거 싫어하기는 한데, 평균적으로 우리나라 남자 있잖아요. 그거에 비해서 안 하는 편은 아니라고 생각하거든요. 저도 듣는 거 있는데 그런 마음속에 불만이 좀 있거든요 그런 부분을 인정해줄 수 있는 데 인정 좀 해줬으면 좋겠다 하는 부분이 있어요."…(중략)

아내 : "결혼 초에는 남편이나 어머님께 맞추려고 했죠. 어머님이 전화해서 뭐라고 해도 참았는데, 애기를 낳고 너무 힘들어서 친정에 갔거든요... 근데 얘기 안 하고 갔다고 전화로 야단치고 화를 내시는데.. 그러니까 전화하려고 하면 긴장되고 뭐라고 말을 해야 하는지 모르겠고 전화를 하기가 무섭지만 안 하면 또 뭐라고 할 거니까..."

"서열을 정리하는 느낌이 들었어요."…(중략)

6) 포커스 그룹 인터뷰

사례 7-2

소속하고 있는 기관에서 클라이언트의 만족도를 조사하려고 한다. 그런데 내년에는 기관의 프로그램에 대한 대대적인 변화가 필요하여 설문지를 통한 만족도 이외에 직접 대면하여 서비스 이용자들의 의견을 듣고 싶다. 어떻게 하면 좋을까?

사례 7-3

지역 내 정신건강증진센터에서 근무하고 있는 사회복지사이다. 아동과 청소년 사업을 담당하고 있으며 최근 지역 내 유관 기관들과의 연계체계를 공고히 하고자 하는 바람을 가지고 있다. 그러나 어떻게 해야 할지 난감한 상황이다. 나라면 어떻게 할까?

포커스 그룹 인터뷰(FGI: Focus Group Interview)는 특정한 주제나 관심, 욕구와 관련 있는 소수의 사람들을 한 자리에 모아 그룹 역동성을 이용하여 의견을 개진하게 하고 그 의견을 심도 있게 듣는 방법이다. 초점집단인터뷰라고도 한다.

연구의 목적은 어떠한 주제에 대해 깊이 있는 생각이나 의견을 듣고자 하는 것이므로 참가자들의 의견에 대한 합의를 이루고자 하지 않는다. 포커스 그룹 인터뷰에 참여하는 인원은 '소수'로 하고, 정확한 인원은 연구 성격마다 다르다. 보통 12~15명까지 가능하지만 정보의 양이나 발언의 기회를 보장하기 위해서는 7~10명 사이가 적합하다. 보통 단일 집단보다는 비동일집단으로 구성한 복수의 집단, 1회 인터뷰보다는 2회 이상으로 구성하는 것이 이상적이다.

포커스 그룹 인터뷰의 장점은 과학적인 연구방법을 이용하고 집단의 역동성을 활용해 정확한 욕구 사정이 가능하다는 점이다. 또한 전문가들을 초점집단으로 구성하면 내용타당도 검증도 가능하다는 장점이 있다. 반면, 참여자 선정에 있어 대표성에 문제가 있고, 집단을 이끄는 진행자의 능력과 자질에 크게 의존한다는 단점이 있다.

다음은 포커스그룹인터뷰를 활용한 연구의 일부분이다(한영란·박영희, 2017).

가족폭력 피해 여성의 위기 경험과 서비스 요구

1) 연구대상

연구의 목적과 진행방법 등에 대한 설명을 듣고 참여를 허락한 사람들로 대구 1개 쉼터(6명), 경기도 1개 쉼터(5명)와 1개 상담소(5명)에 있는 총 16명을 대상으로 하였다.

2) 자료수집 방법 및 절차

각 집단의 면담이 시작되기 전에 일반적 특성에 관한 간략한 설문지를 작성하도록 한 후, 연구자와 참여자들에 대한 간단한 소개시간을 가졌으며 토론의 규칙, 즉 한 사람이 이야기할 때는 경청을 하고 말이 끝나면 다른 사람이 이야기를 해야 하며, 이야기하는 도중에 더 이상 말하기 어렵거나 참석이 불편한 경우에는 언제든지 조용히 일어나서 나갈 수 있으며 그에 대한 어떠한 불이익도 없음을 설명하고 토의를 시작하였다. 질문내용은 "쉼터(또는 상담소)에 들어오게 된 경위는 무엇입니까?"를 도입질문으로 시작하여, "폭력 받았던 경험 중 가장 기억에 남았던 경우와 그 때 의 감정에 대해 말씀해 주시겠습니까?", "가장 도움을 많이 받았던 사람이나 기관은 누구입니까?" 등을 전환질문으로 하였다. 주제질문 즉 핵심질문은 "남편의 폭력을 경험하면서 '위기상황'으로 인식한 경우는 구체적으로 어떤 상황이었습니까?", "위기상황을 해결하기 위해 필요한 서비스는 무엇입니까?"를 질문하여 토론을 진행하였다. 모든 자료는 참여자의 허락을 받아 녹음을 함과 동시에 바로 그 자리에서 간단한 기록을 하고 포커스그룹 면담이 끝나면 논의사항을 요약 보고하여 기록이 잘 정리되었는지를 확인받았다.

3) 결과

(1) 죽음에 대한 공포

이 범주는 '도움을 받을 수 없는 고립된 상황에 대한 공포'라는 하위범주를 가진다. 죽음에 대한 공포는 한 번으로 끝나는 것이 아니며 어느 누구도 도와줄 수 없는 고립된 상황에서 심한 폭력이 발생할 때 수시로 경험하는 것으로 이는 자신의 존재에 대한 심각한 위협으로 참여자의 생명을 위협하는 중대한 위기의 경험이 되고 있었다.

① 도움을 받을 수 없는 고립된 상황에 대한 공포

참여자들은 도움을 받을 수 없는 고립된 상황에서 배우자로부터 심한 폭력을 당할 때 죽음에 대한 공포가 엄습하며 피해자의 힘으로 도저히 그 상황을 벗어나기 힘들다고 호소하였다.

저희 같은 경우는 집이 한참 떨어져 있어서 그 안에서 사람을 죽여도 몰라요. 등산로라서 8시 이후로는 사람이 통제가 되니까 너무 불안했어요. (1-3) *시골 사는 사람들은 정말 취약해요. 너무 멀리 떨어져 있으니까 소리쳐도 안 들려요.* (1-6) *남편이 문을 잠그고 도구를 가지고 폭행을 해요. 자기가 하고 싶은 만큼 실컷 하고 나서 힘이 빠져야 그만 멈춰요. 도저히 이겨낼 수가 없어요.* (3-1) *남편이 나를 때리면 아이들이 112에 신고하니까 남편이 아예 전화를 차단하고 휴대폰을 숨겨놓고 때려요. 도움을 요청하지 못하게.* (1-1) …(후략)

7) 참여행동연구

참여행동연구(participatory)는 연구가 연구참여자에게 있어 하나의 자원이 될 수 있어야 한다고 본다. 따라서 연구참여자는 조사의 대상이 아닌 주체여야 한다는 입장이다. 연구참여자가 연구자와 함께 조사 설계를 비롯한 모든 연구 과정에 참여하여 연구가 진행된다. 참여행동연구의 목적은 사회변화와 임파워먼트(empowerment)이다.

5 질적연구방법에서 조사의 신뢰도와 타당도

질적연구방법은 양적연구방법에 비해 주관성이 개입될 여지가 많다. 그럼에도 불구하고 질적연구방법에서도 신뢰도와 타당도는 매우 중요한 부분이다. 이는 연구자가 질적연구로 얻은 결과와 결과 해석을 신뢰할 수 있는지를 의미한다. 다음은 질적연구의 신뢰도와 타당도를 높이기 위한 방법이다.

① **다원화(triangulation)** : '삼각화, 삼각측정'이라고 표현하기도 하는데 자료수집에서 있을 수 있는 오류를 최소화하기 위하여 다양한 자료를 활용해야 한다는 것이다. 이를테면 이론의 다원화, 연구방법의 다원화, 관찰 다원화, 자료 다원화 등의 방법을 동원한다.

② **장기간에 걸친 관계 형성과 유지(장기적 관여)** : 연구참여자의 반응성이나 연구자의 편견을 줄이기 위해서 연구자가 질적연구에 참여하는 대상자와 장기간에 걸쳐 관계를 형성하는 것을 의미한다. 그러나 이러한 장기간 걸친 관계형성으로 인해 연구자와 연구참여자 사이의 거리가 지나치게 가깝다면 이른바 '원주민화(going native)' 문제를 유발하여 객관성을 잃을 수 있다는 점도 경계해야 한다.

③ **감사자료 남기기(audit trail)** : 질적연구자는 연구자료 수집과정과 내용, 인터뷰

과정, 자료분석에 이르는 모든 과정을 기록으로 남겨 보관하여야 한다. 추후 결과에서의 엄격성을 언제라도 확인하고, 필요할 때 공개할 수 있어야 하며 연구 과정이 재현될 수 있어야 한다.

④ **기타 전략** : 동료로부터 조언을 구하거나 점검 받기, 연구참여자를 통한 확인(member check), 조사 결과에 반대가 되는 예외적인 사례 충분히 찾기 등이 있다.

실제 연구에서는 연구의 신뢰도와 타당도를 높이기 위한 노력을 아래와 같이 진행하였다(정경환 외, 2018).

> 연구참여자와 연구자는 짧게는 1년 길게는 10년 동안 친밀한 관계를 유지, 충분한 라포(rapport)를 형성하고 있었다. 그러나 이철원(2013)이 지적한 대로 질적연구에서 라포(rapport)는 적절한 거리 유지를 통해서만이 자료수집의 객관화, 사회적 힘에 대한 해석과 기술이 가능하게 되므로 이를 준수하기 위해 노력하였다.
>
> …(중략)
>
> 본 연구에서는 질적연구에서 보편적으로 적용하는 Lincoln & Guba(1985)의 4가지 타당도와 준거를 적용하여 이를 만족시키기 위하여 노력하였다. 신용성(credibility) 확보를 위해 본 연구주제에 익숙한, 학생선수로서 폭력을 경험했던 동료연구자 2명과 연구기간 동안 꾸준히 연구주제에 대하여 토의하였다. 전이성(transferability) 확보를 위해 끊임없이 문제의 맥락 속에서 숨겨진 의미를 해석하고 이를 가능한 깊고 자세하게 묘사할 수 있도록 노력하였다. 의존성(dependability)과 확실성(conformability) 확보를 위해 면담자료와 수집된 문서자료를 연구 결과와 지속적으로 비교, 검토하였다.

실제 연구에서는 연구참여자의 권리와 인권을 보장하기 위한 노력도 포함된다(신지영 외, 2018).

연구의 윤리적 문제 및 엄격성

본 연구는 연구참여자들의 안전과 권리를 최우선적으로 고려하고자 연구자 소속기관의 기관생명윤리위원회(IRB)로부터 연구윤리에 대한 사전승인을 받아 진행되었다. 연구참여자의 신상정보는 모두 익명으로 표기될 것이며, 인터뷰 녹취, 연구참여에 대한 자발성 및 참여철회의 자율성 등을 설명하고 면담자료는 연구 목적으로만 사용될 것임을 약속하였다. 또한 심층면담 도중 심리적, 신체적 불편감을 호소하는 경우 즉시 면담을 중단하고 심리지원을 받을 수 있음을 고지하였다.

실습 1

1. 위에서 배웠던 질적연구 방법 중에 가장 관심이 가는 방법을 하나 선택하여 그 방법으로 쓰인 논문을 찾아 읽고, 소감을 말해본다.

실습 2

1. 각자 내가 경험한 '행복'에 대해 팀원들이 답하고 이를 녹음하여 축어록으로 정리해 본다.
2. 현상학적 연구방법을 적용하여 연구참여자들에게 공통적으로 보이는 주관적 경험의 본질을 파악해 본다.

실습 3

1. 진행자를 제외하고 6~8명씩 팀을 구성한다.
2. "사회복지조사론 수업 참여에 있어 어려운 점과 그 이유"와 "사회복지조사론 수업의 개선 방향"에 대해 포커스 그룹 인터뷰를 진행한다. 비슷한 의미를 범주화하는 작업을 실시해 본다.
3. 결론을 정리한다.

기출문제로 복습하기

1. 사회과학에서 추천되는 패러다임 중의 하나인 해석주의(interpretivism)에 관한 설명으로 옳은 것을 모두 고른 것은? 10회 기출

ㄱ. 말이나 행위의 사회적 맥락을 고찰한다.
ㄴ. 일반화를 전개하는 것이 중시된다.
ㄷ. 개인의 일상경험을 해석하고 이해하는 것이 목적이다.
ㄹ. 현상의 원인을 객관적으로 측정한다.

① ㄱ, ㄴ, ㄷ
② ㄱ, ㄷ
③ ㄴ, ㄹ
④ ㄹ
⑤ ㄱ, ㄴ, ㄷ, ㄹ

2. 현장조사연구(field research)의 특성으로 옳은 것은? 10회 기출

① 모수(parameter)를 추정하는 것을 목적으로 한다.
② 원하는 변수를 미리 설정하여 측정한다.
③ 연구대상자를 자연적 상황에서 탐구할 수 있다.
④ 가설을 계량적으로 검증할 수 있다.
⑤ 장기간에 걸친 사회적 과정을 연구하는 데 부적합하다.

3. 다음은 어떤 연구에 관한 설명인가? 11회 기출

- 연구자가 연구대상자보다 우위에 있다는 암묵적 가정에 도전한다.
- 연구대상자는 자신의 문제와 해결책을 스스로 정의한다.
- 연구대상자는 연구설계에 주도적 역할을 수행한다.

① 현상학(phenomenology)
② 문화기술지(ethnography)
③ 근거이론(grounded theory)
④ 참여행동연구(participatory action research)
⑤ 내러티브탐구(narrative inquiry)

4. 다음은 다양한 표집방법이 동원된 질적연구 사례이다. 이 사례에서 동원된 표집방법이 아닌 것은? **12회 기출**

> 희망복지지원단 사례관리자의 역할을 질적으로 분석하기 위하여 지난 1년간 담당한 사례가 가장 많은(302사례) 지차체와 가정 적은(51사례) 지자체 두 군데를 연구대상지역으로 우선 선정하였다. 아울러 전체 지자체의 연평균 담당 사례수가 약 150사례인 것을 확인하고, 담당사례수가 100사례 정도인 지자체와 200사례 정도인 지자체 두 군데를 추가로 표집하였다.

① 최대 변화량 표집 ② 예외사례 표집 ③ 의도적 표집
④ 준예외사례 표집 ⑤ 동질적 표집

5. 질적연구방법에 관한 설명으로 옳지 않은 것은? **15회 기출**

① 근거이론의 목적은 사람, 사건 및 현상에 대한 이론의 생성이다.
② 문화기술지(ethnography)는 특정 문화를 이해하기 위한 방법, 과정 및 결과이다.
③ 현상학은 개인의 주관적인 경험의 본질과 의미에 초점을 둔다.
④ 자료 수집원을 다양화하여 연구의 엄격성을 높일 수 있다.
⑤ 부정적 사례(negative case)의 목적은 연구자가 편견에 빠지지 않게 동료집단이 감시기제로서의 역할을 하는 것이다.

| 정답 | 1. ② 2. ③ 3. ④ 4. ⑤ 5. ⑤

• 정리하기 •

- 근거이론 : 귀납적 과정을 통해 경험적 자료에 입각한 이론을 개발
- 현상학적 연구 : 현상에 대한 경험과 본질적 의미 탐구
- 내러티브 연구 : 개인의 생애 과정을 시간순서대로 풍부하게 수집
- 문화기술지 : 특정 문화 속 사람들의 관점에서 연구
- 사례연구 : 한 사례에 대한 심층적 탐구
- 현장연구 : 자연스러운 상황에서 조사대상자를 연구
- 포커스 그룹 인터뷰 : 특정한 상황에 대해 잘 표현할 수 있는 집단을 구성하여 의견 들음
- 참여행동연구 : 조사대상자를 연구의 주체로 보고 조사자와 함께 연구 수행
- 질적조사는 독립된 객관적 현상은 존재하지 않는다고 본다.
- 가장 중요한 연구 도구는 연구자 자신이다.
- 연구 과정 중시, 연구 절차의 유연성, 귀납적 방법 선호, 일반화의 한계

Chapter 08

Research Methods for Social Welfare

단일사례설계

학습 목표

- 단일사례설계란 무엇인지 이해한다.
- 단일사례설계의 특징을 이해한다.
- 단일사례설계의 기록과 분석방법을 이해한다.
- 단일사례설계를 클라이언트 사례에 실제로 적용하고 설명할 수 있다.

사례 8-1

① 종합사회복지관에서 근무하는 사회복지사 C씨는 고등학교 2학년 남학생 K를 사례관리하고 있다. K는 지나치게 많은 시간을 스마트폰 게임에 소모하고 있다. 사례관리자 C는 게임 시간을 줄이기 위한 개별화된 개입을 진행하기로 K와 계약을 맺었다. 3개월 간 개입을 계획하고 있는데, C는 개입 과정 중 모니터링하면서 K의 게임시간에 변화가 없다면 개입방법을 수정하고 싶다.

② 3개월이 지난 이후에 K의 게임시간이 현저히 줄어들었다. 이 결과를 좀 더 객관적이고 과학적으로 기록하고 싶다.

③ 개입 기간이 지난 이후 K에게 그동안 K의 표적행동의 변화 과정을 시각적으로 보여주고 싶다.

위의 3가지 상황에 적합한 도구가 있을까?

사회복지실천현장에서 클라이언트와 사례관리를 진행할 때, 클라이언트의 정확한 상태나 개입의 효과가 시간의 흐름에 따라 어떻게 나타나는 확인하고 싶을 때가 있다. 또한 개입의 효과를 확인하면서 개입이 효과적이지 않다고 판단되면, 개입 과정 중에도 다른 개입방법을 동원하여 클라이언트에게 더 유익한 개입을 찾아갈 수 있다. 지금까지 언급한 내용은 단일사례설계의 방법을 적용하면 가능하다. 실제로 사회복지실천현장에서 비교적 쉽게 적용이 가능하며 사회복지사에게 유용한 단일사례설계에 대해 살펴보자.

1 단일사례설계(single case design)의 의의

사회복지현장에서는 단순히 프로그램을 진행하는 것에서 벗어나 그 효과성을 검증하고 평가하는 것이 점차 중요해지고 있다. 그러나 사회복지실천현장에서 개입의 결과를 측정하기에 쉽지 않은 측면이 있다. 그 이유는 개입의 결과를 정확하게 일치하는 도구를 찾기 어렵다거나 평가의 개념 자체가 집단을 대상으로 하는 사전·사후 검사가 일반화되어 있기 때문이다. 위의 사례처럼 개인의 변화를 평가해야 하는 경우 단일사례설계가 유용하다. 그렇다고 단일사례설계는 개인의 변화만을 평가할 수 있는 것은 아니다. 가족이나 소집단, 지역사회 등을 단일한 사례로 개입할 때 단일사례설계는 가능하다.

정리하면 단일사례설계는 사회복지실천현장에서 개인, 가족, 소집단, 지역사회 등을 대상으로 시계열논리를 적용하여 개입 전과 개입 후의 표적행동을 반복 측정함으로써, 개입의 효과성을 과학적으로 검증하는 방법이다.

단일사례설계는 단일한 사례로 개입의 효과를 과학적으로 분석할 수 있고, 개입 전 단계와 개입 단계를 둠으로써 통제집단과 실험집단의 효과를 갖는다는 특징이 있다. 또한 대부분의 사회복지실천의 평가가 프로그램 중간이나 종료된 이후에 이루어진다는 것에 비해 단일사례설계는 프로그램과정 중에도 반복적이고 지속적인 측정을 함으로써 즉각적인 피드백이 가능하다. 만일 개입 도중이라도 자료를 분석하여 효과가 없다고 보여

질 경우 클라이언트와의 협의하에 개입방법을 수정할 수 있다는 점도 유용하다.

반면 단일사례설계는 위에서 살펴본 바와 같이 '한 사례'를 대상으로 실시되기 때문에 일반화 가능성(외적타당도)이 취약하다는 한계가 있다. 반복 측정을 하는 과정에서 외생변수를 통제할 수 있어 내적타당도는 비교적 높다. 이를테면 개입의 대상을 2인 이상으로 하여 개입 시기를 달리할 경우 우연한 사건(history)을 통제할 수 있다는 것이다. 또한 반복 측정은 통제집단의 역할을 대신할 수 있다. 만일 반복측정을 하여 개입 전과 개입 후의 표적행동에 변화가 있고, 개입 후의 변화가 안정되고 뚜렷하게 나타난다면 개입의 효과성을 조금 더 명확하게 추론할 수 있고, 통제집단 없이도 인과관계의 추론이 가능하다는 것을 의미한다. 반면 반복측정 과정에서 연구참여자의 조사반응성 문제가 야기될 수 있다는 한계가 있다. 또한 기초선이 안정될 때까지 측정하기 위해 개입을 미루는 것과 개입의 효과를 확인하기 위해 개입을 중단하는 과정은 윤리적 문제를 야기한다는 점이 단일사례연구의 단점이다.

2 단일사례설계의 종류

1) 기본구조

단일사례설계의 결과물은 보통 그래프로 표시한다. 그래프에 표시하는 내용은 크게 두 가지인데, 개입 전 개선하고자 하는 행동(표적행동)에 대한 부분과 개입 후 표적행동의 변화 부분이다. 이러한 변화를 시간의 흐름에 따라 표시하게 된다. 개입 전 개선하고자 하는 행동의 추이를 살펴보는 부분을 '기초선(baseline)'이라고 한다. 기초선은 통제집단의 기능을 한다. 단일사례설계에서 기초선 단계를 A로, 개입 후 단계를 B로 표시한다.

[그림 8-1]은 단일사례설계의 기본 구조이다. 관찰시점은 표적행동과 개입방법에

따라 일(day), 주(week), 월별(month), 회기별(session)로 사례관리자가 다양하게 설정할 수 있다. 만일 청소년의 개입 목표가 게임 시간을 줄이는 것이라면 개입 전 단계에서 청소년의 게임 시간이 어느 정도인지 관찰하는 것이 기초선 단계에서 해야 하는 작업이다. 기초선 측정은 3회 이상 하며, 문제행동의 패턴이 일정하지 않고 차이가 심하다면 표적행동의 수준이 명확해질 때까지 측정하는 것이 좋다. 기초선은 개입이 이뤄지기 전 단계이므로 통제집단과 같은 기능을 한다.

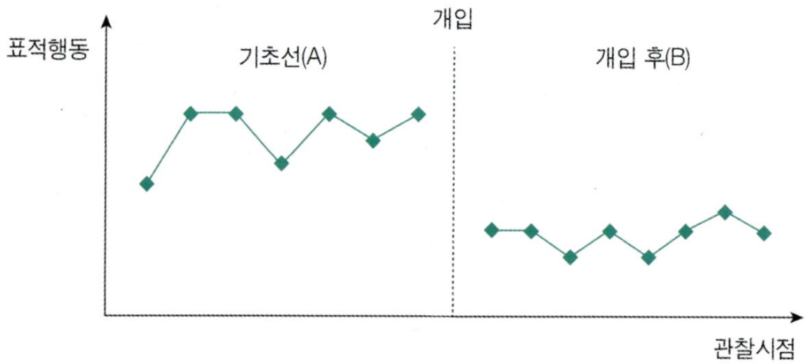

그림 8-1 단일사례설계의 일반구조(AB설계)

2) AB설계

AB설계는 단일사례설계 중 가장 기초적인 방법이라고 할 수 있다. 기초선 단계와 개입 후 단계만 존재하는 형태이다. 위 [그림 8-1]의 형태이다. 앞서 제시한 예시를 적용해 보면 게임하는 데 시간을 많이 소비하는 청소년 K에 대한 개입 전(A)과 비교해 봤을 때 개입 후(B) 게임 시간이 줄어든 것을 알 수 있다.

그런데 좀 더 논리적으로 생각하면 K의 게임 시간 감소가 순수하게 개입 때문이었다고 말할 수 있을까? AB설계는 다른 형태의 단일사례설계에 비해 개입 후 한 차례의 측정만 하기 때문에 엄밀히 말하면, 클라이언트의 변화가 프로그램 때문인지 개입 후 발생한 우연한 사건 때문인지 확신할 수 없다.

3) ABA설계

ABA설계는 AB단계 이후에 개입을 중단하는 단계(A)를 추가하는 설계이다. 청소년 K의 경우 AB설계에서 개입 이후 게임 시간이 줄어들었다고 했을 때 그것이 개입의 영향인지 인과관계가 불명확했었는데, 만일 개입을 중단하는 단계를 추가했을 때 게임 시간이 다시 늘어난다면 개입이 효과적이었다는 점이 조금 더 명확해진다.

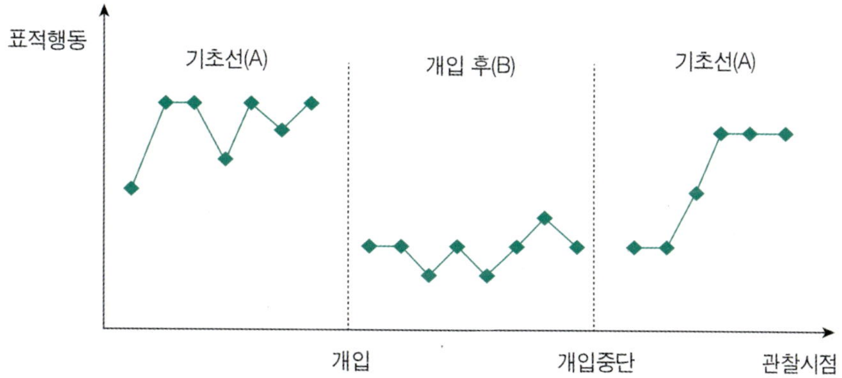

그림 8-2 ABA설계

그러나 만일 개입 중단 이후 측정하는 기초선 단계에서 지속적으로 K의 게임 시간이 늘어나지 않는다면 개입에 대한 평가를 어떻게 할 수 있을까? 개입이 매우 효과적이어서 개입을 중단한 이후에도 개입의 효과가 유지되고 있다고 해석할 수 있을까? 처음부터 개입에 대한 효과가 아니라 다른 변수로 인하여 표적행동이 개선되었던 것은 아닐까? 이처럼 ABA설계 역시 개입 중단 이후 한 차례 관찰로는 해석에 어려움이 있다. 아울러 단순히 AB단계의 개입 효과를 증명하기 위해 개입을 중단한다면 윤리적인 문제가 발생할 수 있다.

4) ABAB설계(반전설계)

ABAB설계는 ABA설계에 한 차례의 개입(B)을 추가하는 설계이다. ABA설계에서 개입을 중단한 이후 두 번째 개입을 추가함으로써 ABA설계의 한계를 보완한다. 즉, 두 번의 개입을 함으로써 변화가 개입 때문이었다는 것이 좀 더 명확해진다. 또한 AB설계나 ABA설계에 비해 내적타당도(개입의 효과성 파악 용이)가 높다. 그러나 ABAB설계도 한계를 가지고 있다. 첫 번째는 두 번의 개입 중단 시점이 있어야 한다는 것이다. 두 번째는 만일 첫 번째 개입 중단 이후로 지속해서 결과가 동일한 상태로 유지된다면(개입지속효과, carry over effect) 이러한 긴 과정이 별다른 의미가 없게 된다는 것이다.

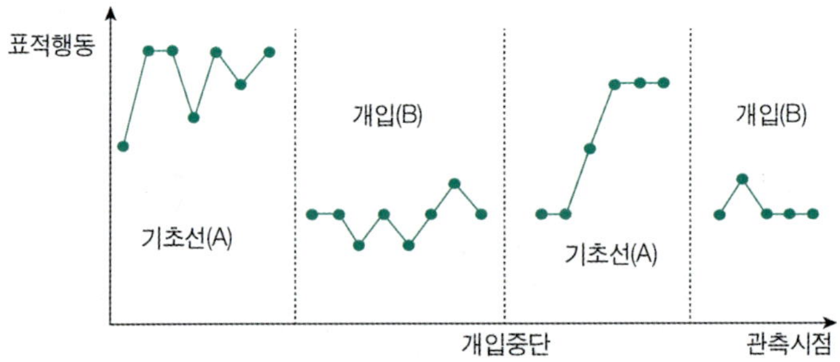

그림 8-3 ABAB설계

5) BAB설계

BAB설계는 기초선(A) 단계를 두지 않고 개입을 먼저 하고 개입을 중단한 뒤 다시 개입하는 형태의 설계이다. 보통 BAB설계는 표적행동의 정도를 관찰하는 기초선 단계를 두기 어려운 경우, 예를 들면 개입이 급박하게 이루어져야 하는 경우에 적용한다. 이 설계는 개입 후 개선 정도를 비교할 수 있는 기초선 단계가 없으므로 개입의 개선 효과를 비교할 수 없다는 단점이 있다. 또한 개입 단계에서 표적행동의 개선이 개입 중단 시기에 후퇴한다고 하더라도 개입 이외의 다른 요인에 의해 유발된 변화일 수 있다는 점을 완전히 배제하기 어렵다. 반면 개입 중단 시기에 개입 단계에서 나타났던 효과가 지속되는 경우 역시 개입의 효과를 판단하기 어렵다.

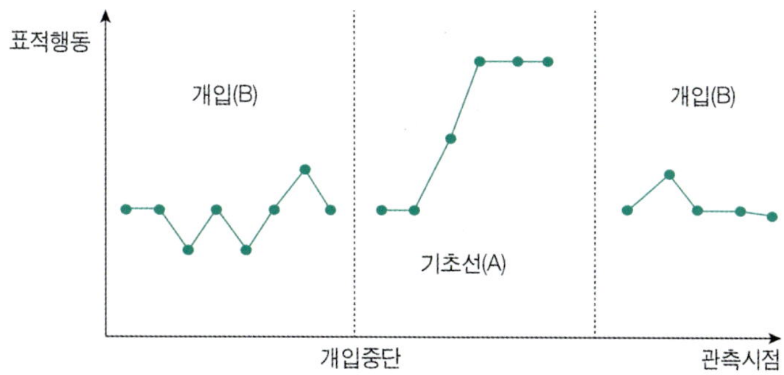

그림 8-4 BAB설계

6) ABCD설계

ABCD설계는 기초선 단계 후 서로 다른 개입단계(B, C, D)를 진행하도록 설계하는 방법이다. 위의 예시에서 게임을 과도하게 많이 하는 K를 위해 첫 번째 개입에서는 개인 상담, 두 번째 개입에서는 미술치료, 세 번째 개입에서는 함께 살고 있는 어머니와 함께 가족치료를 받도록 설계하는 방법이다. 이 방법은 다양한 개입기법을 동원하여 문제행동을 개선하는 데 장점이 있지만 어떤 개입방법이 가장 효과적인지 측정하기 어렵다는 단점이 있다. 또한 BCD 개입기간 동안 우연한 사건(역사요인)의 발생

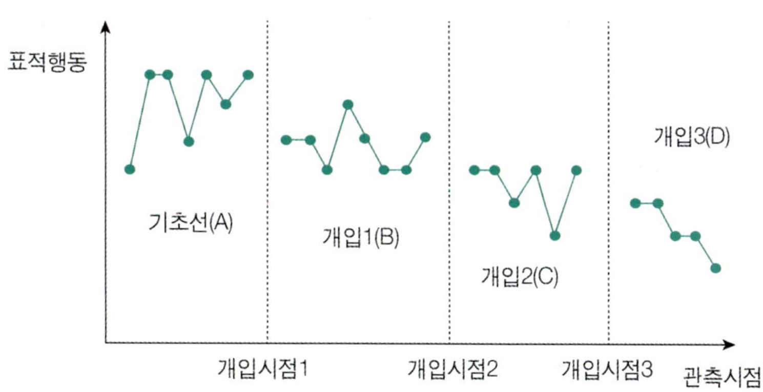

그림 8-5 ABCD설계

가능성을 배제할 수 없고, 개입3의 효과가 개입1, 개입2에서 실시한 개입의 효과일 수 있다(이월효과). 또한 개입3에서 표적행동의 개선이 개입1-개입2 이후에 개입3을 실시하였기 때문에 나타났을 수 있다는 점이다. 만일 개입의 순서를 다르게 실시하면 같은 개입3을 실시했을 때 그만큼 개선되지 않을 가능성도 배제할 수는 없다(순서효과).

7) 복수기초선설계

복수기초선설계에는 대상자 간 복수기초선설계와 문제 간 복수기초선설계, 상황 간 복수기초선설계가 있다.

대상자 간 복수기초선설계는 동일한 문제를 가진 여러 명을 대상으로 개입하여 효과를 측정한다. 이때 복수기초선설계에서는 참여자마다 기초선을 다르게 설정하여 우연한 사건을 통제한다. 기초선과 개입의 시점이 같을 경우 개입의 결과가 개입의 효과가 아닌 우연 때문일 가능성을 배제하기 어렵기 때문이다. 예를 들어, 인터넷게임에 과몰입하는 청소년 C와 청소년 K의 게임시간 단축을 표적행동으로 하여 개입하는 경우를 생각해볼 수 있다. 아래 그림은 청소년 C와 청소년 K의 사례를 보여주는데, 청소년 C는 3일 간 관찰하여 기초선을 설정하였고, 청소년 K는 청소년 C와 달리 6일간 기초선을 설정하여 개입의 시점을 달리한 것을 알 수 있다.

문제 간 복수기초선설계는 특정 개입이 한 명의 연구 참여자의 여러 가지 문제를 해결하는 데 효과가 있는지 측정하는 조사 방법이다. 예를 들면, 청소년 A의 경우 인터넷 게임에 너무 많은 시간을 쓰는 것, 음주를 자주 하는 것이 문제라고 했을 때 특정 개입이 이 문제들에 효과를 보이는지 측정하는 것이다. 이때 중요한 것은 표적행동으로 설정한 문제들이 상호 독립적이어야 한다는 점인데, 그렇지 않을 경우 어떠한 한 문제행동의 변화가 자연스럽게 다른 문제행동에 영향을 주게 되어 개입의 효과를 명확하게 판단하기 어렵기 때문이다.

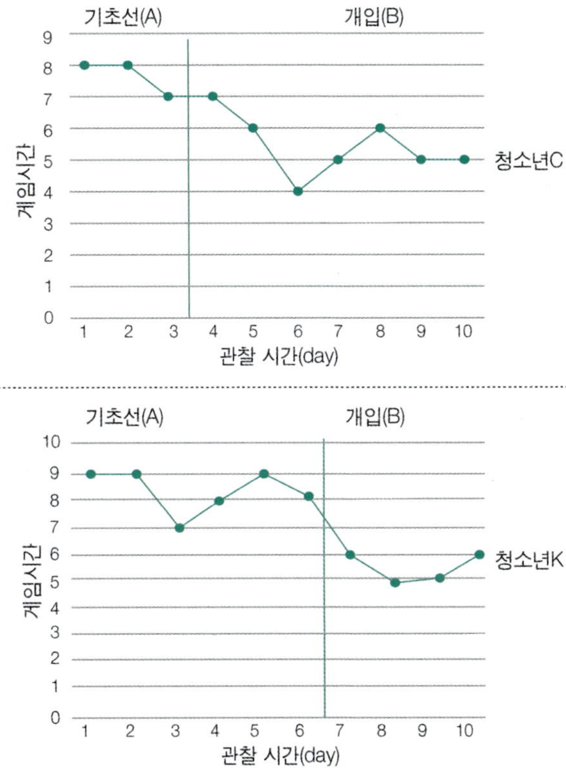

그림 8-6 **대상자 간 복수기초선설계**

상황 간 복수기초선설계는 각각 다른 상황에서 보이는 동일한 표적행동에 대하여 특정한 개입을 진행했을 때 각각의 상황에서 효과가 있는지를 측정하기 위한 설계방법이다. 예를 들면, 평상시 욕을 많이 하는 아동이 특정 개입으로 인하여 가정, 학교 등 각기 다른 상황에서 욕을 하는 빈도가 줄어들었는지 측정하는 것이다.

3 자료관찰 및 기록방법

단일사례설계에서는 기초선 측정과 개입 기간 동안 표적행동의 변화를 관찰하고 기록한 자료를 분석하여 개입의 결과를 평가하게 된다. 그렇다면 얼마나 자주 또는 무엇을 관찰하여 기록해야 할까? 이는 표적행동의 성격에 따라 결정하게 되는데 방법은 다음과 같다.

1) 시간 간격 기록(interval)

일정 기간을 설정하여 동일한 간격으로 표적행동을 기록하는 방식이다. 이 경우에는 간격이 짧을수록 정확한 값을 얻는다. 예를 들면 게임에 몰입하는 청소년 K의 게임 시간을 1주일간 매일 기록하여 기초선을 측정하는 것이다.

2) 빈도 기록(frequency)

일정한 관찰 기간 동안 표적행동의 횟수를 기록하는 방법이다. 예를 들면 감정이 폭발하여 통제가 되지 않는 아동의 경우 1주일 동안 감정폭발이 일어나는 횟수를 기록하는 것이다.

3) 지속기간 기록(duration)

정해진 관찰 기간에 일어난 모든 단위행동의 지속시간을 기록하는 방식이다. 주로 빈도와 함께 관찰되는데 표적행동의 개선 방향에 따라 무엇을 관찰할지 사전에 결정한다. 예를 들면 위에서 감정폭발이 일어나는 아동의 경우 한 번 감정이 폭발할 때 얼마나 지속되는지 시간을 기록하는 것이다.

4) 정도(magnitude) 기록

표적행동의 양, 수준, 정도를 수치로 기록하는 방식이다. 예를 들면 무기력에서 벗어나고자 하는 중년여성의 경우 일정기간 자신의 상태를 0(매우 무기력)~10점(매우 활기참)으로 관찰하도록 하여 기록하는 것이다.

5) 간헐적 관찰 기록(spot-check)

특정한 시간 간격을 설정하여 간헐적으로 표적행동을 관찰하는 방식이다. 연구자가 설정한 특정 시간에 표적행동의 유무를 기록하는 방법이다.

6) 영구적 생산물 기록(permanent product procedure)

표적행동에 의해 만들어진 결과물을 관찰하여 기록하는 방식이다. 이 방식은 표적행동에 의해 만들어진 결과물이 겉으로 드러나는 행동일 때 적합하다. 예를 들면 숙제를 하지 않는 아동의 경우 숙제를 마친 뒤 수첩에 스티커를 붙이게 했다면 스티커를 붙인 수첩을 확인하여 기록하는 것이다.

4 단일사례조사 분석방법

1) 시각적 변화분석

시각적 변화분석은 개입 전과 개입 이후의 그래프 변화를 시각적으로 비교 분석하여 표적행동의 변화를 파악하는 방법이다. 시각적 변화분석은 변화의 파동, 변화의 경향, 변화의 수준을 파악하여 분석한다.

① **변화의 파동**(variability) : [그림 8-7]의 기초선 단계에서 관찰점이 이어진 정도와 개입 단계에서 관찰점이 이어진 선의 높낮이를 비교하는 것이다. 즉, 그래프상에 나타난 표적행동의 변화에 따른 진폭의 크기로 파악하는 방법이다. 기초

선이나 개입 후에 표적행동을 나타내는 파동의 정도가 크다면 관찰 수를 늘려 변화의 유형을 확실히 파악해야 한다.

② **변화의 경향**(trend) : 기초선의 변화 방향을 개입기간 표적행동의 변화의 방향과 연결시켜 분석하는 방법이다. 예를 들어 기초선 때 표적행동이 점차 증가하였다가 개입기간 동안 감소하는 경향을 보인다면 개입의 영향으로 판단하는 방식이다. 만일 기초선 동안의 변화 경향과 개입 국면에서 변화 경향이 일치하거나 비슷하면 개입 효과를 판단하기 어렵다.

③ **변화의 수준**」(level) : 기초선의 점수 수준과 개입기간의 점수 수준을 비교하여 분석한다. 기초선의 점수와 개입기간의 점수에 있어 차이가 클수록 개입 효과의 확신 정도가 높아진다.

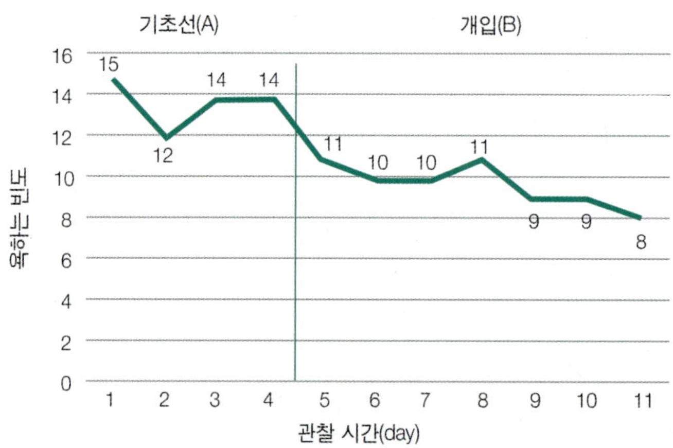

그림 8-7 시각적 분석

2) 통계적 변화분석

통계적 분석은 시각적 분석을 통해 얻은 결과를 보충해주는 역할을 한다. 즉 시각적으로 보이는 변화가 통계적으로도 의미가 있는 정도의 변화인지를 판단하게 된다.

통계적 분석방법에는 평균비교와 경향선 접근 두 가지 방법이 있다.

① **평균비교방법** : 기초선과 개입단계의 자료를 평균하여 비교하는 방법이다. 개입선의 평균이 기초선의 평균보다 ±2SD(표준편차) 이상 벗어나 있으면 개입의 효과가 통계적으로 유의미하다고 판단하는 것이다. 기초선의 파동이 비교적 안정적일 때 쓰인다. 예를 들면, [그림 8-8]에서 개입 전 하루 게임 시간을 측정했다고 하면 개입 이후에는 게임 시간이 줄어들기를 기대할 것이다. 이 경우 기초선의 평균보다 -2SD(기초선 평균) 이상 벗어나 있다면 개입의 효과가 통계적으로 유의미하다고 판단하는 것이다.

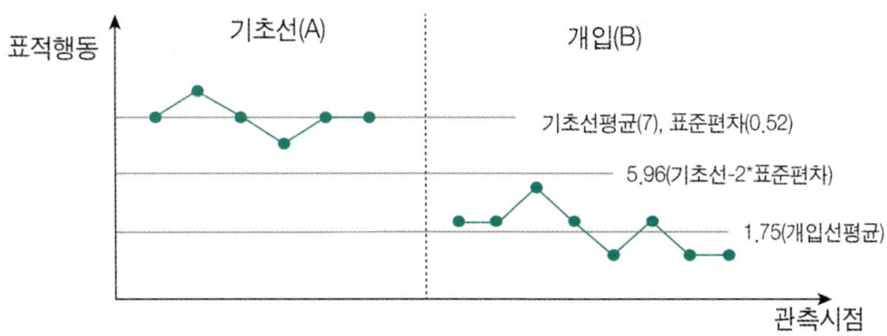

그림 8-8 평균비교방법

② **경향선 분석**: 기초선이 안정적이지 못할 때 경향선 접근으로 분석할 수 있다. 기초선 전반부와 기초선 후반부의 평균을 각각 구하여 점을 찍고 그 두 점을 개입단계까지 연장하는 선(경향선)을 긋는다. 개입단계의 관찰점들이 모두 경향선 아래에 위치해 있다면 그 개입은 통계적으로 유의미하다고 판단하는 것이다. 예를 들어, 청소년 K의 게임시간 감소를 위한 개입 전 기초선 단계에서는 하루의 게임시간을 측정할 것이다. 기초선 측정 전반부에서 평균을 구하고, 후반부에 평균을 구해 점을 찍은 뒤 그 두 선을 연결하고, 개입단계 그래프까지 연장한다. 이 경우 게임시간이 감소하기를 원하기 때문에 연장한 선 아래 그래프가 놓여

있으므로 개입이 효과적이었다고 평가하는 것이다. 이렇듯 경향선 분석은 변화의 폭만 고려하는 평균비교방법과 달리 폭과 기울기를 고려하는 분석 방법이다.

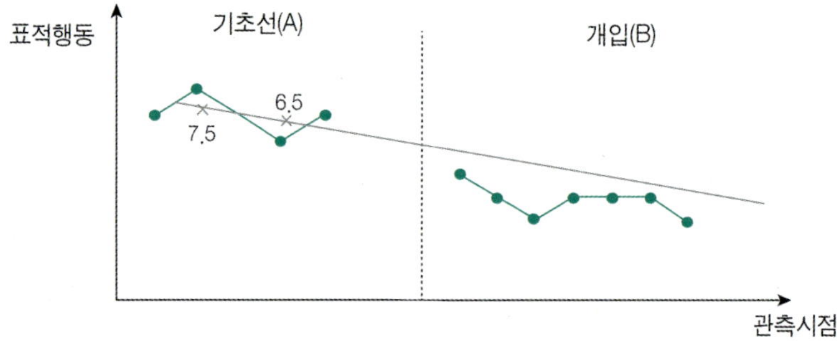

그림 8-9 경향선 분석

3) 실용적 분석(임상적 분석)

시각적 분석과 통계적 분석을 통하여 개입의 표적행동이 개선되었다고 결론지었다면, 다음에는 임상적 분석을 한다. 즉 그 변화가 사회복지실천의 측면에서 얼마나 의미 있는 변화인지, 개입의 과정에서는 문제는 없었는지, 효과적이고 효율적인 서비스 제공이었는지, 변화와 개입에 대해 클라이언트가 만족하는지 등을 종합적으로 판단하여 개입의 전반을 마무리한다.

다음은 단일사례연구에 대한 사례이다(장수미 · 심정원, 2006).

단일체계설계를 활용한 알코올남용 인센티브치료 효과성 연구

1) 연구대상

본 연구에서는 서울시에 소재한 S복지관 사회복지사에 의해 음주문제가 심각하다고 의뢰된 두 명의 알코올남용 클라이언트를 대상으로 2005년 1월부터 4월까지 복권방식의 인센티브 치료를 실시하였다. 사례관리를 담당해오던 복지관 사회복지사는 이들이 만취된 상태에서 복지관을 자주 찾아오고 다쳐서 치료를 받은 적이 있으며 음주문제 때문에 취업연결에 어려움이 있다고 하였다. 연구자들은 담당 사회복지사를 통해 의뢰된 클라이언트들이 음주문제로 인해 입원 및 외래 치료경험이 있음을 확인하였고, 초기면접에서 실시한 알코올중독선별검사(NAST)를 통해서도 치료가 필요한 알코올남용 클라이언트임이 나타났다. 연구자들은 두 클라이언트를 대상으로 초기면접에서 연구의 취지 및 절차를 설명한 후 연구 참여의 동의서를 받았다.

…(중략)

2) 연구절차

(1) 조사방법

인센티브 치료의 효과성을 측정하기 위해서 ABA 단일체계설계(Single System Design)9)를 활용하였다. 두 명의 클라이언트를 대상으로 2주 동안 기초선단계(A1)를 가졌고, 6주간 인센티브 치료를 실시한 개입단계(B)후 4주간의 개입철회기간인 제2기초선 단계(A2)로 돌아갔다. ABA설계의 논리는 중재기간 중 목표행동이 바람직한 방향으로 향상하다가 중재가 제거된 후 다시 기초선 수준으로 변화해 간다면, 목표행동의 향상을 중재 때문인 것으로 결론을 내릴 수 있다는 것이다. 다른 대상자에게 중재효과가 반복적으로 입증될 때 외적 타당도를 강화할 수 있다. ABA설계를 사용하기 위해서 연구자는 다음과 같은 지침을 지키며 연구절차를 진행시켜야 한다. 첫째, 목표행동을 행동적으로 정의한다. 둘째, 최소한 3회 이상 기초선 자료(A2)를 수집한다. 셋째, A1에서 안정된 "반치료적(Countertherapeutic)" 경향을 보인 후에 중재(B)를 시작한다. 여기에서 반치료적 경향이란 종속변인이 중재를 통해 변화하기를 바라는 방향과 반대되는 방향으로 변화하는 것을 말한다. 넷째, 최소한 3일 이상의 중재기간 동안 연속적인 자료를 수집한다. 다섯째, 중재조건(B)에서 정도 및 경향의 수용할 만한 안정세를 보인 후에 중재를 제거하고 기초선 조건(A_2)으로 되돌아간다. 마지막으로 다른 대상자들에게 실험효과를 반복 연구한다.

…(중략)

4. 연구결과 및 분석

1) A 사례 결과

인센티브 치료의 실시결과는 다음과 같이 나타났다. A 클라이언트의 결과를 살펴보면<그림1>, 기초선 단계에서는 6회 측정 중 4회(66.7%), 개입단계에서는 18회의 측정 중 4회

(22.2%), 개입철회단계에서는 12회 측정에서 4회(33.3%) 음주한 사실로 나타나, 기초선 단계보다 개입단계에서 음주횟수가 줄어들고 있으며 개입철회단계에서는 다시 음주횟수가 증가하고 있음을 알 수 있다.

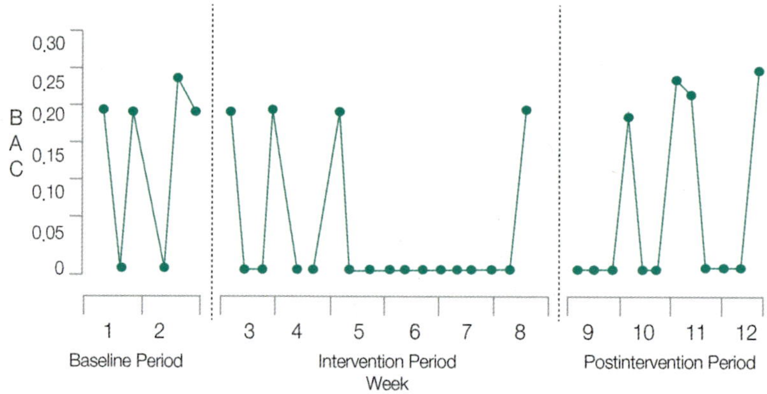

그림 1 **조사참여자의 음주횟수 변화**

실습

1. 단일사례 분석을 진행할 사례를 만든다.
2. 개입해야 할 표적행동을 설정한다(표적행동은 측정 가능하도록 구체적으로 설정).
3. 자료관찰 및 기록방법을 결정한다.
4. 설계방법을 결정한다(설계방법을 설정한 이유를 명확히 하고, 결정한 설계방법의 장단점에 대해 논의).
5. 측정하고 분석방법 중 하나를 선택하여 개입의 효과를 분석한다.

❙ 기출문제로 복습하기

1. 단일사례설계에 관한 설명으로 옳지 않은 것은? 16회 기출

① 기초선 국면과 개입 국면이 있다.
② 연구대상과 개입방법은 여러 개가 될 수 없다.
③ 조사연구 과정과 실천 과정의 통합이 가능하다.
④ 경향과 변화를 파악하도록 반복 관찰한다.
⑤ 통계적 원리를 적용하여 분석할 수 있다.

2. 단일사례설계 중 ABCD설계에 관한 설명으로 옳은 것을 모두 고른 것은? 10회 기출

> ㄱ. 기초선 형성 후 서로 다른 복수의 개입방법을 연속적으로 도입한다.
> ㄴ. 우연한 사건은 개입효과에 영향을 미치지 않는다.
> ㄷ. 서로 다른 개입방법의 효과성을 비교한다.
> ㄹ. 다중기초선설계는 순서효과(order effect)를 통제할 수 있게 한다.

① ㄱ, ㄴ, ㄷ
② ㄱ, ㄷ
③ ㄴ, ㄹ
④ ㄹ
⑤ ㄱ, ㄴ, ㄷ, ㄹ

3. 단일사례연구에 관한 설명으로 옳지 않은 것은? 12회 기출

① 단일사례로서 개인, 가족, 단체 등이 분석대상이다.
② 여러 명의 조사대상들에게 개입시기를 다르게 하면 우연한 사건효과를 통제할 수 있다.
③ 기초선으로 성숙효과를 통제할 수 있다.
④ 측정을 위한 비관여적 관찰도 가능하다.
⑤ 비반응성 연구의 한 유형이다.

4. 단일사례연구에 관한 설명으로 옳지 않은 것은? 13회 기출

① 개인과 집단뿐만 아니라 조직이나 지역사회도 연구대상이 될 수 있다.
② 외적타당도가 높다.
③ 개입효과에 대한 즉각적인 피드백이 가능하다.
④ 조사연구 과정과 실천 과정이 통합될 수 있다.
⑤ 반복측정으로 통제집단 효과를 볼 수 있다.

5. 단일사례설계 중 다중기초선설계에 관한 설명으로 옳지 않은 것은? 17회 기출

① 내적타당도 저해요인을 통제하기 위한 주요 수단으로 개입의 철회를 사용한다.

② 일부 연구대상자에게 개입의 제공이 지연되는 문제를 갖는다.

③ 연구대상자의 수가 증가할수록 내적타당도는 증가한다.

④ 동일한 개입을 특정 연구대상자의 여러 표적행동에 적용하여 개입의 효과를 평가할 수 있다.

⑤ 수집된 자료의 분석을 위해 통계적 방법이 사용되기도 한다.

| 정답 | 1. ② 2. ② 3. ⑤ 4. ② 5. ③

• 정리하기 •

- 단일사례 설계는 한 사례에 개입하지만, 반드시 1인일 필요는 없다. 개인, 가족, 집단, 조직, 지역사회 모두 가능하다.
- 단일사례설계는 일반화의 어려움으로 인하여 외적타당도에는 취약하고 조사반응성이 야기되지만 반복관찰을 통하여 외생변수에 대한 통제가 가능하여 내적타당도는 어느 정도 확보된다.
- AB설계, ABA설계, ABAB설계, BAB설계, ABCD설계, 복수기초선 설계 등이 있다.
- 개입을 철회하는 단계나 기초선 측정으로 인한 개입의 지연으로 윤리적 문제가 야기될 수 있다.
- 단일사례 자료 기록 방법에는 시간간격기록, 빈도기록, 지속기간기록, 정도기록, 간헐적 점검기록, 영구적 생산물 기록 등이 있다. 영구적 생산물 기록을 제외한 나머지 방법들은 직접관찰을 요한다. 관찰 상황에서 연구참여자의 조사반응성이 야기될 수 있다.
- 개입의 효과를 평가하는 방법에는 그래프를 통한 시각적 평가, 통계적 분석, 실용적(임상적) 분석이 있다.

Chapter 09

Research Methods for Social Welfare

2차 자료

학습목표

- 1차 자료와 2차 자료를 구분할 수 있다.
- 2차 자료의 장단점을 설명할 수 있다.
- 다양한 2차 자료의 종류와 활용법을 숙지할 수 있다.
- 문헌연구에 대해 이해할 수 있다.
- 메타분석에 대해 이해할 수 있다.

우리는 연구를 수행함에 앞서 연구의 재료가 되는 자료, 즉 데이터 구성을 고민하게 된다. 대부분의 연구에서는 연구자가 직접 조사를 수행하게 되나, 연구의 목적이나 처한 상황에 따라 이미 구축되어 있는 2차 자료를 활용하기도 한다.

이 장에서는 최근에 활발히 활용되고 있는 2차 자료 활용의 장단점 및 2차 자료의 종류에 관해 소개하고자 한다. 2차 자료에는 빅데이터로서 많이 활용되고 있는 패널 데이터를 중심으로 살펴보고, 비반응성 2차 자료에 해당하는 문헌연구에 관해 구분하여 살펴보고자 한다. 또한 유사하거나 동일한 분야에 관해 이미 조사되어 발표된 자료들을 수집하고 분석하여 그 분야의 효과 크기를 살펴보는 메타분석에 대해서도 살펴보고자 한다.

1 2차 자료의 개념

연구자가 직접 수집하는 1차 자료와는 달리 2차 자료는 조사목적에 도움을 줄 수 있는 기존의 모든 자료 즉, 연구자가 직접 자료를 수집하거나 작성한 1차 자료를 제외한 모든 자료를 말한다. 2차 자료의 종류에는 연구자가 종사하는 조직 내부의 자료와 타 기관에서 생성된 외부자료가 있고, 자료의 출처에 따라 개인적 문서, 업무 서류철, 공공기관에서 구하는 자료 등이 있다. 통계분석에서 활용되는 2차 자료는 기성자료이므로 수집이 쉽고, 비용이 저렴하며, 시계열 자료 등 계속적인 수집이 가능한 장점이 있는 반면에, 자료수집목적이나 측정단위, 조작적 정의 등이 현재 연구자가 필요로 하는 조사와 일치하지 않는 경우가 많다. 이 장에서는 최근까지 많은 연구들에서 활용되고 있는 패널데이터를 중심으로 살펴보고자 한다.

표 9-1 1차 자료와 2차 자료 비교

구분	1차 자료	2차 자료
수집목적	당면한 조사문제 해결	다른 목적
수집과정	상당한 노력 필요	신속하고 쉬움
수집비용	고비용	저비용
수집기간	오랜 시간	짧은 시간

패널데이터는 2차 자료 중 가장 대표적인 것으로 확률표본추출에 의거하여 시행되는 전국구 데이터이다. 또한 패널데이터는 체계적인 기반에 근거, 신뢰성 있는 조사방식에 의해 구축된 데이터이다. 4차 산업혁명 시대를 맞이하여 빅데이터 활용 능력이 요구되는 현 시대에 사회복지사들도 대규모의 데이터를 활용하는 역량을 갖추는 것이 필요하다.

1) 2차 자료수집의 장점

① 2차 자료는 무엇보다도 일반적으로 설문지 인쇄, 조사원 수당, 답례품 구입, 자료처리비용 등 많은 비용과 시간이 드는 자료수집과정을 거치지 않기 때문에 시간과 비용 측면에서 경제적이라고 할 수 있다. 또한 조사자가 관심을 가지고 있는 연구주제에 관해 다른 조사자들이 이미 자료를 수집하였다면, 자신이 자료를 수집하는 데 쏟아야 하는 많은 시간과 노력을 절약할 수 있을 것이다. 따라서 조사자는 평소에도 관심 분야에 대해 유용한 정보를 제공하는 데이터베이스에 대해 알고 있어야 하며, 수시로 검색을 함으로써 새로운 조사결과에 대한 정보를 파악하기 위해 노력해야 한다.

② 2차 자료수집 방법의 가장 큰 장점으로 부각되는 것은 장기간에 걸친 사회 문제의 변화에 대한 분석과 비교조사가 가능하다는 것이다. 기존에 수집된 자료들을 활용하는 경우, 기존의 자료수집과정에서 발생하였던 오류가 이미 일반적으로 널리 알려지고 인정된 상태에 있다. 또한 모든 조사는 대체로 몇 가지 한계점을 가지고 있다. 따라서 기존의 자료를 활용하는 경우 이미 존재하고 있는 한계점과 오류 등에 관해 조사자가 이를 인지한 상태에서 자료를 활용할 수 있다는 장점이 있다.

③ 장애인, 아동, 노인 등 인간을 대상으로 한 조사연구에 있어서 엄격히 적용되고 있는 기관생명윤리위원회(IRB)의 심사과정을 1차 자료가 이미 거쳤기 때문에 2차 자료분석에서는 IRB의 심사과정을 중복해서 받을 필요가 없는 이점도 있다. 이 역시 시간을 아낄 수 있는 효용성이 큰 부분이다. 또한 이미 존재하고 있는 자료를 활용하기 때문에 조사자는 자료수집과정 중에 클라이언트나 조사대상자와 상호작용을 걱정할 필요가 없다. 즉, 조사대상자와 직접적인 상호작용이 없는 상태

에서 자료를 수집하기 때문에 자료수집과정에서 조사자가 조사대상자에게 미치는 영향과 조사대상자의 반응성, 자료수집과정에서 발생할 수 있는 조사대상자의 권익을 해칠 가능성(사생활 침해, 익명성)에 대한 염려를 하지 않아도 된다.

④ 연구자가 직접 자료를 수집하고 관찰하는 데에서 올 수 있는 호손효과[1]의 문제를 예방할 수 있다. 즉, 연구자가 직접적인 설문조사를 실시하지 않고 이미 구축되어 있는 자료를 활용함으로써 일개 연구자로 인해 발생할 수 있는 효과를 방지할 수 있다는 것이다. 따라서 연구자가 관찰하는 시선을 의식하여 발생할 수 있는 문제나 연구자와 연구대상자 간의 상호작용의 문제가 발생하지 않는다.

이와 같이 2차 자료는 찾아내기 힘든 연구대상에 대한 접근, 변화추이의 연구, 비교연구 등이 용이한 장점을 가지고 있다. 하지만 이러한 장점에도 불구하고 아래와 같은 2차 자료의 한계가 조사연구를 수행하는 데에 어려움이 될 수 있다.

2) 2차 자료수집의 단점

① 원래 2차 자료는 다른 연구목적을 위하여 수집된 자료이기 때문에 현재 수행하고자 하는 조사의 연구목적과 관련하여 적합성이 떨어질 가능성이 있다. 따라서 이 문제에 대한 심사숙고가 요구된다.

② 2차 자료는 자료의 정확성이나 적합성 차원에서 현재의 연구문제에 대한 답을 적절하게 제시할 수 없는 한계가 있을 수 있다. 신뢰할 만한 자료이긴 하지만 변수의 종류, 측정방법, 표본 등이 정확하게 현재의 조사문제나 연구목적과 부합하지 않을 때 연구문제의 정확한 답을 찾기 어려운 문제가 있을 수 있다. 종

1) 호손효과에 대한 자세한 설명은 5장을 참조할 것.

종 조사에 필요한 자료가 수집된 기준이 지나면서, 정책의 변화나 자료수집과정의 변화를 거쳐 기존의 자료와 현실 사이에 차이(gap)가 존재할 수 있다.

③ 조사자는 조사에 필요한 가장 최근의 자료를 구할 수 없는 경우가 종종 있다. 왜냐하면, 보통 사회복지기관이나 공공기관에서는 가장 최근의 자료를 생산하는 데 통상 6개월에서 1년 정도가 소요되기 때문이다.

2 활용 가능한 2차 자료 소개(패널데이터)

빅데이터가 화두로 등장하는 4차 산업혁명 시대의 도래를 앞두고, 이미 사회복지분야에서는 2차 자료인 패널자료의 활용이 대중화되고 있다. 특히 알고자 하는 현상의 인과관계를 밝히고, 종단적인 변화를 살펴보는 데 있어 유용하게 활용될 수 있는 패널자료는 동일한 대상자를 해마다 추적하여 재조사하는 방식으로 많은 연구자들이 이를 연구의 데이터로 적극 활용하고 있다. 여기서는 사회복지분야에서 많이 활용되는 몇 개의 대표적인 패널데이터를 소개하고자 한다. 각 패널조사는 시간 경과에 따라 종단으로 구축되고 있으므로 필요한 경우 각 패널의 사이트를 방문하여 최신버전에 관한 정보를 수집해야 한다. 또한 연중 패널데이터에 관한 설명회 및 관련 연구를 발표하는 자리도 있으니 공지사항 등의 정보를 수시로 확인하기 바란다. 각 패널별 URL을 제시하였으나, 사이트를 이동하는 경우가 있어 주소 확인이 되지 않는 경우 인터넷 검색창에 패널명을 입력하고 찾도록 한다.

1) 한국복지패널(Korea Welfare Panel Study)

- **패널 소개** : 외환위기 이후 빈곤층, 근로빈곤층(working poor), 차상위층(near poor)

의 가구형태, 소득수준, 취업상태가 급격히 변화하고 있는 상황에서 이러한 계층의 규모 및 생활실태 변화를 동태적으로 파악함으로써 정책형성에 기여함과 동시에 정책지원에 따른 효과성을 제고하고자 만들어진 패널이다. 연령, 소득계층, 경제활동상태 등에 따른 다양한 인구집단별로 생활실태와 복지욕구 등을 역동적으로 파악하고 정책집행의 효과성을 평가함으로써 새로운 정책의 형성과 제도적 개선 등 정책환류에 기여하고자 하였다. 2006년 1차년도로 시작한 패널은 2020년 14차년도까지 자료가 공개된 상태이다.

■ URL : https://www.koweps.re.kr:442/main.do

2) 한국아동청소년패널(KCYPS)

■ **패널 소개** : 아동·청소년기는 인간의 생애단계에서 가장 많은 신체적·정신적 변화를 경험하는 시기이다. 특히 청소년들은 급속한 신체 변화와 인지 발달, 생활 반경과 사회관계의 확대 등 변화된 상황 속에서 정체성의 혼란과 정서적 불안 등의 많은 문제에 부딪치게 된다. 이와 같은 발달상의 문제에 직면하여 청소년들이 주어진 발달과업을 성공적으로 완수하고 사회공동체의 일원으로서 건강하게 성장할 수 있도록 돕는 일은 청소년 연구의 중요한 과제라고 할 수 있다. 아동·청소년의 성장·발달에 관한 경험적 조사연구는 그동안 다양한 학문분과에서 지속적으로 추진되어 왔다. 이들 연구는 대부분 특정 시점의 조사자료를 활용한 횡단적 연구(cross-sectional study)로서, 패널 데이터를 토대로 한 종단적 연구(longitudinal survey)는 드물었다. 동일 대상을 시차를 두고 반복조사하는 패널데이터는 인과관계의 설명이 용이하고 개인·집단 변화의 동태적 분석이 가능하다는 장점이 있다. 따라서 아동·청소년을 대상으로 한 패널조사는 그들이 시간의 연속선상에서 어떤 성장과 발달 과정을 거치게 되는지, 또한 그 과정에서 겪게 되는 문제들과 그 요인은 무엇인지에 대한 많은 학문적·정책적

시사점을 제공할 수 있다. 지금까지 국내에서 아동·청소년을 주된 조사대상으로 하여 수행된 패널조사는 매우 드물고, 조사내용도 교육이나 노동, 진로 등과 같이 특정 영역과 주제에 국한된 것이 대부분이었다. 한국아동·청소년패널조사(Korean Children & Youth Panel Survey; 이하 "KCYPS")는 한국청소년패널조사(2003~2008년)의 후속연구로서, 아동·청소년 성장과 발달의 다양한 양상을 종합적으로 파악하는 것을 목적으로 하고 있다. 패널 데이터는 크게 2010년과 2018년의 시점을 기준으로 조사가 시작되었다. 먼저 2010년에 표집된 3개 패널 총 7,071명의 청소년을 대상으로 2016년까지 7개년에 걸쳐 추적조사를 완료하였고, 매년 조사 데이터의 일반 공개, 패널 학술대회 개최, 데이터 분석 보고서 발간 등을 통해 연구성과의 사회적 확산을 위한 사업을 전개하였다. 표본은 다단층화집락표집 방식으로 추출되었다. 2018년부터는 아동 및 청소년의 성장과 발달에 관한 복합적인 변화양상을 체계적이고 다면적으로 볼 수 있도록 문항을 일부 변경한 새로운 데이터의 구축을 시작하였고, 2020년 현재 1차 데이터까지 공개된 상태이다(2차는 2020년 12월 이후 공개예정).

■ URL : http://www.nypi.re.kr/archive/contents/siteMain.do

3) 다문화청소년패널조사(MAPS)

■ **패널 소개** : 한국사회에 다문화적 배경을 지닌 사람들이 증가하게 됨에 따라 다문화가정의 자녀도 점차 증가하고 있다. 행정자치부 기준 2017년도 외국인주민자녀의 수는 222,450명이고, 교육부 기준 2017년도 다문화가정 학생의 수는 109,387명으로 이는 매년 증가되어 왔고, 최근 들어 증가하고 있는 중도입국청소년과 외국인근로자자녀의 추세를 고려하면 향후 다문화배경을 지닌 청소년의 수는 더욱 증가할 것으로 예측되고 있다. 다문화청소년 중 현재 가장 높은 비율을 차지하는 집단은 국내에서 출생하고 성장한 국제결혼가정의 자녀로, 그 특성이 배경에 따라 매우 다양하다. 이에 다문화청소년의 발달 특성에 대한 보다 객관적이고 면밀한 분석 없이 이들에

대한 사회적 고정관념이 강화되는 현상이 지속될 경우 한국사회의 사회적 통합에 저해요소로 작용될 가능성이 있고, 다문화청소년 개인적으로도 부정적 자아상을 내면화시키는 등 바람직하지 못한 결과가 나타날 수 있다는 문제의식으로부터 본 조사가 시작되었다. 이러한 문제의식으로부터 시작하여 한국청소년정책연구원에서는 다문화청소년의 발달을 종단적으로 추적하고 비(非)다문화 청소년과의 비교를 통해 다문화청소년에 대한 보다 객관적인 특성을 파악하고자 2011년부터 다문화청소년과 그들의 부모를 대상으로 패널을 구축하여 2019년까지 총 9개년에 걸친 종단조사를 실시하였다. 이 조사는 다문화청소년 및 그들의 어머니를 대상으로 다문화가정 자녀의 배경특성, 학교생활영역, 심리사회적응영역, 신체발달영역, 부모자녀관계영역, 정책지원영역 등 다양한 영역에 대한 종합적 조사가 이루어졌고, 매년 조사결과를 기초로 한 정책연구가 함께 이루어졌다. 2020년 현재 7차년도 데이터까지 공개된 상태이다.

■ URL : http://www.nypi.re.kr/archive/contents/siteMain.do

4) 학업중단청소년패널조사

■ **패널 소개** : 2006년 이후 연평균 6만여 명의 청소년이 개인·가족·학교 등의 이유로 학업을 중단하고 있다. 학업중단 청소년의 수는 점점 늘어나는 반면, 학업중단 청소년에 대한 자료는 턱없이 부족한 실정이다. 또한 기존 학업중단 청소년 관련 조사는 1회성 횡단조사로 학업중단 청소년의 실태 파악에 중점을 두고 있어, 학업중단 청소년의 학업중단 후 삶의 경로가 어떻게 진행되는지에 대한 정보를 알 수 없으며 학업중단 청소년은 여전히 사회적 편견과 취업자립지원 부족으로 어려움을 겪고 있다. 정규교육의 테두리 밖에 있는 학업중단 청소년들이 적절한 교육과 보호를 받을 수 있기 위해서는, 학업중단 현황에 대한 실태파악뿐만 아니라 그들이 어떠한 경로를 밟고 나아가는지에 대한 보다 심층적인 분석을 필요로 한다. 이에 학업중단 청소년

776명의 패널을 확정하여 1차년도 조사를 시작으로 2020년 현재 5차년도 데이터까지 공개된 상태이다.

- URL : https://www.nypi.re.kr/archive/brdartcl/boardarticleList.do?brd_id=BDIDX_ey87ybjme4Hx3Tjqb76kA9&menu_nix=65N4O6xd

5) 한국아동패널

■ **패널 소개** : 우리나라 영유아의 건강한 성장과 발달에 적합한 육아환경을 모색하기 위한 종단연구 패널자료이다. 2006년에는 다년간 추진될 한국아동패널의 조사모형을 개발하였고, 2007년에는 2006년에 개발된 한국아동패널 모형에 기초하여 2008년도에 실시될 1차년도 조사를 위한 예비조사를 실시하였다. 2008년에는 2년간 준비되어 확정된 한국아동패널의 표본설계와 연구방법을 바탕으로 1차년도 조사가 시작되었다. 한국아동패널의 조사는 2008년 4월부터 7월 중에 전국에서 표집된 의료기관에서 출생한 신생아를 대상으로 하여 성인기에 진입하는 시점인 2027년까지 매해 실시될 예정이다. 조사내용은 아동과 이들을 둘러싼 환경을 체계적으로 유목화하여, 아동 특성, 부모 특성, 가족 특성, 학교특성, 육아지원서비스 특성, 지역사회 특성, 육아지원정책 특성에 걸쳐 광범위하게 수집된다. 또한 매해 실시되는 일반조사 외에 조사대상 아동의 약 10%에 해당하는 아동들에게는 중요한 발달과업이 일어나는 민감적 시기에 맞춰 관찰, 면접, 검사 등의 조사방법을 사용하는 심층조사가 세 차례에 걸쳐 이루어질 계획이다. 한국아동패널은 국가 수준의 신생아 패널을 구축함으로써 단일 연령 집단의 횡단적인 자료를 광범위하게 제공할 뿐 아니라, 이들의 발달상의 변화와 주변 환경에서 제공되는 경험을 지속적으로 조사함으로써 우리나라 아동의 발달, 부모양육 및 육아지원기관을 둘러싼 변화와 인과관계를 밝히는 데 도움이 될 것이다. 또한 이렇게 수집한 자료를 대외적으로 공개하고, 학술대회 개최 등을

통해 관련 연구와 논문을 활성화시킴으로써, 향후 한국의 육아정책 발전에 귀중한 초석을 마련할 것으로 기대된다. 데이터는 2008년 1차자료부터 2017년 10차 자료까지 공개된 상태이다.

■ URL : http://panel.kicce.re.kr/kor/index.jsp

6) 고령화패널조사(KLoSA)

■ **패널 소개** : 우리나라는 2000년 65세 이상 인구가 전체 인구의 7%를 넘어서게 됨에 따라 고령화사회로 진입하였고, 앞으로 고령사회, 초고령사회로의 진입이 전 세계적으로 유례없는 속도로 진행될 것으로 예상된다. 그러나 현재 상황에서는 고령화에 대한 기초적 자료가 미흡한 실정으로 체계적인 통계자료 구축이 우선적으로 필요한 실정이다. 고령화연구패널조사는 향후 초고령사회로 변화해 가는 과정에서 효과적인 사회경제정책을 수립하고 시행하는 데에 활용될 기초자료를 생산하는 데 그 목적을 두고 있다. 고령화연구패널조사는 2006년 당시 제주도를 제외한 지역에 거주하는 45세 이상 중고령자 중 일반 가구 거주지를 대상으로 표집 및 조사실시하였으며, 2006년부터 짝수 연도에는 동일한 조사 항목을 중심으로 기본조사를 실시하고, 2007년부터 홀수 연도에는 기본조사에 포함되지 않은 내용을 중심으로 특정 주제를 정하여 조사를 실시하고 있다. 2006년 1차 자료로 시작한 패널데이터는 2018년 7차 조사 완료 후 7차 자료까지 공개된 상태이다.

■ URL : http://survey.keis.or.kr/klosa/klosa01.jsp

7) 청년패널조사(Youth Panel)

■ **패널 소개** : 청년패널조사(Youth Panel)는 고용노동부의 인력수급전망 인프라구축 방안의 과제로 고용보험 연구사업비에서 예산지원을 받고 있으며, 통계청의 공식승

인을 받아 수행되고 있다. 청년실업은 지속된 경기위축뿐만 아니라 경력 중시형 노동시장 변화, 교육–노동시장 간 괴리에 의한 인력수급의 양적·질적 불일치, 이로 인해 발생하는 구조적인 문제, 수요·공급자 간의 노동시장 정보 교류의 미활성화 등 많은 복합적 요인에 의해 발생하고 있다. 청년실업을 해소하기 위해서는 더 이상 개개인의 문제가 아닌 정부 차원의 다양한 정책 시도를 통한 해결이 강구되고 있는 시점이다. 이를 위해서는 교육과정의 현장성 강화, 진로 및 직업지도의 내실화 등 공급측면의 구조적 개선이 급선무이고, 이를 통한 유망한 취업시장의 정보제공 및 인력수급 미스매치 부분을 완화시켜 나가야 한다. 이와 같은 문제를 해결하기 위한 일차적인 수행과제로 청년들의 학교에서 노동시장으로 이행(school to work transition) 및 이동과정에 대한 정보가 필요하며, 이러한 정보를 제공하기 위해 시작된 것이 바로 청년패널조사이다.

청년패널조사(Youth Panel)는 청년층의 학교생활, 사회·경제활동, 가계배경 등을 반영하는 기초 자료를 수집하여 청년실업 해소를 위한 고용정책의 수립 및 관련 연구 발전에 기여할 목적으로 2001년 예비조사를 시작으로 1차 프로젝트(YP2001)는 2006년까지 6차례에 걸쳐 조사가 이루어졌다. 기존 패널의 연령 증가에 따른 저연령대 청년통계를 보완하고, 현 청년노동시장 및 학교생활의 대표통계를 제공하고자 2007년을 기점으로 새롭게 만 15~29세 청년을 표본으로 구성하여 2차 프로젝트(YP2007)를 구축하였으며 2015년 9차 자료까지 조사가 완료된 상태이다. 앞으로, 청년패널자료가 장기간에 걸쳐 구축될 경우 청년층의 학교에서 직업으로 이행과정 및 노동시장 경로(career path)에 대한 광범위한 자료를 획득할 수 있으며, 청년층과 관련된 여러 측면의 현황 파악은 물론 교육·훈련·고용안정을 위한 정책자료와 관련 연구자료로서 활용도가 매우 높을 것으로 기대된다. YP2007은 2020년 현재 1차에서 12차 데이터까지 공개된 상태이다.

- URL : https://survey.keis.or.kr/yp/yp01/yp0101.jsp

8) 재정패널

■ **패널 소개** : 한국조세재정연구원에서는 조세 및 재정정책을 연구하고 분석하는 데 활용할 수 있는 실증자료를 수집하고자 2008년부터 매년 재정패널조사를 실시하고 있다. 재정패널조사는 조세정책과 복지정책이 개별 경제주체인 가계에 미치는 영향을 분석하고, 소득·지출·조세·복지수혜를 포괄하는 자료를 통합함으로써 국민들의 조세부담과 복지수혜의 연계성을 분석하는 데 유용한 자료로 2020년 현재 11차까지 데이터가 공개된 상태이다.

■ URL : https://www.kipf.re.kr/panel/index.do

9) 장애인실태조사

■ **패널 소개** : 장애인실태조사는 장애출현율을 통한 장애인구 규모 제시와 장애인의 인구사회학적 특성, 장애유형별 장애 특성, 보건 및 교육 특성, 경제적 특성, 복지서비스 이용 및 욕구 등에 관한 구체적인 실태를 파악하여 장애인 정책수립을 위한 기초자료를 제공하기 위함으로 3년을 주기로 구축되고 있다. 장애인실태조사는 보건복지데이터 포털 내에 속해 있으며, 마이크로데이터 창에서 데이터 사용 신청 후 사용이 가능하다. 장애인실태조사는 2020년 현재 2017년 조사 데이터가 공개된 상태이다.

■ URL : https://data.kihasa.re.kr/index.jsp

10) 노인실태조사

■ **패널 소개** : 노인실태조사는 한국 노인의 다각적인 생활 현황과 욕구를 파악하고 노인특성의 변화추이를 예측함으로써 현재의 노인정책 및 향후 다가올 고령사회에 적절히 대응할 수 있는 정책개발을 위한 기초자료를 제공하는 것을 목적으로 하

고 있다. 만 65세 이상 노인을 대상으로 1994년부터 3~4년을 주기로 조사되고 있다. 노인실태조사는 보건복지데이터 포털 내에 속해 있으며, 마이크로데이터 창에서 데이터 사용 신청 후 사용이 가능하다. 노인실태조사는 2020년 현재 2017년 조사 데이터가 공개된 상태이다.

■ URL : https://data.kihasa.re.kr/index.jsp

11) 여성가족패널(Korean Longitudinal Survey of Women and Families)

■ **패널 소개** : 여성의 경제활동과 가족생활에 관한 입체적인 분석에 기초한 여성정책의 수립과 평가를 위해서는 여성의 삶에 대한 종단면 자료의 구축이 필수적이다. 패널형태의 종단면 자료의 구축은 여성 개인의 관측되지 않은 이질성을 통제하여 정책도구의 효과를 보다 더 정밀하고 정확하게 추정할 수 있게 할 뿐만 아니라, 여러 종단적 통계분석기법을 응용하여 정책의 효과성을 추정하고 대상집단에 보다 효과적으로 작용할 수 있는 다양한 정책들을 설계하는 데 결정적인 역할을 하기 때문이다. 이에 한국여성정책연구원은 2006년부터 여성가족패널(Korean Longitudinal Survey of Women and Familles) 연구사업을 시작하여 전국 대표성을 갖춘 9,068가구에 거주하는 만 19세 이상 만 64세 이하 여성 9,997명을 패널로 구축하고 2007년 제1차 본조사를 시작으로 2018년 7차년도까지 조사 완료 후 데이터가 공개된 상태이다.

■ URL : http://klowf.kwdi.re.kr/

12) 한국의료패널(Korean Health Panel)

■ **패널 소개** : 한국의료패널은 한국보건사회연구원과 국민건강보험공단이 공동으로 수행하는 조사로 보건의료비용과 의료비 지출 수준의 변화를 파악하여 보건의료정책 및 건강보험정책 수립의 기초자료로 활용되고 있다. 우리나라는 소득수준의 향

상, 만성질환의 증가, 의료의 보장성 강화, 다양한 진료행위 및 의료기술 발전, 고령화, 민간보험의 활성화 등으로 보건의료부문이 급속하게 변화하고 있으며, 의료비 증가는 더욱 가속화될 전망이다. 이에 따라, 보건의료부문의 효율성, 효과성, 형평성이라는 정책목표를 제고할 수 있는 근거를 마련하고 보건재정에 대한 부담을 적정화하기 위해 우선 의료이용과 의료비 지출에 대한 기초 자료 생산이 필요하며, 특히, 비급여 및 일반의약품비 등을 포함한 본인부담 의료비에 관한 기초 자료가 미흡한 실정으로, 신뢰성 있는 통계와 정책적으로 활용가치가 높은 자료에 대한 요구가 증대되고 있다. 이에 한국보건사회연구원과 국민건강보험공단은 컨소시엄을 구성하여 보건의료이용실태와 의료비 지출수준, 건강수준 및 건강행태 등에 관한 기초자료를 생산하기 위하여 전국 규모의 『한국의료패널』조사사업을 공동으로 수행하고 있다. 『한국의료패널』은 2008년에 1차년도 본 조사를 시작으로 현재까지 매년 조사가 진행되고 있으며, 2018년도에 조사된 13차년도 데이터까지 공개된 상태이다.

- URL : https://www.khp.re.kr:444/

3 문헌연구

사회·문화 현상 연구에서는 문헌 연구법, 질문지법, 실험법, 면접법, 참여 관찰법 등 다양한 방법을 활용하여 자료를 수집한다. 그러나 연구목적에 따른 자료수집이 서베이나 면접 등의 실제적인 조사가 아닌 기존의 자료를 사용해야 하는 경우는 문헌연구방법을 통해 연구수행이 가능하다. 문헌연구는 과거 사건을 연구하거나, 연구대상자의 반응으로 인해 조사 결과에 영향을 미치는 경우에 사용될 수 있는 연구방법이다. 즉, 조사하고자 하는 내용이 실려 있는 기존 문헌 정보를 분석하고 검토하는 것이다. 이미 지나가 버린 사건이나 현상을 기억하는 사람조차 없을 경우에는 문헌이나 보관 매체 등에 남겨진 기록을 통해 자료수집을 할 수밖에 없다. 그래서 역사적 연구방법에서는 대개 문헌연구를 기본으로 삼고 있다. 또한 문헌연구는 또한 대상자의 반응성 문제가 예상되는 상황에서 문헌자료에 대한 접근 가능성만 있다면 적절히 쓸 수 있는 자료수집 방법이다.

1) 문헌연구의 개념 및 특징

문헌은 기록으로 된 모든 문서나 서적을 가리키는 것으로, 기존의 연구 기록이나 역사적인 기록을 비롯하여 각종 서적, 통계자료, 법률 자료, 일기와 같은 사적인 기록, 신문이나 잡지와 같은 언론 자료 등 매우 광범위하다. 자료의 형태도 글로 된 기록물뿐만 아니라 사진, 그림, 영상 등 다양하다. 오늘날에는 문헌자료의 상당 부분이 인터넷에 문서화되어 있어 쉽게 검색되기 때문에 자료수집이 더욱 용이해졌다.

문헌연구는 사회·문화 현상을 연구하기 위한 자료수집 방법의 하나로, 기존에 존재하고 있는 사회·문화 현상을 연구한 결과물, 일상에 대한 기록, 통계 자료 등의 문헌자료를 통해 필요한 정보를 수집하는 방법이다. 문헌연구는 문제 형성 및 연구설계의 전체적인 과정에서 가장 중요한 작업으로 보통은 연구 초기에 충실한 시간과 노력을 들여 문헌연구를 시행하게 되나, 연구의 전체적인 과정에 걸쳐 지속되는 작업으로 볼 수 있다. 문헌연구는 경험적인 자료를 수집하여 통계적으로 분석하는 양적연구방법이나 연구자의 직관적인 통찰로 현상의 의미를 해석하는 질적연구방법에서 모두 활용 가능하다. 또한 연구자가 1차 자료를 수집하기 어려운 경우 문헌연구법을 통한 2차 자료를 수집하여 활용하기도 한다. 문헌연구는 연구 과정에 있어서 기존의 연구 동향을 파악하면서 주제를 설정하거나, 양적 연구 방법에서 가설을 설정할 때 참고 자료로 사용할 수 있다. 또한 문헌의 내용 자체를 분석할 때도 쓰인다. 문헌연구는 비개입적 연구를 가능하게 하는데, 비개입적 연구는 연구자가 연구하고자 하는 사회·문화 현상에 영향을 끼치지 않는 상태에서 진행되는 연구를 의미한다. 문헌연구는 또한 사회·문화 현상을 직접 관찰하거나 실험하는 것이 아니라 기존의 자료를 비교하고 분석하는 것이므로 사회현상에 전혀 영향을 끼치지 않을 수 있다.

2) 문헌연구의 방법

문헌연구는 이미 누군가가 자신의 연구문제에 대한 적절한 답을 구해 놓았는지, 이런 계통의 연구에서 다른 연구자가 이미 접하였던 개념적 또는 실천적 장애는 무엇이 있었는지, 그리고 특정 문제 영역에서 이미 이루어진 연구를 바탕으로 어떤 계통의 연구가 가장 잘 세워질 수 있는지 알 수 있는 방안으로서 의의를 가진다. 이러한 내용을 파악하기 위한 문헌연구의 방법을 정리하면 다음과 같다.

- 국내외 학술지와 각 대학에서 출간한 학위논문, 학술논문을 대상으로 구축된 데이터베이스를 통해 문헌을 찾는다. 찾고자 하는 연구자료가 있는 사이트나 검색엔진을 통해 연구자의 관심 키워드를 선정하여 자료를 탐색한다. 키워드를 통한 탐색 시에는 노인의 삶의 질이라는 주제로 연구를 찾고자 한다면, 삶의 질이라는 키워드뿐 아니라 삶의 만족도의 유사 키워드까지 고려하며 자료를 찾도록 한다.
- 연구자가 조사하고자 하는 주제와 구체적으로 밀접한 관련이 있는 문헌 중심으로 찾아보고 선택한다. 단, 사회복지에 관련된 자료로만 한정해서는 안 된다. 많은 연구는 학제 간을 초월하여 사회복지를 다루는 연구가 실려 있기 때문이다. 자료 수집은 주제와 밀접한 관련이 있는 연구를 중심으로 찾아야 하나 탐색은 넓은 시야를 가지고 수행해야 한다.
- 기존 문헌과 자신의 연구 사이의 논리적 연계성을 제시한다.
- 기존 문헌과 자신의 연구 사이의 차이점이나 논란이 되는 점을 찾아본다.
- 가능하면 가장 최근의 문헌을 활용하고 인용하며, 문헌연구를 통해 정리한 부분은 과거형으로 서술한다.

3) 문헌연구의 장·단점

문헌을 통한 자료수집은 서베이나 관찰을 통한 자료수집 방법과 비교해서 뚜렷한 특색이 있다. 과거 시점에서 다른 목적으로 기록된 것을 현재시점에서 연구목적의 자료로 활용한다는 것이다. 문헌연구의 장점은 질문지법, 면접법, 참여관찰법, 실험법 등의 다른 자료수집 방법에 비해 자료를 수집하는 데 소요되는 시간과 비용을 절약할 수 있고, 상대적으로 정보 수집이 쉽다는 점이다. 또한 기존의 연구 성과를 폭넓게 파악할 수 있다.

반면, 참고하는 문헌의 정확성이 확보되어 있지 않으면 연구자의 연구 결과 또한 신뢰하기 어렵기 때문에 문헌자료의 신뢰성을 확보하는 것이 무엇보다도 중요하다. 또한 문헌자료를 해석하는 과정에서 연구자의 주관적인 가치나 편견이 개입될 우려가 있고, 기존에 기록된 문헌만을 대상으로 하기 때문에 기록되지 않은 부분에 대해서는 연구하기 어려우며, 연구자의 연구 내용에 딱 맞는 문헌자료를 찾기 힘든 경우도 있다는 것이 단점으로 꼽힌다. 이러한 문헌연구의 장단점에 관해 보다 상세히 살펴보면 다음과 같다.

(1) 장점

① **접근성 제고** : 직접 경험이 불가능한 연구 주제의 자료 수집에 효과적이다. 예를 들어 역사적 인물이나 사건에 대한 자료는 직접 경험해보는 것이 불가능하다. 이는 기존 문헌을 통해서만 접근이 가능하다.

② **비반응성** : 순수한 일기나 유서 등을 제외하고는 누군가에게 보여줄 것을 전제로 기록된 것은 반응성의 문제에서 완전히 자유롭지 못하다. 문헌연구는 이러한 반응성에 관한 문제는 없는 자료이다.

③ **종단분석 가능** : 종단분석이란 시간적 요소를 도입하여 대상 현상을 분석하는 것을 말한다. 문헌연구자료는 종단분석을 수월하게 한다. 역사적 기록물 자료의 연구는 대개 종단분석을 필요로 한다. 오랜 기간 동안 변천되는 과정 등을 연구하는 종단분석에서는 문헌이 대해 유일한 자료원이 된다.

④ **표본 크기의 자유** : 문헌 연구는 자료의 크기에 크게 구애받지 않는다. 해당 문헌의 자료가 존재하고 접근성이 주어지기만 하면, 표본의 크기를 늘리는 것에 따르는 비용은 다른 자료수집 방법에 비해 크지 않다.

⑤ **자발성** : 면접조사와 같은 서베이 방법에서는 과거의 기억을 현재에 인위적으로 설정한 상황에 맞추어 끄집어내려 하므로, 부자연스런 자료가 도출되기 쉽다. 당시에 작성되었던 편지나 일기, 녹화 자료 등을 통해 본다면, 보다 자연스럽고 자발적인 상태에서 당시 상황에 대한 묘사를 얻어낼 수가 있다.

⑥ **진솔성** : 문헌에는 일기나 유서, 자기메모 등과 같이 고백 형태의 자료도 찾아볼 수 있다. 사람은 현재보다는 미래에 노출되는 것에 대해 더 관용적이기 쉽다. 이로 인해 다른 자료수집 방법으로는 도출하기 힘든 솔직한 자료를 얻어낼 수도 있다.

⑦ **비교적 저렴한 비용** : 직접적으로 자료를 수집하는 방법에 비해서 대체로 적은 비용이 든다. 그러나 특정 문헌 자료의 경우에는 문헌에 대한 접근 자체에 많은 비용이 들수도 있다.

⑧ **높은 질의 자료** : 기인쇄된 문헌자료는 대체로 높은 질을 담보할 수 있다. 출판된다는 것은 그만큼 신뢰로운 장치를 거쳤다는 것을 의미하기 때문이다. 예를 들어 엄격한 원칙에 의해 쓰여진 신문기사는 함축적인 고급 정보의 자료원이 될 수 있다.

(2) 단점

① **가용성의 제한** : 어떤 문헌자료는 없어졌거나 아예 기록되지 않았거나, 혹은 접근에 제한이 있는 경우가 많아 자료에 따라 가용성의 문제가 있을 수 있다.

② **편견의 문제** : 기존 문헌은 현재의 조사연구 목적과 무관하게 작성되었으며, 문헌 작성자의 당시 관점과 의도에 의거해 있다. 따라서 연구자가 이러한 자료에서 편견을 배제해 가며 객관적인 자료해석을 시도하는 결코 쉽지 않은 일이다.

③ **선별적 생존** : 역사적 자료가 선택적으로 살아남음으로 인해 나타나는 문제다. 예를 들어, 1500년 전 신라의 역사를 알기 위해서 현존하는 자료를 이용할 경우, 대부분 남아 있는 유물 자료는 왕족이나 귀족의 문화와 관련된 것이기 쉽다. 이에 따라 현재 남겨진 자료만을 가지고 '신라인'의 모습을 온전히 보기는 어렵다. 그것은 매우 선택적인 자료를 통해 그 시대를 일반화하는 위험성을 내포하는 선별의 편향성 문제를 가지게 된다.

④ **불완전성** : 대부분의 기록은 불명확한 지침에 의거해 작성되어 남겨지는 것이 보통이다. 예를 들어 일기나 서신의 경우는 그것을 보게 될 특정 사람을 염두해 두고 작성되므로 내용에서 생략되거나 그 관계가 아니면 알지 못하는 내용이 담겨져 있기도 하다. 이러한 이유로 이해하기 힘든 불완전한 자료가 될 가능성도 있다.

⑤ **표준화된 양식의 부재** : 다양한 문헌자료가 활용될 때, 각각의 문헌 형식들이 일치하지 않을 수 있다. 예를 들어, 몇 개 기관의 업무 일지를 통해 자료를 얻으려 할 때, 일지의 내용이나 기록방식이 서로 달라 이들로부터 합성자료를 만들기가 어려운 때가 많다.

4 메타분석

어떤 특정한 하나의 연구에서 얻어진 결과를 실무적 지침으로 삼는 것에 대해서는 주의를 기울일 필요가 있다. 예를 들어 표본의 크기가 매우 작은 어떤 한 연구에서 중간 정도의 효과성을 갖는 개입이 주어질 때, 그 개입의 효과는 통계적으로 유의하지 않을 수 있다. 다른 한편으로 표본의 크기가 큰 다른 연구에서는 효과성의 정도는 작으나 그 효과가 통계적으로 유의하다고 나올 수도 있다. 이처럼 여러 연구들을 비교하여 보았을 때, 동일한 주제나 연구질문에 대한 연구들 간에도 서로 연구결과가 상이할 수 있다. 따라서 정말 그 개입의 효과가 있는지를 정확하게 판단하기 위해서는 각기 다른 연구결과들을 모두 고려하는 가운데에 그 개입의 효과에 대한 일반적인 결론을 이끌어 낼 수 있을 것이다. 이와 같이 어떤 특정 분야에서 이미 발표된 기존 연구들에서 나타난 효과크기의 값을 이용해 평균을 구하는 방식으로 개입의 효과성을 정확하게 증명해 내기 위한 방법을 메타분석이라고 하며 1970년대 후반부터 시작되었다. 본 교재에서는 메타분석에 대한 개괄적인 이해 정도만 다루고자 하니 더 자세한 내용은 메타분석만을 다루는 별도의 교재를 참고 바란다.

1) 메타분석의 개념

메타분석이란 동일하거나 유사한 주제로 연구된 많은 연구물들의 결과를 객관적으로, 그리고 계량적으로 종합하여 고찰하는 연구방법을 말한다. 즉 메타분석은 문헌연구가 갖는 제한적인 여러 가지 한계를 넘어서 개별 연구결과들을 통계적으로 통합 또는 비교하여 포괄적이고 거시적인 연구 결론을 이끌어 낼 수 있는 연구방법이다. 동일한 또는 유사한 연구 질문에 대한 결과도출이 예전보다 더 복잡해지고 있고, 서로 관련된 연구물들이 증가함으로써, 연구물들이 서로 일치된 결과를, 때로는 서로 전혀 상반된 연구결과를 내는 경우도 볼 수 있다. 메타분석은 표본의 크기 차이를 포함하여 다양한 연구설계의 조건들, 그리고 표본이 추출된 모집단들의 여러 가지 특징들이 연구마다 다른 경우 등과 같이 서로 다른 특징과 조건들을 가진 연구결과들 속에서 타당성 있는 일반화된 결론을 이끌어내는 것이다. 따라서 메타분석은 분석들의 분석(anlysis of analysis)으로 개별 연구의 결과를 통합할 목적으로 통계적 방법을 사용하여 분석을 하게 된다.

2) 메타분석의 특징

메타분석은 관심분야의 현상을 이해하기 위해 관련 분야에서 발표되었던 개별연구를 모아서 분석하는 것으로 분석에 대한 분석, 연구에 대한 연구라고 한다. 메타분석은 동일 주제에 대해 다른 연구대상자, 다른 연구방법, 다른 측정도구 등을 사용하여 분석한 각각의 연구결과를 통합하여 분석하게 되는 것을 의미한다. 그러므로 메타분석은 동일한 연구문제를 비슷한 방법으로 반복 연구함으로써 나타나는 연구의 비효율성 문제를 해소함과 동시에 다른 연구 이슈로의 연구 확산을 통하여 연구결과를 일반화할 수 있고, 연구영역을 넓히며 심화시킬 수 있다는 중요성을 갖는다.

Glass(1981)와 황정규(1988)가 제시한 메타분석의 특징을 정리하면 다음의 세 가지와 같다. 첫째, 메타분석은 수량적인 특성을 지닌다. 즉 다른 방법으로는 거의 파악하기 불가능한 다양한 연구 자료의 정보를 조직한 후, 효과크기를 계산하기 위해 계량적 통계적 방법을 사용한다. 둘째, 메타분석은 연구의 질에 의해서 연구 결과를 미리 판단하지 않는다. 즉, 효과크기를 계산하기 위해 어떤 종류의 연구결과가 기대하는 결과와 차이가 있다는 이유로 분석대상에서 제외시키지 않는다. 그 이유는 메타분석에서는 여러 가지 방법론적 약점을 지닌 연구조차도 연구의 변인으로 포함시키고 이것이 연구의 결과와 어떤 관련이 있는지를 경험적 질문의 하나로 다룰 수 있기 때문이다. 셋째, 메타분석은 여러 연구들의 종합적 분석을 통해 일반적 결론을 도출해 내려고 하는 것이다. 즉, 각각의 단편적인 연구들 사이에 존재하는 작은 차이는 무시되어도 무방하다는 전제하에서 일반화하는 것이다.

3) 메타분석의 절차 및 방법

메타분석은 기존 연구에서 도출된 결과를 체계적으로 분석하는 계량적 분석 방법으로써 일반적으로 체계적 연구결과분석의 한 부분으로 수행된다. 메타분석을 위해서는 통계적인 분석 이전에 거쳐야 할 여러 단계들이 있는데 Jackson(1980)은 통합연구를 위해 거쳐야 할 여섯 가지 단계로 나누었다. 첫 번째 단계는 연구를 위한 질문이나 가설을 설정하는 단계이고, 두 번째 단계는 통합연구를 위한 연구논문을 표집하거나 선정하는 단계이며, 세 번째 단계는 연구의 자료들을 코딩하거나 연구의 특성들을 밝혀내는 일이며, 네 번째 단계는 연구 결과들을 통계적으로 분석하여 통합하는 단계이고, 다섯 번째 단계는 통계 분석된 자료들을 해석하는 단계이고, 마지막 단계는 메타분석을 통해 얻어낸 결과를 작성하는 일이다. 이 같은 절차는 일반적으로 행해지는 수량적 연구절차와 다를 바가 없으나 근본적인 차이점은 분석대상이 한 편의 연구 결과가 되는 것이다. 메타분석은 각 개별 연구 결과를 수량화하고 표준화하기 위해 효과크기를 사용하는데, 이때 효과크기를 산출하는 방법은 여러 가지가 있다. 효과크기는 실험집단과 통제집단 간 차이를 측정하는데 사용되는 데 Cohen(1977)에 따르면, 효과크기 추정치 크기에 대해 .80 이상은 높은 효과크기, .50은 보통의 효과크기, .20 이하는 작은 효과크기로 여겨진다.

4) 메타분석의 장단점

메타분석의 장점은 각 연구들에서 제시한 결과값을 이용해 효과크기를 통계적으로 계산함으로써 다양한 개입효과에 대한 상대적 경중을 비교하는 데에 유용한 지침을 제공해준다. 또한 다양한 연구들 사이에 존재하는 관계들을 발견할 수 있도록 해준다. 예를 들어 효과크기의 통계값의 평균을 구하는 것뿐 아니라 그렇게 구한 평균이 여러 가지 임상적 혹은 방법론적 요인들에 따라서 어떻게 변하는가를 관찰할 수 있는 장점을 제공한다.

반면, 중대한 단점으로는 다양한 연구를 종합하는 과정에서 방법론적으로 매우 뛰어난 연구와 심각한 방법론적인 제한점을 가진 연구를 동일하게 취급한다는 사실이다. 이를 통해 잘못된 결론을 이끌어 낼 수 있는 위험을 내포하고 있다.

실습

각 패널사이트를 방문하여 데이터와 코딩북, 설문지 등을 다운받고 패널에 적합한 연구주제 및 간략한 조사설계를 수행하시오.

- 사용 패널 :
- 가상의 연구주제 :
- 주요 변인 및 조사설계 :

• 정리하기 •

- 2차 자료란, 연구자가 직접 자료를 수집하거나 작성한 1차 자료를 제외한 모든 자료를 말한다.
- 2차 자료의 장점은 수집이 쉽고, 비용이 저렴하며, 시계열 자료 등 계속적인 수집이 가능하여 장기간에 걸친 사회문제의 변화에 대한 분석과 비교조사가 가능하다.
- 2차 자료의 단점은 이미 수집된 자료이므로 현재 수행하고자 하는 조사와의 적합성이 떨어질 수 있어 현재의 연구문제에 대한 답을 적절하게 제시할 수 없는 한계가 있을 수 있다. 또한 최근의 자료를 구할 수 없는 경우가 종종 있다.
- 우리나라의 활용 가능한 2차 자료는 각 사이트별로 방문하여 사용법을 숙지하여 활용하도록 한다.
  - 한국복지패널 : 복지 분야를 포괄적으로 다루고 있고 안정적인 형태로 운영되는 패널이다. 계층의 규모 및 생활실태 변화를 동태적으로 파악하기 위한 패널로, 저소득층의 정보를 많이 포함하고 있다.
  - 한국아동청소년패널 : 아동 · 청소년 성장과 발달의 다양한 양상을 종합적으로 파악하는 것을 목적으로 하고 있는 패널이다.
  - 다문화청소년패널 : 다문화가정 증가에 따라 생성된 패널로, 다문화청소년의 발달을 종단적으로 추적하고 비(非)다문화 청소년과의 비교를 통해 다문화청소년에 대한 보다 객관적인 특성을 파악하고자 부모를 대상으로 구축한 패널이다.
  - 학업중단청소년패널 : 개인 · 가족 · 학교 등의 이유로 학업을 중단하는 청소년 수의 증가에 따라 학업중단 현황에 대한 실태파악뿐만 아니라 그들이 어떠한 경로를 밟고 나아가는지에 대한 보다 심층적인 분석을 위해 학업중단 청소년을 대상으로 구축한 패널이다.
  - 한국아동패널 : 우리나라 영유아의 건강한 성장과 발달에 적합한 육아환경을 모색하기 위한 패널자료이다.
  - 고령화패널조사 : 초고령사회로 변화해 가는 과정에서 노인복지를 위해 효과적인 사회경제 정책을 수립하고 시행하는 데에 활용될 기초자료를 생산하고자 만들어진 패널이다.
  - 청년패널조사 : 청년층의 학교생활, 사회 · 경제활동, 가계배경 등을 반영하는 기초 자료를 수집하여 청년실업 해소를 위한 고용정책의 수립 및 관련 연구 발전을 위해 만들어진 패널이다.
  - 재정패널 : 조세 및 재정정책을 연구하고 분석하는 데 활용할 수 있는 실증자료를 수집하고자 만들어진 패널이다.
  - 장애인실태조사 : 장애인에 대한 인구사회학적 특성, 장애 특성, 보건 및 교육 특성, 경제적

특성, 복지서비스 이용 및 욕구 등에 관한 구체적인 실태를 파악하여 장애인 정책수립을 위한 기초자료를 제공하고자 만들어진 패널이다.

- 노인실태조사 : 한국 노인의 생활 현황과 욕구, 노인 특성의 변화 추이를 살펴보고, 노인정책 개발을 위한 기초자료를 제공하고자 만들어진 패널이다.
- 여성가족패널 : 여성의 경제활동과 가족생활에 관한 입체적인 분석에 기초한 여성정책의 수립과 평가를 위해 만들어진 패널이다.
- 한국의료패널 : 보건의료비용과 의료비 지출 수준의 변화를 파악하여 보건의료정책 및 건강보험정책 수립의 기초자료로 활용하기 위한 패널이다.

• 문헌연구는 사회·문화 현상을 연구하기 위한 자료 수집 방법의 하나로, 기존에 존재하고 있는 사회·문화 현상을 연구한 결과물, 일상에 대한 기록, 통계 자료 등의 문헌자료를 통해 필요한 정보를 수집하는 방법이다.

• 메타분석은 동일하거나 유사한 주제로 연구된 많은 연구물들의 결과를 객관적으로, 그리고 계량적으로 종합하여 고찰하는 연구방법을 말한다.

Research Methods for Social Welfare

Part 03

조사의 실제

Chapter 10 욕구조사

Chapter 11 프로그램 평가

Chapter 10

욕구조사

학습 목표

- 욕구조사의 필요성을 이해한다.
- 욕구조사의 전반적 흐름을 제시할 수 있다.
- 욕구조사의 구체적인 방법들을 설명할 수 있다.
- 욕구조사를 계획하여 진행할 수 있다.

사회복지사로서 클라이언트의 욕구를 잘 파악하는 것만큼 중요한 일도 없다. 클라이언트의 욕구를 충분하게 듣고, 적절하게 판단하여 필요한 사회복지 프로그램을 만드는 것이 사회복지를 과학적으로 접근하는 가장 중요한 방법이라 할 수 있다.

실제로 기초 및 광역 지방자치단체에서 4년마다 지역사회보장계획을 수립하기 위하여 가장 기본적으로 실시하는 것이 지역사회욕구조사이다. 조사된 욕구를 바탕으로 지역주민이 원하는 구체적인 지역사회복지서비스를 구성해나가는 것이 지역사회보장계획체계라고 할 수 있다. 또한, 사회복지서비스를 제공하는 실무기관에서도 대상자의 욕구를 파악하여 그에 맞는 서비스를 계획하고, 지속적으로 발전시켜 나가는 것이 매우 중요한 역할인 것이다. 이러한 의미에서 욕구조사를 충분히 이해하고, 구체적으로 실행할 수 있는 방법을 익히는 것은 사회복지사로서의 중요한 역량이라 할 수 있다.

사례 10-1

OO노인복지관에서는 그동안 프로그램 강사의 상황과 기관 직원들이 판단한 만족도 높은 프로그램을 위주로 다음 해 프로그램을 구성하였으나, 이번에는 어르신들에게 어떻게 프로그램을 구성하면 좋을지 물어보기로 하였다. 어르신들의 욕구를 반영한 프로그램을 만드는 것은 좋은 의도이지만, 담당자는 어디서부터 어떻게 해야 할지가 막막한 상황이다.

사례 10-2

OO구 지역사회복지협의체는 지역사회보장계획을 세우기 위해 지역주민들의 사회복지 관련 욕구를 조사하고자 한다. 지역사회주민의 실제 의견을 반영하고 다양한 타 지역의 사회복지서비스를 참고하여 OO구의 사회보장서비스를 한 단계 더 발전시키고자 한다. 어떠한 방법으로 욕구를 파악하는 것이 좋을지에 대해 생각해보자.

본 장은 학습자들이 사회복지대상자의 욕구 파악을 위한 과학적 접근을 이해하고, 사회복지사로서 욕구조사를 진행할 수 있는 능력을 갖출 수 있도록 제시되었다. 구체적으로 사회복지현장에서 실제 쓰이고 있는 욕구조사는 어떤 것이 있으며, 어떠한 기술을 습득해야 하는지 살펴보도록 하겠다.

1 욕구조사

욕구란 현재 상황이 기준에 미치지 못하여 무언가를 필요로 하거나, 무엇이 결여되어 불편한 환경에 처해 있는 상태라 할 수 있다(황성철, 2010). 사회복지의 대상자는 이러한 욕구를 가진 사람이다. 필요한 것이 있거나, 무엇인가 결여되어 불편을 겪고 있는 대상자에게 사회복지는 필요한 서비스를 제공해주어야 한다.

대상자에게 적절한 서비스를 제공하기 위해서는 정확한 욕구조사(needs assessment)

가 필요하다. 대상자가 무엇이 부족하다고 느끼는지, 무엇이 필요하다고 느끼는지 정확히 파악되어야 필요한 서비스를 창출할 수 있는 것이다. 모든 사회복지서비스는 욕구조사가 기반이 되어 서비스 계획이 제시되어야 한다. 이러한 의미에서 욕구조사의 필요성은 다음과 같이 제시할 수 있다.

욕구조사의 필요성

- 지역사회 내에 현재 필요한 서비스가 존재하는지 파악하기 위해
- 새로운 서비스나 프로그램을 창출할 필요가 있을 정도로 클라이언트가 존재하는지 알기 위해
- 기존의 서비스가 잘 알려져 있는지 또는 클라이언트가 그것을 이용하고 있는지 알기 위해
- 기존의 서비스를 이용하는 데 장애요인은 없는지 파악하기 위해
- 지속적인 사회문제나 이를 악화시키는 요인은 없는지를 알기 위해
- 프로그램이 구체적인 표적집단에 적합하도록 만드는 데 필요한 정보를 얻기 위해

출처: 황성동(2015).

2 욕구의 유형

욕구를 잘 파악하기 위해서 욕구를 유형화하여 이해해보도록 하겠다. 욕구가 발생하는 맥락을 유형화해서 살펴보게 되면 다양한 측면에서 욕구를 바라보게 되므로 조금 더 적절하게 욕구를 충족시킬 방안을 마련할 수 있다.

욕구의 유형화에 대한 연구는 대표적으로 Maslow와 Bradshaw의 욕구유형을 생각해볼 수 있다. 단, Maslow의 욕구유형은 그동안 많은 교재에서 제시되기도 하였

고, 욕구의 위계보다 욕구가 발생하는 맥락을 설명하는 데는 Bradshaw의 욕구유형이 더 적합하다고 판단하여 Bradshaw(1977)의 욕구유형을 이해해보도록 하겠다.

Bradshaw는 인간이 가지고 있는 욕구가 사회적 차원에서 발생 가능하다는 관점으로 네 가지의 욕구유형을 제시하였다.[1]

첫째, 규범적 욕구는 전문가에 의해서 필요하다고 인정된 욕구를 말하며, 전문가의 전문성이나 지식 및 경험에 의해 영향을 받는다.

둘째, 인지적 욕구는 개개인이 구체적으로 인식한 욕구를 말하며, 대상자가 직접 인식하고 있는 욕구를 설문, 인터뷰 등의 방법으로 조사하게 된다.

셋째, 표현적 욕구는 대상자가 필요하다고 표현한 욕구이다. 인지적 욕구는 조사해봐야 알 수 있는 욕구이고, 표현적 욕구는 드러난 현상을 보고 알 수 있다. 예를 들어 프로그램에 참여 희망자가 얼마나 있는지를 파악하면 프로그램이 필요함을 표현한 것이라 할 수 있으며, 촛불집회와 같이 나타난 현상을 파악하는 것도 표현적 욕구를 파악하는 방법이다.

넷째, 비교적 욕구는 유사한 사람이나 다른 지역과 비교할 때 파악할 수 있는 욕구이다. 지역주민의 욕구를 조사할 때 인지된 욕구가 없다고 하더라도 다른 지역의 서비스를 살펴보면 필요한 욕구가 생길 수 있는 것이다.

이러한 욕구유형을 전반적으로 파악하기 위해서는 욕구조사가 다양하게 이루어져야 하고, 욕구조사가 다양하게 이루어졌을 때 대상자의 욕구를 적절하게 파악할 수 있다. 욕구유형에 따라서 다양한 욕구조사의 방법이 제시될 수 있는데 규범적 욕구를 파악하기 위하여 전문가 인터뷰, 선행연구 조사 등이 필요하며, 인지적 욕구를 파악하기 위해서는 지역사회 설문조사가 진행되어야 한다. 또한, 표현적 욕구를 파악하기 위해서는 포커스 그룹 인터뷰나 공청회 등이 포함될 수 있고, 비교적 욕구를 파악하

1) NCS학습모듈 - 사회복지/사회복지서비스/사회복지프로그램운영/사회복지 프로그램 욕구조사

기 위해서는 다양한 타 지역 보고서와 선행연구의 검토가 필요하다.

욕구유형		조사방법
규범적 욕구	➡	전문가 인터뷰, 선행연구 조사
인지적 욕구	➡	지역사회 설문조사
표현적 욕구	➡	FGI, 공청회 등
비교적 욕구	➡	다양한 보고서와 선행연구 검토

욕구의 유형을 전반적으로 검토하기 위해 지역사회 욕구조사는 다양한 조사방법들을 통합적으로 사용하여 진행되어야 하고, 조사결과를 해석함에 있어서도 다양한 시각을 반영하여 욕구를 고찰할 필요가 있다.

3 욕구조사의 목적과 과정

욕구조사는 서비스 제공자가 정책과 제도 및 프로그램을 잘 만들도록 의사결정을 돕는 것이 목적이다. 서비스 제공자는 욕구조사를 통하여 지역주민들이 가진 다양한 욕구와 부족한 자원을 적절하게 파악하고 지역주민들을 위해 어떻게 자원을 배정하고 개발할 것인가에 대한 계획을 세우는 기본자료로 사용하게 된다.

욕구조사는 일반적으로 지역주민에게 어떠한 서비스가 필요한지를 살펴보는 과정이다. 구체적으로 살펴보면 표적집단을 위하여 하위욕구를 정확히 파악하는 것이 필요하고, 서비스의 우선순위를 정하는 것도 중요하다. 구체적으로 욕구조사의 목적을 제시하면 다음과 같다.

표 10-1 욕구조사의 목적과 내용[2)]

목적	내용
자료수집	지역사회나 기관 이용자의 문제, 욕구를 파악하고 그것과 관련된 기초 자료를 수집함
홍보 및 교육	지역사회 문제나 잠재된 욕구들을 지역주민들이 인식하지 못할 때, 지역 차원의 욕구조사를 진행하면서 그것들을 알게 하고, 관련 프로그램 추진의 필요성을 부각시킴
재원 신청 및 배분	재원을 필요로 하는 곳에서는 재원을 신청하는 구체적 근거로, 재원을 제공하는 측에서는 합리적 재원 배분의 근거로 활용함
프로그램 개발과 평가	지역사회 또는 기관의 프로그램 개발과 평가의 목적으로 욕구조사를 실행함

욕구조사의 전반 과정은 다음과 같다. 욕구조사를 위한 기본적인 정보 수집으로 시작하여 동료들과 역할을 분담하고, 전문가의 자문을 토대로 욕구조사 계획을 수립하게 된다. 욕구조사 계획수립에는 욕구 유형에 따른 조사내용을 규정하고, 조사방법을 결정한다. 구체적으로 욕구조사 실행단계에 들어가면, 조사원 모집과 교육 및 사전조사를 실시하고 문제점을 보완한 후 본조사에 들어가게 된다. 이후 자료분석과 결과보고서 작성으로 욕구조사를 완성하며 조사전반에 대한 평가를 통하여 욕구조사를 보완한다.

2) NCS학습모듈 - 사회복지/사회복지서비스/사회복지프로그램운영/사회복지 프로그램 욕구조사

표 10-2 욕구조사 전반과정[3]

<table>
<tr><th colspan="2">욕구조사 과정</th><th colspan="2">세부내용</th></tr>
<tr><td colspan="2">자료 및 정보 수집</td><td colspan="2">• 자료 및 정보 수집으로 아래 내용 점검
- 욕구조사 전반 과정과 수행기간
- 지역사회 현안 문제 및 욕구 재점검
- 조사 목적 및 조사 내용 구체화
- 조사 내용 프로그램 반영 방안</td></tr>
<tr><td colspan="2">기관 내 역할 분담</td><td colspan="2">• 욕구조사 계획 수립을 위한 기관 내 역할 점검과 분담</td></tr>
<tr><td colspan="2">전문가 섭외 및 자문</td><td colspan="2">• 욕구조사 계획 수립과 진행 전반에 걸친 전문가 섭외 및 자문</td></tr>
<tr><td rowspan="4">계획</td><td rowspan="3">욕구유형 및
조사내용 규정</td><td>광의의
욕구사정</td><td>• 문제해결을 위한 욕구 : 복지관 인지도, 자원개발 등</td></tr>
<tr><td>협의의
욕구사정</td><td>• 원조를 위한 욕구 : 심각한 문제로 인한 복지관의 원조가 필요한 영역과 내용 구성</td></tr>
<tr><td>프로그램별
욕구사정</td><td>• 문제해결과정 참여 욕구 : 욕구 해결 참여 가능성, 자립 정도의 의지 파악</td></tr>
<tr><td>조사방법
검토와 선정</td><td colspan="2">• 설문조사, 주요정보 제공자 조사, 사회지표 조사, 2차적 자료분석, 지역사회 공개 토론회, 심층면접 등</td></tr>
<tr><td rowspan="5">실시</td><td>조사원 모집
및 교육</td><td colspan="2">• 욕구조사를 위한 조사원 모집, 관리와 교육</td></tr>
<tr><td>사전조사</td><td colspan="2">• 설문지 수정 보완을 위한 사전조사 실시</td></tr>
<tr><td>본조사</td><td colspan="2">• 본조사 진행</td></tr>
<tr><td>자료분석</td><td colspan="2">• 수집한 자료에 대한 통계적 결과분석</td></tr>
<tr><td>결과보고서 작성</td><td colspan="2">• 자료분석 결과에 대한 해석과 요약, 제언 등 포함</td></tr>
<tr><td>평가</td><td>총괄평가와
프로그램 반영</td><td colspan="2">• 평가와 자문, 회의를 통한 프로그램 개발과 반영</td></tr>
</table>

3) NCS학습모듈 – 사회복지/사회복지서비스/사회복지프로그램운영/사회복지 프로그램 욕구조사

4 욕구조사의 방법

실제 욕구조사를 진행하기 위해서는 구체적인 방법을 익혀야 한다. 욕구조사의 방법은 크게 기존 연구에서 추정, 서비스 관련 통계 활용, 자원목록 활용, 사회조사, 공청회 등이 있다. 우선, 기존 연구에서 추정은 기존의 조사된 실태조사 자료를 바탕으로 표적 지역의 현황을 추정하는 것이다. 둘째, 서비스 관련 통계 활용은 기관의 이용현황 및 실적 등을 중심으로 서비스의 욕구를 파악하는 것이다. 셋째, 자원 목록 활용은 기존 프로그램, 연계기관 등을 파악하여 중첩되거나 부족한 서비스가 무엇인지 파악하는 방법이다. 넷째, 지역사회 설문조사 수행은 지역주민, 기관 이용자를 대상으로 설문지, 간담회 등의 방법으로 욕구를 파악하는 방법이다. 다섯째, 공청회는 지역사회 주민들과 함께 공개토론, 모임 등을 개최하여 의견을 수렴하는 방법이다.

표 10-3 욕구조사 방법[4]

욕구조사 방법		사례
방법	내용	
기존 연구에서 추정	전국 또는 지역의 기존 연구에서 특정한 문제와 대상에 대한 내용을 토대로 추정함	전국단위 실태조사, 지역단위 실태조사
서비스 관련 통계 활용	기관의 서비스 이용 현황, 실적 등을 중심으로 측정(서비스 이용자 수, 실시한 서비스 수, 비용 등)함	기관 업무 일지, 프로그램 실적 보고서 등
자원 목록 활용	기존에 실시되었던 프로그램 또는 서비스를 총망라하여 경험적으로 평가함	기관의 프로그램 관련 자료 및 홍보물 등
지역사회 설문조사	지역사회 주민, 기관 이용자들을 대상으로 도구(설문지, 간담회 등)를 사용하여 측정함	지역사회 주민, 기관 이용자 대상 욕구조사 보고서
공청회	지역사회 주민, 기관 이용자를 대상으로 공개토론, 모임 등을 개최함	공청회, 주민 모임 등

4) NCS학습모듈 - 사회복지/사회복지서비스/사회복지프로그램운영/사회복지 프로그램 욕구조사

표 10-4 시, 군, 구 지역사회보장계획 수립절차

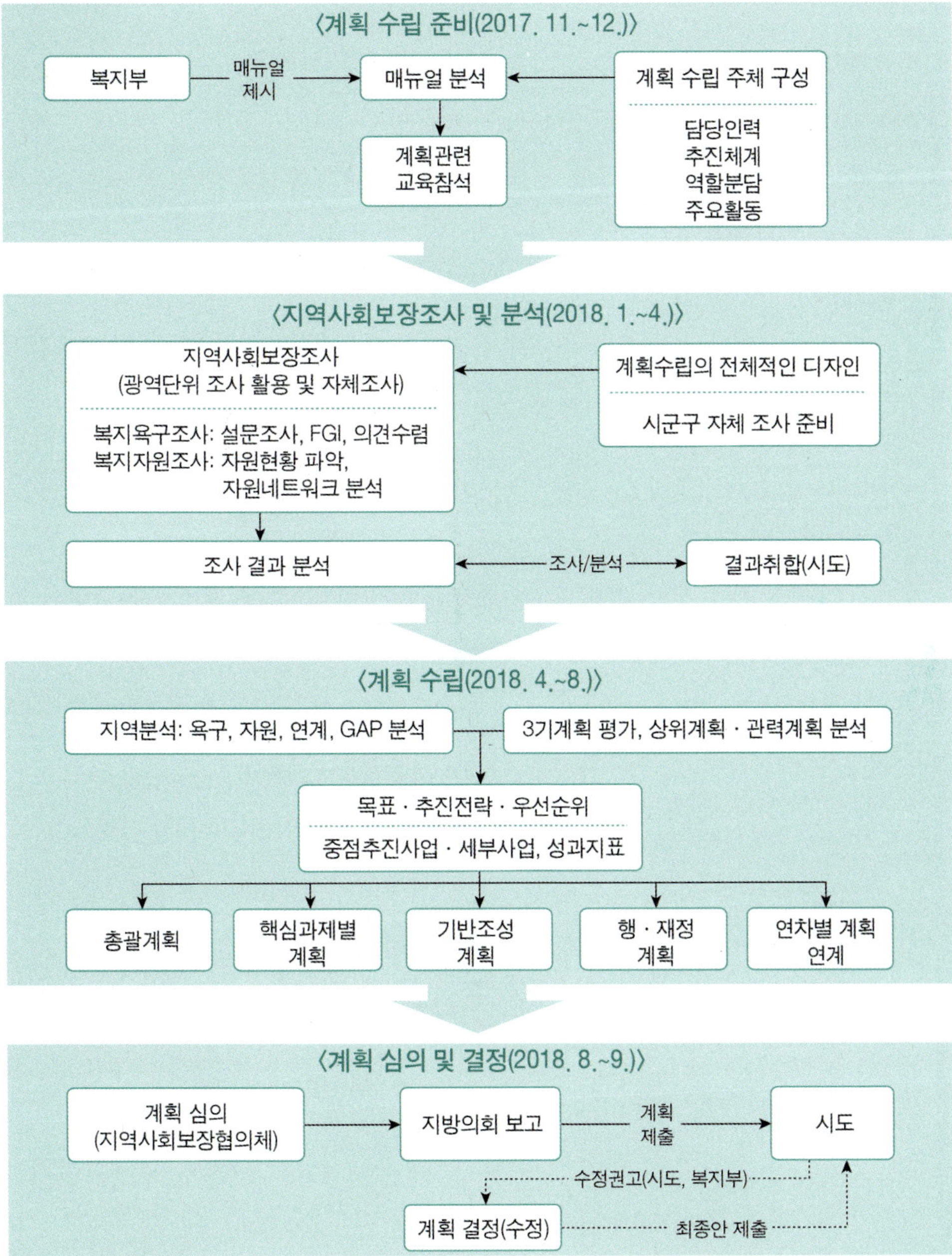

출처: 보건복지부(2018).

1) 기존 연구에서의 추정

기존 연구에서 정보를 파악하고, 자료를 수집하기 위해서는 연구보고서, 학술논문, 다양한 사업보고서를 살펴보는 것이 필요하다. 인구센서스 데이터나 정부의 통계자료, 복지기관의 기록, 보고서 등은 지역사회의 정보나 대상자에 대한 정보를 파악하는 데 효율적이다.

또한 전문가 집단의 자문을 받는 것도 좋은 방법이다. 서비스 제공에 대한 전문적 지식을 가지고 있거나, 사회문제에 대해서 전문적 관점을 가진 사람들에게 개괄적인 정보를 파악하고, 서비스 대상자의 특성을 이해하는 것이 중요하다.

2) 서비스 관련 통계활용

기관의 서비스 제공 실적, 대기자 수, 프로그램 참여자 수 등 서비스에 관련된 다양한 통계를 분석함으로써, 서비스가 부족한지 충분한지 파악하는 것을 말한다. 이것은 기관의 사업보고서 또는 분기별, 주기별로 작성되는 실적현황을 파악함으로써 분석이 가능하다.

실습 1

1. 지역사회 욕구를 파악할 수 있는 기존 문헌 검토를 조별로 실시해본다.
   (전산실 PC 이용 가능 or 학생들이 노트북 등 스마트 기기 활용도 가능)
   - 각 자치단체 홈페이지의 다양한 통계자료 확인
   - 국회 전자도서관을 통한 지역사회보고서 확인
   - 뉴스를 통한 지역사회 이슈 접근

3) 자원목록 활용

지역사회 내 기관들의 프로그램 내용과 서비스 대상을 목록화하여 비교해 본다. 연령대에 맞춘 서비스가 모두 존재하는가?, 기본적인 서비스가 다 존재하는가?, 접근성은 높은가?, 인구에 비해 서비스 자원이 부족하지는 않은가? 등 다양한 관점에서 자원들을 분석해볼 필요가 있다.

4) 사회조사

지역주민들의 욕구를 과학적으로 파악하기 위하여 설문지를 만들어 조사하거나, 인터뷰를 통하여 심층적 욕구를 파악해보는 것을 말한다. 설문조사를 진행할 경우 지역주민 중 표본집단을 어떻게 과학적으로 선별할 것인가가 중요한 의미를 가진다. 지역사회조사에는 다음의 내용들을 포함할 수 있다.

표 10-5 지역사회조사 설문지 내용

구분	조사내용
인구사회학적 특징	응답자 성별, 연령, 주소지, 학력, 직업, 결혼상태, 가구구성
경제적 상태	거주유형, 경제적 상태, 의식주 상태, 의료 및 건강 상태, 문화생활 여건, 자녀교육
지역사회 요구도	지역사회 문제점, 사회복지시설에 대한 접근성, 필요한 지역사회 서비스(아동, 청소년, 장애인, 노인, 여성 등), 지역사회복지 만족도

표 10-6 지역사회설문조사지의 실제

A. 가구 일반현황

가구주 성명

응답자			
성명		연락처	- -

A1 가구 일반현황에 대한 문항입니다. 다음 각 항목에 대해 아래 <보기>의 응답코드를 참조해 응답해 주십시오.

가구원은 지난 1년 중(2017.4.1.~2018.3.31.) 9개월 이상 생계를 같이 하면서 혈연이나 혼인관계로 이어져 있는 가족구성원을 말합니다.

- 학업(학생), 유학, 군복무(군인), 입원, 요양(노인 등), 해외 및 지방근무를 위해 집을 떠나 있는 경우도 가구원으로 포함합니다.
- 법적으로 가족관계가 아니더라도, 실질적인 가족(사실혼 등)이면 가구원으로 포함합니다.
- 입주도우미 등 함께 살더라도 생계를 함께 하지 않는 경우는 가구원에 포함되지 않습니다.

☞**면접원 아래 해당 문항의 응답코드 <보기>를 참고하여 표의 공란에 응답자의 응답에 해당하는 번호를 기입합니다.**

A1-1 총 가구원 수(응답자 본인 포함 1명 이상) ☐☐ 명

A1-2 가구원 번호	A1-3 가구주와 관계	A1-4 성별	A1-5 만 연령	A1-6 교육수준 (최종학력기준)	A1-7 경제활동상태 (지난 3개월)	A1-8 장애여부 (등록장애)	A1-A 장애인 활동보조등급 및 노인요양등급
1 (응답자본인)			세				
2			세				
3			세				
4			세				
5			세				
6			세				
7			세				
8			세				
응답코드 <보기>	① 가구주 ② 가구주의 배우자 ③ 미혼자녀 ④ 기혼자녀 혹은 그 배우자 ⑤ 손자녀 혹은 그 배우자 ⑥ 가구주 혹은 그 배우자의 부모 ⑦ 가구주 혹은 그 배우자의 조부모 ⑧ 가구주 혹은 그 배우자의 형제자매 ⑨ 기타(직접 내용 기입)	① 남 ② 여	☞ 주민등록상 생년월일 기준 만 나이 (2018.03.31. 기준) ☞ 연령조건표 참조	① 미취학 (만5세이하) ② 무학 ③ 초등학교 ④ 중학교 ⑤ 고등학교 ⑥ 대학(4년제 미만) ⑦ 대학교 이상 ☞ 재학 중인 경우는 해당 학력 기재	① 상용근로자 ② 임시·일용 근로자 ③ 고용주/자영업자 ④ 무급가족종사자 ⑤ 일시휴직 ⑥ 구직활동 ⑦ 주부 ⑧ 학업 ⑨ 무직 ⑩ 해당없음 (만14세이하)	① 장애1급 ② 장애2급 ③ 장애3급 ④ 장애4급 ⑤ 장애5급 ⑥ 장애6급 ⑦ 미등록장애 ⑩ 해당없음	① 활동보조1급 ② 활동보조2급 ③ 활동보조3급 ④ 활동보조4급 ⑤ 요양1등급 ⑥ 요양2등급 ⑦ 요양3등급 ⑧ 요양4등급 ⑨ 요양5등급 ⑩ 인지지원등급 ⑪ 해당없음

☞**면접원**
- **모든 가구원 수는 응답자를 포함한 숫자로 기재해 주세요.**
- **위의 가구원 현황표와 현황이 일치하는지 확인해 주세요.**

A1-9	아동(만 17세 이하) 가구원 수	☐☐ 명	☞ **D. 아동가구 추가문항 대상**
A1-10	노인(만 65세 이상) 가구원 수	☐☐ 명	☞ **E. 노인가구 추가문항 대상**
A1-B	요양등급 가구원 수	☐☐ 명	☞ E. 노인가구 추가문항 대상
A1-11	등록장애인 가구원 수	☐☐ 명	☞ F. 장애인가구 추가문항 대상

A2 귀 댁은 다음 각 항목에 해당하는 사항이 있습니까? 가구주를 기준으로 해당하는 곳에 체크(✓)해 주십시오.

☞**면접원** **위의 가구원 현황표와 현황이 일치하는지 확인해 주세요.**

	귀 댁의 상황	예	아니오	비해당
A2-1	부부가 맞벌이를 하고 있다	□ ①	□ ②	□ ⑨
A2-2	현재 함께 살고 있는 가구원 중에 국제결혼을 통해 가족원이 된 사람이 있다(다문화 가족)	□ ①	□ ②	□ ⑨
A2-3	국가사회보장급여 수급 대상 가구이다 : 국민기초생활보장제도 생계급여 · 의료급여 수급자	□ ①	□ ②	
A2-4	국가사회보장급여 수급 대상 가구이다 : 국민기초생활보장제도 주거급여 · 교육급여 수급자(생계급여 · 의료급여 비해당), 차상위 계층	□ ①	□ ②	

A3 귀 댁은 현재의 거주지역(해당 시군구)에서 언제부터 살았습니까?

☞**면접원** **2018.3.31.을 기준으로 최근 연속하여 거주한 기간만 해당합니다.**

□□□□	년	□□	월부터

A3-C (2017년 4월 이후 현 거주지로 이사온 경우) 현 거주지로 이사오기 전 거주했던 지역은 어디였습니까?

☞**면접원** **2017.4월 이후 이사 온 경우만 해당합니다.**

□ 1) 동일 시 내에서 이동
□ 2) 경기도 내 타 시에서 전입
□ 3) 경기도 외 타 시 · 도에서 전입

B1. 아동 돌봄	1) 아동 돌봄의 어려움(돌봄 시설 및 서비스 이용, 가족의 돌봄 참여 등) 2) 아동 발달, 양육의 어려움(양육정보의 부재, 발달부진 등의 어려움 등) 3) 장애아동 돌봄, 발달, 양육의 어려움(돌봄 시설 및 서비스 이용, 발달부진 등의 어려움 등)

☞면접원 아래 B1-1 , B1-2 , B1-3 문항은 외부 지원 및 서비스에 관한 문항입니다.

B1-1 귀 댁에서 지난 1년 중(2017.4.1.~2018.3.31.) 다음의 어려움을 경험하셨습니까?

B1-2 해당 어려움을 가족 내에서 해결하기 어려워 외부로부터의 지원 및 서비스가 필요하다고 생각하십니까? (이용여부와 무관하게 필요성을 느끼는 경우 모두 해당)

	B1-1 어려움의 정도						B1-2 외부 지원 및 서비스의 필요성	
	① 전혀 어렵지 않다		~			⑥ 매우 어렵다	① 필요하다 ☞ B1-3	② 필요하지 않다 ☞ B1-4
① 아동 돌봄의 어려움	□ ①	□ ②	□ ③	□ ④	□ ⑤	□ ⑥	□ ①	□ ②
② 아동 발달, 양육의 어려움	□ ①	□ ②	□ ③	□ ④	□ ⑤	□ ⑥	□ ①	□ ②
③ 장애아동 돌봄, 발달, 양육의 어려움	□ ①	□ ②	□ ③	□ ④	□ ⑤	□ ⑥	□ ①	□ ②

B1-3 (외부 지원이나 서비스가 필요한 경우에 한해) 어떠한 외부 지원 및 서비스가 필요하다고 생각하십니까? [보기]를 참고하여, 해당 번호를 기입해주시기 바랍니다(기타의 경우, 내용 서술).

	1순위	2순위	[보기]
① 아동 돌봄의 어려움	[번호 기입]	[번호 기입]	① 종합적인 상담, 정보의 제공 ② 서비스 이용 비용 지원 ③ 집으로 찾아오는 서비스 ④ 시설·기관 이용(입소 등) ⑤ 기타(직접 내용 기입)
② 아동 발달, 양육의 어려움	[번호 기입]	[번호 기입]	
③ 장애아동 돌봄, 발달, 양육의 어려움	[번호 기입]	[번호 기입]	

☞면접원 아래 B1-4 , B1-5 문항은 국가 또는 지자체의 사회보장(복지) 지원 및 서비스에 관한 문항입니다.

B1-4 해당 어려움에 대해 국가 또는 지자체가 운영하는 사회보장(복지) 지원 및 서비스의 인지, 신청, 이용 경험에 관한 문항입니다. 해당하는 경험에 표시해주시기 바랍니다.

	① 이용 의향 없었음	② 이용 가능한 서비스를 알지 못함	③ 서비스를 알고 있지만, 신청 하지 못함	④ 신청은 했지만, 서비스를 이용하지 못함	⑤ 과거 이용 경험이 있지만, 현재 이용하지 못함	⑥ 현재 서비스 이용 중
	☞ B2 영역	☞ B1-5				
① 아동 돌봄의 어려움	□ ①	□ ②	□ ③	□ ④	□ ⑤	□ ⑥
② 아동 발달, 양육의 어려움	□ ①	□ ②	□ ③	□ ④	□ ⑤	□ ⑥
③ 장애아동 돌봄, 발달, 양육의 어려움	□ ①	□ ②	□ ③	□ ④	□ ⑤	□ ⑥

B1-5 국가 또는 지자체가 운영하는 사회보장(복지) 지원 및 서비스 인지, 신청, 이용 과정에서 불편하셨던 경험이 있습니까? [보기]를 참고하여, 해당 번호를 기입해주시기 바랍니다.

	1순위	2순위	[보기]
① 아동 돌봄의 어려움	[번호 기입]	[번호 기입]	① 서비스 정보 부족 ⑤ 비용 부담 ② 낮은 서비스 질 ⑥ 거리, 교통 문제 ③ 적합한 서비스 부재 ⑦ 기타(직접 내용 기입) ④ 서비스 이용 자격 제한
② 아동 발달, 양육의 어려움	[번호 기입]	[번호 기입]	
③ 장애아동 돌봄, 발달, 양육의 어려움	[번호 기입]	[번호 기입]	

출처: 과천시 지역사회보장계획(2018). 이후 생략

5) 공청회

지역주민들의 의견을 수렴하기 위하여 공청회나 지역사회 포럼을 개최하는 것은 효율적인 의견수렴 방법이다. 다양한 지역사회 구성원이 참여하여 주제를 가지고 의견을 모으고, 논의할 수 있다. 단, 일부의 주민이 목소리를 높여 독점하거나 주도한다면 의견이 왜곡될 수 있는 여지가 있으므로 과학적인 정보가 될 수 없다.

실습 2

1. 집단 토론을 위한 조별 토론 실시
   - 아동/청소년, 장애인, 노인, 여성 등 각 영역에서 중요하게 다루어지고 있는 사회문제를
2. 선정하기 위한 포커스 그룹 인터뷰 실시(조별 진행)
   - 선정된 사회문제의 우선순위를 부여하기 위한 집단 토론 실시(조별 진행)

6) 기타

지역주민들의 의견을 모으기 위한 방법 중 델파이 기법, 포커스 그룹 인터뷰(FGI) 등은 많은 쓸 수 있는 방법이다. 델파이 기법은 지역사회 주요 인사나 전문가로 구성된 패널에게 일정한 주제를 가지고 설문을 하는 방법이다. 지역사회가 당면한 문제에 대해 우선순위를 정하거나, 다양한 아이디어를 조율하기 위하여 사용할 수 있다. 1차로 모아진 설문을 개괄 분석하여 일치하는 영역과 불일치하는 영역을 표시하고, 다시 배포하여 의견을 취합하게 된다. 2~3차의 과정을 거치면서 의견이 조율되어 지역사회의 중요한 의사결정의 자료로 사용할 수 있다.

포커스 그룹 인터뷰(Focus Group Interview: FGI)는 6~8명의 참여자들을 구성하여 토론을 하는 방식이다. 지역사회 설문조사로만은 다 파악할 수 없는 심층적인 욕구의 맥락을 발견한다거나, 개입방법에 대한 구체적인 의견을 파악해 볼 수 있는 방법이다.

7) 통합적 분석

지역사회의 욕구를 사정하기 위해서는 앞서 제시된 다양한 방법의 욕구조사를 복합적으로 사용하고, 다각도의 분석을 하는 것이 중요하다. 전문가들의 자문과 지역사회 사회복지 실무자들의 FGI, 지역사회설문조사 등 여러 가지 자료를 토대로 다양한 욕구를 복합적으로 분석해야 하는 것이다.

공청회에서 제시된 욕구가 상위욕구라 할 수 없고, 지역사회 설문조사를 통해 분석된 욕구가 모든 욕구를 포함했다고 볼 수 없기 때문에, 다양한 자료를 참조하여 지역사회의 욕구를 분석할 필요가 있다.

5 조사자료의 분석

조사된 다양한 자료는 심층적인 분석을 통하여 지역사회주민이 가진 욕구에 근접하게 된다. 자료를 분석하는 방법은 크게 양적자료 분석과 질적자료 분석으로 나누어 이해할 수 있다. 양적자료 분석은 설문조사를 통해 얻은 자료를 데이터화하여 빈도와 비율, 그리고 통계기법을 활용하는 분석이다. 이러한 분석을 통하여 지역주민은 어떠한 욕구에 가장 많은 의견을 표시하였는지, 어떤 서비스를 가장 우선순위로 제시하였는지 등을 파악할 수 있다. 질적자료분석은 FGI, 공청회, 전문가 자문, 선행연구 검토 등의 욕구조사를 분석할 때 사용하게 된다.

표 10-7 자료의 분석

양적분석	질적분석
지역사회 설문조사 델파이 설문조사 국가 통계 인구센서스 데이터	전문가 자문 공청회 포커스 그룹 인터뷰

욕구조사 분석을 통하여 중요하게 결정해야 하는 것 중 하나는 욕구의 우선순위라 할 수 있다. 욕구의 우선순위를 결정하기 위해서는 다양한 데이터를 반영해서 결정해야 한다. 예를 들어, 지역사회 설문조사에서 문제의 심각도를 5점 척도로 물어봤다면 그 응답결과를 통해 우선순위를 정할 수도 있다. 하지만, 다수의 의견이라고 서비스의 순위가 높아지는 것이 옳다고만 할 수는 없다. 포커스 그룹 인터뷰나 공청회에서 제시된 욕구도 얼마나 시급한 문제인지, 심각하지만 인지되지 못한 욕구인지 등을 판단하여 고려할 수 있다.[5)]

실습 3

1. 지역사회 욕구조사를 위한 계획서의 작성
   - 지역사회 욕구조사를 위한 예산을 배정하고, 집단으로 계획서를 작성한다.
   - 포함내용에는 욕구조사의 시기와 방법, 진행일정, 협력기관 등을 제시해 본다.

6 욕구조사 보고서 작성

욕구조사의 목적과 내용에 따라 욕구조사 보고서를 작성하는 것으로 욕구조사를 마무리할 수 있다. 여기서는 일반적으로 욕구조사 보고서에 포함되는 내용을 중심으로 제시해보겠다. 욕구조사 보고서는 욕구조사의 목적, 조사방법을 제시하고, 조사결과에 대한 양적/질적분석을 제시한다. 그리고, 조사결과에 따른 결론과 제언을 제시하는 것으로 구성된다.

5) NCS학습모듈 - 사회복지/사회복지정책/사회복지개발/욕구조사

표 10-8 욕구조사 보고서의 내용[6)]

1. 욕구조사의 목적

2. 욕구조사를 위한 문헌연구
   (1) 각종 통계지표
   (2) 기존 연구 분석

3. 조사방법
   (1) 조사대상자 및 표집방법
      (가) 설문조사
      (나) 간담회
      (다) 전문가 자문
      (라) 공청회 등
   (2) 자료분석 방법
   (3) 조사기간

4. 조사결과
   (1) 조사대상자의 일반적인 특성
   (2) 양적분석결과
      (가) 지역사회의 문제에 대한 인식
      (나) 지역 내 자원 및 서비스 활용 정도
      (다) 사회복지기관에 대한 만족도
   (3) 질적분석결과(간담회 등)
      (가) 대상별 욕구
   (4) 욕구의 우선순위

5. 결론
   (1) 주요 조사결과 요약
   (2) 조사결과에 기초한 제언
      (가) 욕구의 우선순위에 따른 서비스, 프로그램 개발
      (나) 충족되지 않은 욕구를 위한 대책

6) NCS학습모듈 - 사회복지/사회복지정책/사회복지개발/욕구조사

욕구조사가 끝난 후에는 욕구조사 과정에 대한 전반적 평가가 필요하다. 욕구조사는 계획에 맞추어 이루어졌는지?, 예산은 적절하였는지?, 욕구를 분석하기 위한 논의는 충분하였는지?, 지역사회 주민들의 욕구가 충분히 반영되었는지?, 진행절차에서의 문제는 없었는지?, 욕구의 분석은 충분히 이루어졌는지? 등에 대한 충분한 분석이 있어야 한다. 향후 욕구조사의 발전적 변화를 위하여 충분한 피드백이 순환되어야 욕구조사가 목표로 하는 욕구에 기반한 서비스를 적절하게 창출해낼 수 있는 것이다.

또한 욕구조사 이후에는 조사된 욕구를 토대로 필요한 지역사회서비스를 만들기 위한 준비를 해야 한다. 욕구조사의 궁극적 목적은 서비스 창출이다. 조사된 욕구에 대해서 충분히 알리고 주요 지역인사들과의 논의를 통해 서비스가 원활하게 이루어질 수 있도록 하는 것이 중요하다.

기출문제로 복습하기

1. 욕구조사의 방법으로 각각 바르게 짝지어진 것은? 11회 기출

ㄱ. 기존 자료를 활용하는 방법
ㄴ. 전문가를 대상으로 직접 수집하는 방법
ㄷ. 지역의 일반주민을 대상으로 직접 수집하는 방법

① ㄱ : 사회지표조사, ㄴ : 델파이 조사, ㄷ : 지역사회 서베이
② ㄱ : 서비스이용기록 분석, ㄴ : 주요정보제공자 조사, ㄷ : 이차적 자료분석
③ ㄱ : 델파이조사, ㄴ : 주요정보제공자 조사, ㄷ : 공청회
④ ㄱ : 서비스이용기록 분석, ㄴ : 지역사회 서베이, ㄷ : 이차적 자료분석
⑤ ㄱ : 델파이 조사, ㄴ : 공청회, ㄷ : 사회지표조사

2. 욕구조사에서 지역사회 공개토론회의 특징으로 옳은 것을 모두 고른 것은? 10회 기출

ㄱ. 모든 지역주민이 동등하게 의견을 제시할 기회를 갖는다.
ㄴ. 표본의 대표성이 높다.
ㄷ. 현실적 실행가능성이 낮다.
ㄹ. 이익집단의 영향을 배제할 수 없다.

① ㄱ, ㄴ, ㄷ
② ㄱ, ㄷ
③ ㄴ, ㄹ
④ ㄹ
⑤ ㄱ, ㄴ, ㄷ, ㄹ

3. 초점집단(Focus group) 조사와 델파이 조사에 관한 설명으로 옳은 것은? 13회 기출

① 초점집단 조사에서는 익명 집단의 상호작용을 통해 도출된 자료를 분석한다.
② 초점집단 조사는 내용타당도를 높이는 목적으로 사용될 수 있다.
③ 초점집단 조사의 자료수집 과정에서는 연구자의 주관적 개입이 불가능하다.
④ 델파이 조사는 비구조화 방식으로 정보의 흐름을 제어한다.
⑤ 델파이 조사는 대면(face to face) 집단의 상호작용을 통해 도출된 자료를 분석한다.

4. 국민기초생활제도에서 최저생계비에 대한 정의를 할 때 전문가들의 의견을 기반으로 책정된다고 할 때, 이는 브래드쇼의 욕구종류 중 어떠한 욕구라 할 수 있는가?

① 규범적 욕구
② 인지적 욕구
③ 비교적 욕구
④ 기본적 욕구
⑤ 표현적 욕구

| 정답 | 1. ① 2. ④ 3. ② 4. ①

정리하기

- 욕구조사는 사회복지를 과학적으로 접근하기 위해 필요한 사회복지사의 중요한 능력이다.
- 모든 사회복지서비스는 욕구조사가 기반이 되어 계획되어야 한다.
- 욕구조사를 잘하기 위해서는 욕구의 유형을 이해하고 다양한 욕구를 파악해야 한다.
  욕구의 유형 : 규범적 욕구, 인지적 욕구, 표현적 욕구, 비교적 욕구
- 욕구조사는 구체적인 목적(자료수집, 홍보 및 교육, 재원신청, 프로그램 개발 등)에 따라서 적절하게 계획되어야 한다.
- 욕구조사의 전반적 과정: 자료 및 정보수집 / 욕구조사 계획 / 욕구조사 실시 / 욕구조사 평가
- 욕구조사의 구체적인 방법으로 기존 연구에서 추정, 서비스 관련 통계 활용, 자원목록 활용, 지역사회 설문조사, 공청회 등이 있다.
- 욕구조사 방법에서 가장 중요한 것은 다양한 방법들을 통합적으로 분석하는 것이다.
- 조사자료를 분석하기 위해서는 양적분석과 질적분석을 혼합하여 사용한다.
- 욕구조사 보고서는 욕구조사의 목적과 조사방법을 제시하고, 조사결과에 대한 양적/질적분석을 제시하며, 조사결과에 따른 결론과 제언을 제시한다.
- 욕구조사가 끝난 후에는 적절한 조사가 이루어졌는지 평가해야 하며, 조사된 욕구를 해결하기 위한 서비스의 도입을 위해 노력해야 한다.

Chapter 11

Research Methods for Social Welfare

프로그램 평가

학습 목표

- 프로그램 평가의 필요성을 이해한다.
- 프로그램 평가의 구체적인 방법들을 설명할 수 있다.
- 프로그램 평가계획에 따라 세부 프로그램의 진행과정을 평가할 수 있다.

프로그램 평가는 사회복지실천 서비스가 효과적으로 전달되었는지 파악하기 위하여 반드시 필요하다. 사회복지사는 현장에서 프로그램을 통해 사회복지실천을 하고, 클라이언트는 그 프로그램을 통하여 변화된다. 그리고 프로그램과 사회복지실천은 기관운영을 통해 클라이언트에게 전달된다. 하지만, 그 변화의 과정이 명확하게 평가되지 않는다면 사회복지실천이 효과적인지, 아닌지 알 수 없다. 사회복지기관에서 제공하는 서비스와 프로그램의 개입 효과에 대해서 검증할 수 없다면, 사회복지서비스는 뜬구름만 잡는 상황이 될 것이며 발전을 기대할 수 없다.

사회복지사에게 프로그램을 개발하는 능력만큼 프로그램의 효과성을 평가하는 능력도 중요하다. 이 장에서는 사회복지 프로그램의 효과를 어떻게 측정하고, 적절한 서비스 전달체계를 검증할 수 있을 것인가에 대해서 논의해보도록 하겠다.

1 프로그램 평가의 이해

프로그램 평가란 한 기관의 전체 또는 선별된 프로그램의 효율, 효과 및 적절성을 철저하게 그리고 비판적으로 검토하는 과정(정무성, 2008)이라고 정의할 수 있다. 또한 황성철(2005)은 프로그램 평가에 대해서 프로그램의 기획, 실행, 결과에 관한 자료를 과학적 절차와 방법을 통해서 수집, 분석하여 서비스와 프로그램이 질적 향상과 개발에 관한 중요한 의사결정을 돕는 조사활동이라고 정의하였다.

이러한 정의를 살펴보았을 때 프로그램 평가는 프로그램의 효율, 효과, 적절성을 검토하기 위해 전반적 절차를 분석해보고 서비스의 발전을 위한 방안을 모색하는 것이라 할 수 있겠다.

프로그램 평가는 프로그램에 대한 과학적인 접근을 한다는 점에서 매우 중요한 의미를 갖는다. 이전의 사회복지실천은 대상자에게 서비스를 제공하는 것에 초점이 맞추어져서 서비스가 대상자에게 어떠한 변화를 가지고 왔는지에 대한 평가가 이루어지지 않은 경우들이 있었다. 하지만 제공된 프로그램에 대해서 적절한 평가가 이루어지지 않으면 효과적인 프로그램은 공유되지 못하고, 효과적이지 않은 프로그램에 대한 시행착오는 지속될 것이다. 그러므로 프로그램 평가는 사회복지실천을 효과적으로 하기 위해 중요하다.

사례 11-1

OO종합사회복지관에서 이번에 사회복지공동모금회의 지원을 받아 '어르신들을 위한 여가활용증진 프로그램'을 실시하였다. 사업 담당자는 이 프로그램이 효과적이었으며 대상자에게 유익하였음을 제시하고자 하는데, 어떤 방식으로 프로그램을 평가해 볼 수 있겠는가?

사례 11-2

OO구에서는 청소년 비행문제가 심각하게 나타나고 있음을 인식하고, 청소년에 대한 적극적인 개입을 위해 000청소년상담센터를 개소하여 운영하고 있다. 이 기관에 여러 청소년들이 지속적으로 이용하고 있음을 알고 있지만, 얼마나 효과적인 서비스를 수행하고 있으며, 기관이 투명하고 효율적으로 사업을 수행하고 있는지 알아보고자 한다. OO구는 청소년상담센터의 기관운영에 대한 평가를 어떻게 하겠는가?

프로그램 평가의 목적은 다음의 세 가지 관점에서 살펴볼 수 있다. 첫째, 단기적 관점에서 프로그램 성과의 실증적, 과학적 증명과 가치의 판단 및 책무성 중심의 프로그램 수행 확인이 목적이 될 수 있다. 둘째, 중기적 관점에서 유효한 개입 전략과 전술의 수정, 수립 및 사회복지조직의 학습과 성장의 도구가 될 수 있다. 셋째, 장기적 관점에서 전문성의 인증 및 사회복지 실천의 이론화를 할 수 있다.

표 11-1 프로그램 평가의 목적[1]

단기적 관점
• 프로그램 성과의 실증적, 과학적 증명과 가치의 판단 • 책무성 중심의 프로그램 수행 확인
중기적 관점
• 유효한 개입전략과 전술의 수정, 수립 • 사회복지조직의 학습과 성장의 도구
장기적 관점
• 전문성의 인증 • 사회복지실천의 이론화

1) NCS 학습모듈 : 사회복지/사회복지서비스/사회복지프로그램운영/사회복지프로그램평가

2 프로그램 평가의 절차와 주요과업

프로그램 평가를 적절하게 하기 위해서는 적합한 절차와 주요과업을 살펴보는 것이 중요하다. 발전된 평가과정을 만들기 위해서는 기존의 절차를 충분히 숙지하고, 주요과업들을 완성해 나가면서 발전 방안을 모색하는 것이 중요하다.

프로그램 평가의 절차와 관련된 여덟 가지 단계를 살펴보면 다음과 같다.

① 평가목적의 확인

평가를 실시하는 이유와 목적을 정확하게 확인하는 것이 중요하다. 그에 따라 평가하고자 하는 내용과 그 하위요소를 결정할 수 있기 때문이다. 평가내용과 그 하위요소를 명시할 때 평가 내용의 범위 및 범위선정의 적절성, 타당성을 제시하는 것이 바람직하다.

② 평가목표 진술

평가목적에 따라서 구체적인 평가목표들을 나열하고 평가목표들에 대해 구체적으로 진술해 나간다.

③ 평가설계

평가설계는 평가목적에 비추어 실험조사설계를 사용할 수 있다. 필요한 데이터를 효과적이고 정확하게 수집, 분석, 비교할 수 있는 가장 적절한 조사유형을 선정한다.

④ 평가도구 선택

신뢰도와 타당도가 검증된 기존 측정도구를 사용할 수 있으며, 적절한 측정도구가 없을 경우 기존 측정도구를 변형하거나, 새로 제작해서 사용할 수 있다.

⑤ 평가자료 수집

평가의 절차에 맞추어 평가도구를 활용한 자료수집 방법을 결정하고 수집한다. 신뢰로운 데이터 수집을 위한 평가자의 노력이 중요하다.

⑥ 평가결과 분석

수집된 자료를 토대로 기본적인 빈도분석, 교차분석, 질적분석을 통하여 결과를 분석한다. 통계 프로그램의 활용능력이 있다면 도움이 된다.

⑦ 평가결과보고서 작성

평가결과에 대한 분석을 정리, 요약하여 보고서로 작성하는 단계이다. 보고서는 어떻게 활용할 것인지에 대해 고려하여 작성한다.

⑧ 평가결과 활용

평가의 결과는 기관 내부/외부에서 적절하게 활용할 수 있으며, 기관 발전의 중요한 자료로 활용할 수 있다.

단계에 따른 주요과업은 아래와 같다. 우선 평가기획 및 설계단계에서는 평가의 목적을 확인하고, 대상과 범위를 설정하여야 하며, 평가방법과 도구를 결정하고 평가절차와 일정을 확정하여야 한다.

표 11-2 프로그램 평가의 절차에 따른 주요과업

단계	주요과업	
평가기획 및 설계단계	• 평가의 목적 확인 • 평가방법과 도구 결정	• 평가의 대상과 범위 설정 • 평가 절차와 일정 확정
자료수집 및 분석단계	• 자료의 출처 확인과 선정 • 자료수집방법에 따른 체계적 수집 • 평가결과의 종합 정리	• 지표의 정리 및 선정 • 적절한 분석방법과 기법의 활용
결과진단과 활용의 단계	• 평가결과의 추론과 가치판단 • 평가결과의 활용	• 평가보고서의 작성과 제출

자료수집 및 분석단계에서는 2차 자료의 경우 자료의 출처 확인과 선정 및 지표의 정리와 선정이 필요하다. 또한 적절한 분석방법과 기법을 활용하여 체계적 자료수집을 해야 하며, 평가결과에 대한 종합적 정리가 이루어져야 한다.

결과진단과 활용단계에서는 평가결과의 추론과 가치판단을 통해 심도 깊은 평가보고서가 작성되어야 하며, 평가결과를 통해 차후 사업에 발전적 활용이 이루어져야 한다.

3 프로그램 평가의 유형

1) 평가목적에 따른 유형

① 형성평가(과정평가)

프로그램 수행과정에서 문제점을 발견하여 수정 및 보완하는 것을 목적으로 이루어지는 평가유형이다. 프로그램 진행과정 중에 이루어지기 때문에 과정평가라고도 한다.

② 총괄평가

총괄평가는 프로그램의 성과와 영향을 파악하려는 목적으로 이루어지는 평가로서 프로그램이 종료되는 시점이나 완전히 종결된 이후 진행된다.

2) 자료수집방법에 따른 유형

① 양적평가

양적평가는 자료가 계량화되어 통계를 사용한 분석을 하는 평가방법을 말한다. 평가의 설계부터 객관적 자료가 연역적 방법으로 분석되는 것을 가정하고 설문지 등을 통하여 숫자, 비율 등을 측정할 수 있도록 자료가 수집되어야 한다.

② 질적평가

수량화될 수 없는 자료에 대해서 귀납적으로 자료를 분석하는 방법이다. 보통 인터뷰, 관찰 등을 통하여 수집된 자료로 수량화할 수 없는 자료를 평가하는 방법이다.

3) 효율/효과성에 따른 유형

① 효율성 평가

효율성 평가는 프로그램의 결과가 투입된 비용에 비해 적절한지를 평가하는 것이다. 이러한 평가를 통하여 투입된 비용이 정당한지 여부를 판단하게 된다.

② 효과성 평가

효과성 평가는 프로그램이 달성하고자 하는 목표를 달성하였는지에 대한 평가가 초점이다.

4) 평가주체에 따른 유형

① 내부평가

내부평가는 기관의 기관장을 포함한 모든 구성원에 의해서 이루어지는 평가이다. 프로그램이 실제적으로 어떠한 개선사항이 필요한지 파악하기 위해 비판적 시각으로 평가하는 것이 일반적이다. 평가를 통하여 더 좋은 프로그램으로 개선하기 위한 방안을 마련한다.

② 외부평가

외부평가는 프로그램 진행주체의 구성원이 아닌 외부의 전문가에 의해 수행되는 평가이다. 외부평가는 전반적 조직에 도움을 주는 컨설팅의 형태로 진행되기도 하지만, 기관의 수준을 평가하기 위하여 진행되기도 한다. 기관의 수준을 평가하기 위한 외부평가는 기관의 개선사항을 제시하는 것이 목적이기보다 전반적인 서비스 환경의 개선이 목적인 경우가 많다.

4 프로그램 평가의 기준

프로그램의 성패를 판단하기 위해서 어떤 측면을 평가의 초점 및 대상으로 삼아야 하는지 기준을 가지는 것이 필요하다. 프로그램의 성패를 언급하기 위하여 대상자의 변화 정도도 중요하고, 만족도도 중요하다. 또한 비용의 효과성도 중요하고, 얼마나 노력했는지도 나타나야 한다. 사회복지실천 프로그램에서는 노력과 효과성, 효율성이 중요한 기준이 될 수 있으며, 정책과 기획에 있어서는 영향이나 공평성이 중요한 기준이 될 수 있다(정무성, 2008).

1) 노력성

프로그램 활동의 양을 측정해 볼 수 있다. 프로그램에 투입된 예산과 자원, 활동, 이용자 수, 프로그램 활동의 수, 인력 등을 파악하여 프로그램에 얼마나 많은 자원이 투입되었는지 살펴보는 것이다.

평가요소의 예

- 대상자의 수
- 단위활동의 수
- 대상자의 서비스 접촉 빈도
- 연계된 자원의 수

2) 효과성

프로그램 목표의 달성 정도를 살펴보는 것으로 대상자의 변화 정도를 측정/비교하는 것이다. 대상자가 정서적, 인지적, 행동적, 사회적으로 목표한 변화를 나타내었다면 효과가 있다고 판단할 수 있다.

평가요소의 예

- 생활수준 향상, 가족기능 증진 등
- 자아존중감의 향상
- 우울감의 감소

3) 효율성

프로그램의 서비스 단위당 소요 비용을 측정함으로써 산출 대비 비용의 정도를 비교해 볼 수 있다. 위에 제시된 프로그램에 대한 노력을 비용으로 환산하고 프로그램 결과를 비용으로 환산하면 효율성을 계산할 수 있다.

평가요소의 예

- 한 아이의 입양에 드는 비용
- 어르신 프로그램에 드는 총 비용
- 인력, 재료, 장비 등을 타 프로그램과 비용을 비교해 볼 수 있다.

4) 영향

프로그램이 사회문제와 대상자의 삶에 어떠한 영향을 미쳤는지 살펴볼 수 있다. 효과성은 대상자의 직접적인 변화 정도를 살펴본 것이라면, 영향은 간접적이고 장기적인 변화의 정도를 보는 것이다. 예를 들어 대상자의 변화를 통한 가족의 변화 또는 소속되어 있는 사회환경(직장, 학교 등)의 변화를 살펴볼 수 있다. 프로그램을 평가하는 데 있어서 본질적인 평가가 될 수 있지만, 측정하는 부분이 모호할 수 있다.

5) 서비스 질

프로그램에 대한 전문성과 기술의 숙련 정도를 평가하는 것이다. 이 부분은 제공 인력의 전문성, 자격소유 여부 등으로 평가할 수 있다.

6) 과정

프로그램의 결과를 만들어가는 과정에 대한 평가도 필요하다. 세부목표가 달성되는 과정과 전체 목표의 연계성을 살펴볼 수도 있고, 프로그램 진행이 원활하게 이루어졌는지, 과정에서 발생된 문제를 적절하게 해결해나가고 있는지 등을 평가할 수 있다.

7) 공평성

프로그램에 대한 접근성을 적절하게 선정하였는지도 중요한 평가의 기준이 된다. 프로그램이 공평하게 배분되고, 대상자가 적절하게 선정되었는지를 평가하기 위해서는 '욕구에 따라 공평하게 분배'가 보다 합리적이겠지만, 현실적으로 측정이 쉽지 않아 대개 '모든 사람에게 똑같이'라는 일관성을 근거로 채택하는 경향이 있다.

실습 1

(전산실 PC 이용 가능 or 학생들이 노트북 등 스마트 기기 활용도 가능)

1. 국회 도서관의 각종 프로그램 보고서를 찾아보도록 한다.
2. 다양한 프로그램 보고서를 조별로 살펴보면서 분야를 나누어 평가해보도록 한다.
3. 스스로 프로그램을 찾는 것이 원활하지 않을 경우 프로그램 계획서 예시를 제시해줄 수 있다(공동모금회 배분사업 우수사례집 등 공유).
4. 앞서 배운 8가지 기준으로 보고서를 평가해 본다.

5 프로그램 평가의 방법

1) 초기평가

초기평가는 프로그램을 개선하는 데 초점을 두고 진행한다. 프로그램이 적절하게 구성되었는지, 대상은 적절한지, 프로그램의 목적은 명확한지, 프로그램의 성공 가능성은 충분한지 등을 살펴보게 된다. 프로그램의 초기평가를 위해서는 신뢰로운 기관에서 실시한 표준모델을 찾아서 프로그램을 구성하고, 전문가의 자문을 통해 지역적 특성에 맞추어 프로그램을 보완할 수 있다. 여기서 전문가 자문을 통해 프로그램의 준비와 구성을 살펴보는 것이 초기평가라 할 수 있다(황성동, 2015).

2) 과정평가

과정평가는 프로그램의 진행과정 중 발생하는 다양한 문제들을 어떻게 해결해 나가는지 평가하는 것이다. 프로그램에 참여하는 대상자는 적절한가?, 중도하차한 대상자의 문제는 무엇인가?, 프로그램 진행 중 발생한 문제는 무엇이었으며, 어떻게 해결되었는가? 진행과정에서 윤리적 문제는 없었는가? 등이 논의될 수 있겠다.

과정평가는 실제로 정부의 시범사업에 적용되는 경우가 많다. 시범사업 이후 사업확대로 이루어질 때, 확대지역에서 겪을 수 있는 시행착오를 줄여나가는 좋은 방안이 될 수 있기 때문이다. 이러한 경우는 과정평가를 더욱 세세히 살펴볼 필요가 있으며, 지역의 인구사회학적 특성, 서비스 이용자의 특성, 서비스 제공자에 대한 분석, 프로그램 매뉴얼, 진행과정에 대한 다양한 기록, 대상자의 만족도, 재정 관련 자료 등을 살펴볼 필요가 있다(Royse et al, 2010).

표 11-3 과정평가를 위한 자료

기관 프로그램 단위	정부 시범사업 단위
• 프로그램 참여대상자 정보 • 프로그램 진행기록 • 프로그램 진행자에 대한 기록	• 지역 전체의 인구사회학적 특징 • 프로그램 참여자의 서비스 이용 현황 • 프로그램 및 유사프로그램 관련 진행 정보 • 각종 회의록 • 대상자 만족도 • 사업과 프로그램에 대한 재정 자료

3) 성과평가

성과평가는 결과에 대한 평가 또는 효과성 평가라고 할 수 있다. 성과평가는 프로그램이 목표에 맞게 대상자의 변화를 이끌어 내었는가를 살펴보는 평가이다. 성과평가를 위해서는 실험조사설계를 사용하여 프로그램이 대상자의 변화라는 결과를 이끌어 내었는지 인과관계를 증명하여야 한다. 이를 위해서는 대상자의 변화를 무엇으로 정의하고 측정할 것인지 명확하게 설정한 후 측정하여야 한다.

사례 11-3

OO종합사회복지관에서 이번에 사회복지공동모금회의 지원을 받아 '어르신들을 위한 여가활용증진 프로그램'을 실시하였다. 본 프로그램은 어르신들의 여가활용이 증진되면 삶의 질이 나아질 것이라는 목표로 실시되었다. 이 프로그램의 성과를 평가하기 위하여 여가활동 참여 여부, 여가활동 만족도 및 삶의 질을 사전 사후로 측정하였다.

자료를 분석해 본 결과 프로그램 실시 이후에 여가활동 참여자 수가 증가하였고, 여가활용 만족도와 삶의 질 척도 합점수가 통계적으로 유의미하게 증가하였다. 이와 같은 분석결과를 토대로 '어르신들을 위한 여가활용증진 프로그램'은 성과가 검증되었다고 할 수 있다.

보통 프로그램을 실시하는 대상자들을 단일집단으로 정의하고 사전-사후조사설계 또는 사후조사설계를 사용하여 대상자의 변화량을 비교한다. 앞서 실험조사설계에서 다루었지만, 인과관계를 증명하기 위한 내적타당도를 높이기 위해서는 통제집단을 설정하여 실험집단과 비교한다든가, 무작위 배정을 통한 실험집단과 통제집단의 비교가 이루어질 수 있다.

4) 대상자 만족도 평가

대상자 만족도 평가는 프로그램을 평가하는 중요한 구성요소이다. 대상자가 만족하도록 하는 것은 프로그램의 중요한 목표이며, 프로그램이 적절하였는지, 욕구에 부합하였는지 등을 판단하는 중요한 기준이 된다. 물론, 대상자가 만족한 것만으로 좋은 프로그램이라 결정할 수는 없지만, 또한 대상자가 만족하지 않은 프로그램이 적절하다고 볼 수도 없다. 대상자는 만족도를 평가하는 데 있어서 결코 자유롭지 못하다. 대상자 스스로가 서비스를 받는다고 생각하여 평가에 위축되는 경우가 많으며, 기관 또한 호의적인 대상자들을 프로그램에 참여시키는 경향이 있기 때문이다. 그럼에도 불구하고 프로그램 평가자는 대상자의 만족도를 객관적으로 조사하기 위해 다음의 사항을 고려해볼 수 있다(Royse, 2011).

표 11-4 대상자 만족도 평가시 고려사항

- 신뢰도와 타당도가 검증된 척도를 사용한다.
- 동일한 도구를 반복해서 사용한다.
- 평가조사가 정기적으로 행해지도록 한다.
- 평가도구에는 충분한 정보를 얻기 위해 최소한 한 문항 이상의 개방형 질문을 포함한다.

5) 효율성 평가

프로그램을 진행하는 데 있어서 성과평가가 효과성을 검증하는 것이라면, 비용효과분석과 비용편익분석은 효율성을 검증하는 평가방식이라고 할 수 있다. 비용효과분석이 프로그램을 하는 데 얼마가 들었는지를 비교하는 것이라면, 비용편익분석은 서비스의 결과까지 비용으로 환산하여 측정하는 것을 말한다.

사회복지에서 시행하는 많은 프로그램들은 목표가 금액으로 환산하기 어려운 경우가 많아서 비용효과분석에 머무는 경우가 많다. 하지만, 비용편익분석은 명확한 숫자로 보여지기 때문에 정책입안자들에 대한 설득력이 강하다.

사례 11-4

- **비용효과분석**

OO시의 청소년 비행예방에 대한 사업은 매년 10억 원의 예산이 투입되어 2,000여 명의 가출 청소년 상담, 청소년 비행예방을 위한 공익광고 연중 지속, 위기집단에 대한 사례관리 개입을 5,000여 명에게 실시하였다. 이러한 개입사례는 그동안 타 지역에서 분할되어 진행된 사업들의 예산과 실적을 고려할 때, 효율적인 서비스가 진행되었다고 볼 수 있다. 또한, 사업이 시작된 이후 5년간 청소년비행 발생빈도가 평균 50여 명 정도 감소하였음을 알 수 있다. 이것은 그동안의 타 지역에서 나타난 변화보다 더 많은 변화라고 할 수 있다.

- **비용편익분석**

OO시의 청소년 비행예방사업을 통하여 5년간 청소년비행 발생빈도가 평균 50여 명 감소하였다. 비용편익분석을 위하여 청소년의 비행문제의 직/간접적 비용을 분석해볼 때, 청소년 본인의 심리적, 사회적 위축으로 인한 학교적응능력 감소를 회복하기 위한 비용, 가족들의 스트레스와 노동력 감소로 인한 비용, 학교의 안정적 환경을 유지하기 위한 개입 비용, 장기적인 사회노동력 확보를 위한 비용 등 비행문제 발생 1건당 1억 원의 손실이 발생한다.
이러한 분석결과를 토대로 10억 원의 예산은 50억 원의 편익을 발생시켰다. 즉, 청소년 비행예방사업은 투입된 비용에 대해 5배의 편익을 발생시킨다고 볼 수 있다.

6) 질적평가

앞서 제시한 성과평가, 대상자 만족도 평가와 비용효과평가, 비용편익평가는 양적평가로 분석되지만, 초기평가와 과정평가의 경우는 내용과 맥락이 중요하기 때문에 질적분석이 적절하다. 또한, 양적으로 표현되지 못하는 성과에 대해서 대상자, 운영자, 정책 전달자들이 질적평가를 제시할 수 있다.

예를 들어 대상자들이 프로그램 만족도에 대한 점수를 4점을 주었는지 5점을 주었는지도 중요하지만, 실제로 어떤 부분이 만족스러웠고, 어떤 부분이 개선을 요구하는 부분인지 설명해주는 것도 중요한 자료이다.

프로그램 평가는 성과와 효율성만 제시되는 것이 아니라 프로그램에 대한 초기평가 자료, 프로그램 진행과정에 대한 기록, 대상자 만족도 조사에서 수집된 개방형 문항 응답자료, 프로그램 효과에 대한 인터뷰 자료 등을 질적분석하여 의미있는 결과를 도출[2)]하는 질적평가를 포함하는 것이 필요하다.

실습 2

1. 프로그램 보고서를 살펴볼 수 있는 시간을 주고, 조별로 평가방법을 구성하도록 한다.
2. 효과성 평가, 효율성 평가, 적절성 평가 영역에 어떠한 평가가 들어갈지 제시하고, 영역별로 평가를 실시해보도록 한다.
3. 프로그램 보고서를 통한 프로그램 평가를 발표 또는 보고서로 정리하도록 한다.

2) 7장 질적조사 내용을 참고

| 기출문제로 복습하기

1. A복지관에서는 전년 대비 예산축소로 인해 현재 운영하고 있는 서로 다른 프로그램들의 비용과 성과를 화폐가치 기준으로 평가하여 차등 지원하였다. 이때 사용된 평가방법은? **9회 기출**

① 메타(meta) 평가
② 형성(formative) 평가
③ 비용편익(cost-benefit) 평가
④ 비용성과(cost-outcome) 평가
⑤ 비용효과(cost-effectiveness) 평가

2. 외부평가자와 비교하여 내부평가자를 활용할 때의 장점이 아닌 것은? **10회 기출**

① 프로그램 관련 정보에 대한 접근성이 용이하다.
② 프로그램에 관한 많은 지식을 갖고 있다.
③ 현실적인 제약요건들을 융통성 있게 감안하여 평가할 수 있다.
④ 프로그램 운영자로부터 평가에 대한 협조를 구하기가 수월하다.
⑤ 해당기관으로부터 객관성과 독립성을 유지할 수 있다.

3. 다음은 목적별 평가유형 구분 중 총괄평가에 대한 설명이다. 빈칸에 알맞은 용어로 짝지어 진 것은?

> 총괄평가는 프로그램이 의도한 대로 목표를 달성했는지를 평가하는 (　　　)평가와 투입된 비용과 비교하여 효과가 어느 정도인지, 투입비용의 적절성을 측정하는 (　　　)평가로 구분할 수 있다.

① 효율성 – 효과성
② 효과성 – 효율성
③ 객관성 – 효율성
④ 공평성 – 객관성
⑤ 효율성 – 공평성

4. 다음 중 평가에 대한 각 설명 중 옳은 것은?

> ㄱ. 효과성 평가 - 투입과 산출의 비율
> ㄴ. 효율성 평가 - 목표달성 여부
> ㄷ. 총괄평가 - 프로그램 진행 중에 실시
> ㄹ. 만족도 평가 - 주관성의 문제 발생 가능

① ㄱ, ㄴ, ㄷ　② ㄱ, ㄷ　③ ㄴ, ㄹ　④ ㄹ　⑤ ㄱ, ㄴ, ㄷ, ㄹ

| 정답 | 1. ③ 2. ⑤ 3. ② 4. ④

• 정리하기 •

- 프로그램 평가는 서비스가 잘 전달되었는지 파악하기 위해 반드시 필요한 능력이다.
- 프로그램 평가는 프로그램의 효율성, 효과성, 적절성을 검토하는 전반적 절차이다.
- 프로그램 평가는 과학적으로 이루어져야 사회복지서비스의 발전을 도모할 수 있다.
- 프로그램 평가의 주요절차는 다음과 같다.
  평가목적의 확인 → 평가목표 진술 → 평가설계 선정 → 평가자료 수집 → 평가결과 분석 → 평가결과 보고서 작성 → 평가결과 활용
- 프로그램 평가의 유형은 다음과 같다.
  - 평가목적에 따른 유형(형성평가, 총괄평가)
  - 자료수집방법에 따른 유형(양적평가, 질적평가)
  - 효과/효율성에 대한 유형(효과성평가, 효율성평가)
  - 평가주체에 따른 유형(내부평가, 외부평가)
- 프로그램 평가의 기준
  노력성, 효과성, 효율성, 영향, 서비스 질, 과정, 공평성
- 프로그램 평가의 방법
  초기평가 / 과정평가 / 성과평가 / 대상자 만족도 평가 / 효율성 평가 / 질적평가

Research Methods for Social Welfare

Part

04

자료의 분석

Chapter 12

양적통계의 실제 1

학습 목표

- 조사하고자 하는 데이터의 코딩북을 만들 수 있다.
- 데이터를 오류 없이 입력할 수 있다.
- 데이터 클리닝 작업을 통해 잘못 입력된 데이터를 찾고, 이를 올바로 수정할 수 있다.
- 원 데이터(raw data)의 변수를 연구의 사용 목적에 따라 변환할 수 있다.

12장에서는 본격적인 양적통계분석에 앞서 설문자료를 데이터화하는 코딩북 작업과 데이터 입력방법에 대해 실습을 중심으로 학습하고자 한다. 데이터 입력 후에는 통계분석 전 데이터가 정확하게 코딩되었는지 살펴보는 데이터 클리닝 작업을 어떻게 수행하는지에 대해서도 학습한다. 데이터 클리닝 작업을 실시한 뒤에는, 원변수(raw data)를 분석 목적에 맞게 변형하는 변수 가공으로 변수 변환하기의 여러 작업들을 다루는 내용에 관해 학습한다. 데이터는 실습데이터1을 사용한다.[1)]

1 양적통계의 필요성

복지욕구를 가진 대상자에게 한정된 자원 안에서 효과적이고 효율적인 사회복지서비스 개입이 이루어지기 위해서는 대상자가 어떠한 욕구를 원하는지, 기관에서 개입

1) 실습데이터 1은 양서원출판사 홈페이지(http://www.yswpub.co.kr)의 고객지원 일반자료실에서 다운받을 수 있다.

한 서비스는 효과가 있었는지 등을 검증해야 한다. 이때 욕구영향요인, 서비스의 효과성 검증 등을 하기 위한 도구로 통계가 이용된다. 사회복지사업은 대개 국가예산으로 운영되므로 예산사용에 대한 책임성, 대상자에게 보다 적합한 서비스가 실시될 수 있는 증거기반실천(evidence-based practice)이 되기 위한 책임성을 실현하고자 서비스의 수행결과를 검증하기 위한 분석이 반드시 필요하다.

2 분석 준비하기

12장부터 13장까지는 자료분석에 관련된 실습내용으로 구성된다.

자료분석에 사용되는 통계 프로그램은 사회과학에서 높게 활용되는 SPSS(Statistical Package for Social Sciences) 프로그램을 사용한다. SPSS는 유료 프로그램이지만, 데이터솔루션에서 체험판을 제공하여 일정기간 동안은 무료 사용이 가능하다.[2)]

본 책자에 활용된 데이터는 복지 정보를 가장 포괄적으로 담고 있는 한국복지패널의 11차년도(2016년) 자료를 가공하여 사용하였다. 한국복지패널의 자료는 매우 방대하고 변수명이 복잡하여 본 교재에서의 실습에 필요한 변수들만 일부 추출하였고, 편의상 쉬운 변수명으로 수정하였다. 본 장에서는 양적통계를 하기 위한 준비작업으로 코딩북 만들기와 데이터 입력하기의 두 가지 작업에 관해 알아보고 실습해 보고자 한다[3)].

1) 코딩북(coding book) 만들기

코딩북(coding book)은 수집된 자료들에 대해 숫자 또는 문자와 같은 기호를 부여한

2) SPSS 체험판 URL: http://spss.datasolution.kr/trial/trial.asp
3) 실습용 데이터는 1, 2로 구분되어 있으며, 자료는 양서원출판사 홈페이지(http://www.yswpub.co.kr)의 고객지원 일반자료실에서 다운받을 수 있다.

자료로서, 설문지의 서술형 정보를 변수명, 변수값 등 데이터 입력을 할 수 있도록 이에 관한 정보를 기록해 놓는 연구의 소통이 되는 자료이다.

따라서 코딩북은 입력할 변수에 대한 구체적인 내용과 변수값 부여 등 간단하면서도 필요한 정보가 모두 포함되어야 하는데 예는 다음과 같다. 먼저 코딩북의 원형인 설문지를 살펴보고 이것이 코딩북으로 어떻게 만들어지는지 살펴보도록 하자.

설문지 예시

한국복지패널조사	이 조사표에 기대된 내용은 통계법 제3조에 의하여 비밀이 보장됩니다. 작성기관 : 한국보건사회연구원 · 서울대사회복지연구소

안녕하십니까?

한국보건사회연구원과 서울대학교 사회복지연구소는 국무총리실과 보건복지가족부의 의뢰를 받아 한국복지패널조사를 실시하고 있습니다. 본 조사는 급격히 변화하는 사회환경 속에서 계층별, 연령별 인구집단의 생활실태와 사회복지 욕구를 역동적으로 파악하여 각종 복지정책 수립시 활용할 기초자료를 마련하는 데 그 목적이 있습니다.

본 조사는 통계법 제25조에 의거하여 실시·관리되고 조사표에 기입되는 모든 응답내용은 통계법 제33조 및 제 34조에 의거 통계목적에만 사용되고 그 비밀은 반드시 보장됩니다. 귀댁의 응답은 정부의 올바른 정책수립에 귀중한 기초자료로 이용되오니 시간을 내어 협조해 주시면 대단히 감사하겠습니다.

20**년 **월

〈문의 및 연락처〉

한국보건사회연구원 ☏ 02) *** - ****

개인 패널ID			

문1) 성별 : ① 남 ② 여
문2) 태어난 연도 : ( )년
문3) 교육수준 : ① 미취학 ② 무학 ③ 초등학교 ④ 중학교 ⑤ 고등학교 ⑥ 전문대학 ⑦ 대학교
⑧ 대학원석사 ⑨ 대학원박사
문4) 장애등급 : ⓪ 비장애인 ① 1급 ② 2급 ③ 3급 ④ 4급 ⑤ 5급 ⑥ 6급 ⑦ 미등록장애인
문5) 혼인상태 : ⓪ 비해당 ① 유배우 ② 사별 ③ 이혼 ④ 별거 ⑤ 미혼 ⑥ 기타
문6) 종교유무 : ① 있음 ② 없음
문7) 건강상태 : ① 아주 건강 ② 건강한 편 ③ 보통 ④ 건강하지 않은 편 ⑤ 건강이 매우 안 좋은 편
문8) 1년간 의료기관 외래진료 횟수 : (회)
문9) 1년간 건강검진 횟수 : (회)
문10) 만성질환 : ⓪ 비해당 ① 3개월 미만 투병, 투약 중 ② 3개월 이상 6개월 미만 투병, 투약 중
③ 6개월 이상 투병, 투약 중
문11) 주된 경제활동 참여상태 : ① 상용직임금근로자 ② 임시직임금근로자 ③ 일용직임금근로자
④ 자활근로, 공공근로, 노인일자리 ⑤ 고용주 ⑥ 자영업자
⑦ 무급가족종사자 ⑧ 실업자 ⑨ 비경제활동인구
문12) 삶의 만족도

영역	① 매우 불만족	② 대체로 불만족	③ 그저 그러함	④ 대체로 만족	⑤ 매우 만족
건강 만족도					
가족의 수입 만족도					
주거 환경 만족도					
가족관계 만족도					
직업 만족도					
사회적 친분관계 만족도					
여가생활 만족도					
전반적 만족도					

문13) 자원봉사활동 여부 : ① 자원봉사하고 있음 ② 자원봉사 안 함
문14) 자원봉사활동 연간 횟수 : (회)
문15) 현재 담배를 피우는지 여부 : ① 피움 ② 피우지 않음
문16) 하루 평균 흡연량 : 하루 (개비)
문17) 1년간 평균 음주량 : ① 월 1회 이하 ② 월 2~4회 ③ 주 2~3회 ④ 주 4회 이상
⑤ 전혀 마시지 않음

문18) 음주문제

영역	① 전혀 없음	② 몇 달에 한 번	③ 한 달에 1~2번	④ 주 1~2번	⑤ 거의 매일
술을 마시기 시작하면 중간에 그만둘 수 없었던 경험					
해야 할 일을 술 때문에 하지 못한 경험					
과음을 한 다음날 해장술을 마셔야 했던 경험					
술을 마신 후에 좌절감을 느끼거나 후회한 경험					
술 마시고 필름이 끊긴 경험					

문19) 우울

영역	① 극히 드물다	② 가끔 있었다	③ 종종 있었다	④ 대부분 그랬다
식욕이 없음				
비교적 잘 지냈다(*) 역문항				
상당히 우울				
모든 일이 힘들게 느껴짐				
잠을 설침				
외로움				
불만 없이 생활(*) 역문항				
사람들이 차갑게 대하는 것 같은 느낌				
마음이 슬펐다				
사람들이 나를 싫어하는 것 같은 느낌				
뭘 해 나갈 엄두가 나지 않음				

문20) 자아존중감

영역	① 대체로 그렇지 않다	② 보통이다	③ 대체로 그렇다	④ 항상 그렇다
나는 가치있는 사람이다				
나는 좋은 성품을 지녔다				
나는 실패한 사람이라는 느낌이 든다(*) 역문항				
다른 사람들과 같이 일을 잘할 수 있다				
자랑할 것이 별로 없다(*) 역문항				
긍정적인 태도를 가졌다				
대체로 만족				
내 자신을 존경할 수 있으면 좋겠다(*) 역문항				
내 자신이 쓸모없는 사람이라는 느낌(*) 역문항				
내가 좋지 않은 사람이라고 생각한다(*) 역문항				

문21) 부부관계

영역	⓪ 비해당	① 전혀 없음	② 1~2번	③ 3~5번	④ 6번 이상
부부간 모욕적, 악의적인 이야기 경험					
부부간 신체적 폭력의 위협 경험					
부부간 신체적 폭력을 행사 경험					

문22) 지난 한 해 동안 자살 사고 여부 : ① 예 ② 아니오
문23) 지난 한 해 동안 자살 계획 여부 : ① 예 ② 아니오
문24) 지난 한 해 동안 자살 시도 여부 : ① 예 ② 아니오

표 12-1 코딩북 예시

변수명	설명	변수값	비고
id	개인 패널ID		직접입력
sex	성별	① 남 ② 여	
year	태어난 연도		직접입력
education	교육수준	① 미취학 ② 무학 ③ 초등학교 ④ 중학교 ⑤ 고등학교 ⑥ 전문대학 ⑦ 대학교 ⑧ 대학원석사 ⑨ 대학원박사	
handicap	장애등급	⓪ 비장애인 ① 1급 ② 2급 ③ 3급 ④ 4급 ⑤ 5급 ⑥ 6급 ⑦ 미등록장애인	
marriage	혼인상태	⓪ 비해당 ① 유배우 ② 사별 ③ 이혼 ④ 별거 ⑤ 미혼 ⑥ 기타	
religion	종교유무	① 있음 ② 없음	
health	건강상태	① 아주 건강 ② 건강한 편 ③ 보통 ④ 건강하지 않은 편 ⑤ 건강이 매우 안 좋은 편	
hospital	1년간 의료기관 외래진료 횟수(회)		직접입력
checkup	1년간 건강검진 횟수(회)		직접입력
disease	만성질환	⓪ 비해당 ① 3개월 미만 투병, 투약 중 ② 3개월 이상 6개월 미만 투병, 투약 중 ③ 6개월 이상 투병, 투약 중	
job	주된 경제활동 참여상태	① 상용직임금근로자 ② 임시직임금근로자 ③ 일용직임금근로자 ④ 자활근로, 공공근로, 노인일자리 ⑤ 고용주 ⑥ 자영업자 ⑦ 무급가족종사자 ⑧ 실업자 ⑨ 비경제활동인구	

변수명	설명	변수값	비고
s1	건강 만족도	① 매우 불만족 ② 대체로 불만족 ③ 그저 그러함 ④ 대체로 만족 ⑤ 매우 만족	9:결측값
s2	가족의 수입 만족도		
s3	주거 환경 만족도		
s4	가족관계 만족도		
s5	직업 만족도		
s6	사회적 친분관계 만족도		
s7	여가생활 만족도		
s8	전반적 만족도		
volunteer1	자원봉사활동 여부	① 자원봉사하고 있음 ② 자원봉사 안 함	
volunteer2	자원봉사활동 연간 횟수(회)		직접입력
smoking1	현재 담배를 피우는지 여부	① 피움 ② 피우지 않음	
smoking2	하루 평균 흡연량(개비)		직접입력
drinking	1년간 평균 음주량	① 월 1회 이하 ② 월 2~4회 ③ 주 2~3회 ④ 주 4회 이상 ⑤ 전혀 마시지 않음	
d1	술을 마시기 시작하면 중간에 그만둘 수 없었던 경험	① 전혀 없음 ② 몇 달에 한 번 ③ 한 달에 1~2번 ④ 주 1~2번 ⑤ 거의 매일	9:결측값
d2	해야 할 일을 술 때문에 하지 못한 경험		
d3	과음을 한 다음날 해장술을 마셔야 했던 경험		
d4	술을 마신 후에 좌절감을 느끼거나 후회한 경험		
d5	술 마시고 필름이 끊긴 경험		
p1	식욕이 없음	① 극히 드물다 ② 가끔 있었다 ③ 종종 있었다 ④ 대부분 그랬다	9:결측값
p2	비교적 잘 지냈다(*)		
p3	상당히 우울		
p4	모든 일이 힘들게 느껴짐		
p5	잠을 설침		

변수명	설명	변수값	비고
p6	외로움		
p7	불만 없이 생활(*)		
p8	사람들이 차갑게 대하는 것 같은 느낌		
p9	마음이 슬펐다		
p10	사람들이 나를 싫어하는 것 같은 느낌		
p11	뭘 해 나갈 엄두가 나지 않음		
e1	나는 가치있는 사람이다	① 대체로 그렇지 않다 ② 보통이다 ③ 대체로 그렇다 ④ 항상 그렇다	9:결측값
e2	나는 좋은 성품을 지녔다		
e3	나는 실패한 사람이라는 느낌이 든다(*)		
e4	다른 사람들과 같이 일을 잘할 수 있다		
e5	자랑할 것이 별로 없다(*)		
e6	긍정적인 태도를 가졌다		
e7	대체로 만족		
e8	내 자신을 존경할 수 있으면 좋겠다(*)		
e9	내 자신이 쓸모없는 사람이라는 느낌(*)		
e10	내가 좋지 않은 사람이라고 생각한다(*)		
t1	부부간 모욕적, 악의적인 이야기 경험	⓪ 비해당 ① 전혀 없음 ② 1~2번 ③ 3~5번 ④ 6번 이상	
t2	부부간 신체적 폭력의 위협 경험		
t3	부부간 신체적 폭력을 행사 경험		
w1	지난 한 해 동안 자살 사고 여부	① 예 ② 아니오	9:결측값
w2	지난 한 해 동안 자살 계획 여부		
w3	지난 한 해 동안 자살 시도 여부		

* : 역문항

실습 1

1. 교재에 제시한 코딩북을 참고하여 사회복지의 관심영역이 같은 사람들 간 조를 구성하여(혹은 개인별) 코딩북을 만들어 보자. 혹은 6장(설문조사)에서 실습한 설문지를 바탕으로 코딩북을 만들어 보자. 코딩북을 만든 후에는 수업에서 공통으로 사용하는 사이버캠퍼스나 카페 등에 업로드하여 교수님과 수강생들 간 공유하면서 수정사항에 관한 피드백을 나누는 시간을 가져보자.

[코딩북 양식]

※ 칸은 변수에 따라 더 늘려서 작성할 것.

변수명	설명	변수값	비고

2) 데이터 입력하기

SPSS는 크게 두 가지 화면으로 구성된다. SPSS를 실행시키면 왼쪽 하단에 '변수보기' 창과 '데이터 보기' 창의 탭이 있다.

'변수보기'는 코딩할 전체 변수들의 이름, 설명, 변수값 등을 세팅해 놓는 창이다. 상기의 코딩북의 내용을 그대로 입력하면 되는데, 다음의 순서를 따른다.

① **이름** : 변수의 이름을 입력한다. 변수의 이름은 영문, 한글 모두 사용되나 '-', '/' 등의 기호나 숫자가 변수의 이름에 처음 나오는 경우는 입력이 안 된다.

② **유형, 너비, 소수점** : 유형은 변수가 문자인지 숫자인지 등의 변수의 유형을 구분해주는 칸으로, 기본은 '숫자'로 되어 있는 채로 사용하면 되고, 필요에 따라 선택하여 사용한다. 너비와 소수점은 대개는 기본으로 세팅된 것을 그대로 사용하되, 변수의 성격에 따라 조정 가능하다.

그림 12-1 변수보기 창

그림 12-2 데이터 보기 창

③ **레이블** : 변수에 관한 설명을 작성하는 칸으로 필요에 따라 사용한다. 변수에 대한 추가적인 정보가 필요할 때 사용하는 칸으로, 통계분석에는 사용되지 않

는다. 작성 불필요한 경우는 생략하고 다음 칸으로 넘어간다.

④ **값 지정** : 변수가 만약 명목이나 서열변수여서 각 응답문항이 존재할 경우 개별 값을 지정해주는 칸이다. 통계는 숫자를 통해 계산이 되므로 문자로 되어 있는 것을 숫자로 바꿔주는 것이다. 만약 성별 변수일 경우 성별에는 '남자'와 '여자'가 있으므로 '남자'는 '1', '여자'는 '2'로 지정해준다. 값을 클릭하면 파란색 버튼이 보이며, 누르고 나면 값 레이블이라는 새로운 창이 뜬다. 기준값에는 해당 문항의 숫자 즉 '1', 레이블에는 숫자에 해당되는 문항의 내용, 즉 '남자'라고 입력하고 추가 버튼을 누르고, 모든 값이 다 지정되면 확인 버튼을 눌러준다. 등간변수나 비율변수의 연속변수는 정해진 값이 없으므로 이러한 변수일 경우는 값을 지정하지 않는다.

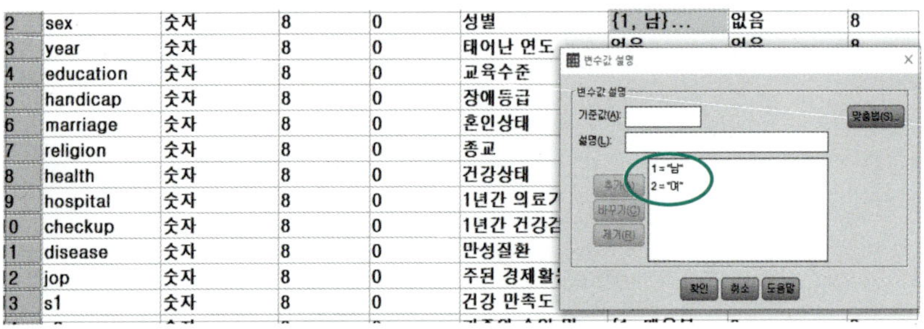

그림 12-3 변수값 지정하기

⑤ **결측값 지정** : 특정 문항에 대해 조사자가 응답하지 않았거나, 필요에 따라 '해당 없음'의 의미가 있는 변수일 경우 결측값을 지정해 줄 수 있다. 결측값을 클릭하면 파란색 버튼이 활성화되며, 파란색 버튼 누르면 아래의 그림과 같이 결측값을 지정할 수 있도록 되어 있다. 기본은 '결측값 없음'이 지정되어 있는데, 결측값을 지정하고자 할 경우 보통 '9', '99', '999'로 입력한다. 결측값의 숫자는 연구자가 임의대로 정해도 되나, 예를 들어 '연령' 변수의 경우 응답 중 9세나 99세가 있을 수 있으므로 이런 경우는 결측값을 '999'로 지정해야 하는 사항을 유의하면 된다.

그림 12-4 결측값 지정하기

상기의 순서대로 사용된 모든 변수를 지정해 준다. 변수지정이 완료되면 왼쪽 하단에 '데이터 보기' 창을 클릭하면 상단에 지정한 변수명이 나열된 것을 확인할 수 있다. 횡은 변수이고 열은 케이스로 코딩북의 값 지정에 따라 각 개별 값을 입력하면 된다. 입력 후에는 저장을 반드시 해준다.

	id	sex	year	education
1	101	2	1936	2
2	201	2	1945	4
3	301	1	1948	3
4	401	1	1942	7
5	402	2	1923	2
6	601	1	1962	6
7	602	2	1963	5
8	603	2	2003	3
9	604	1	1927	4
10	605	2	1934	4
11	801	2	1940	3
12	1001	2	1970	5
13	1002	2	1992	4
14	1201	1	1940	4
15	1202	2	1941	2
16	1401	1	1962	6
17	1501	1	1978	7
18	1502	2	1975	7

그림 12-5 코딩하기

* SPSS는 엑셀과 호환이 가능하여 엑셀로 코딩을 할 경우, SPSS에서 불러오기가 가능하다. SPSS의 불러오기 파일을 누른 뒤, 파일형식을 엑셀 확장자로 변환하여 파일을 선택하고 열기를 누르면 엑셀로 입력한 데이터가 SPSS에서 열린다. SPSS에서 작업한 파일을 엑셀에서 열고자 하는 경우에는 저장 시 확장자 파일을 엑셀확장자로 지정하여 파일을 저장하면, 엑셀에서도 SPSS에서 입력한 데이터가 열리게 된다.

3 데이터 클리닝

데이터 클리닝은 통계의 가장 첫 단추의 역할로 입력이 누락·오기 등의 오류를 바로 잡아 주어 잘못된 데이터가 없도록 처리해주는 작업이다. 데이터 클리닝 방법은 간단하게 빈도분석을 이용하여 알아볼 수 있다.

과정 | SPSS 상단에 메뉴바에 분석(A) → 기술통계량(E) → 빈도분석(F) → 화살표를 이용하여 확인하고자 하는 변수를 오른쪽 변수(V) 칸에 이동 → 확인

상기의 순서에 따라 최종 확인을 누르면 출력결과 창이 생성된다. 출력결과 창에 제시된 각 변수들 중 지정한 변수값이 아닌 숫자가 있는 경우 이를 수정한다. 가령 입력오류인 숫자가 '3'일 경우, 이를 찾는 방법은 데이터보기 창에서 오류가 있는 변수의 상단을 클릭하면 해당 변수가 노란색으로 바뀌게 되며, 상단의 메뉴 바 중 망원경(이모티콘)을 누르고 오류 숫자인 '3'을 넣고 다음 찾기를 실시하면 해당 설문을 찾아준다. 해당 설문지를 다시 확인하고 오류를 수정한 뒤, 저장한다.

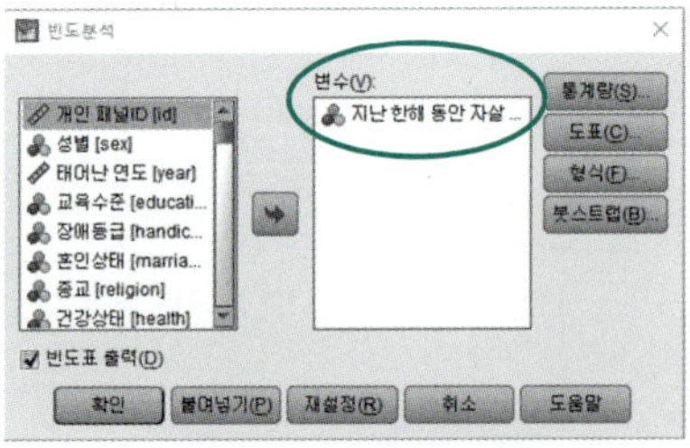

지난 한해 동안 자살 시도 여부

		빈도	퍼센트	유효 퍼센트	누적퍼센트
유효	예	11	.1	.1	.1
	아니오	12005	75.1	99.9	100.0
	3	1	.0	.0	100.0
	합계	12017	75.2	100.0	
결측	9	555	3.5		
	시스템 결측값	3417	21.4		
	합계	3972	24.8		
합계		15989	100.0		

그림 12-6 데이터 입력 오류 예시

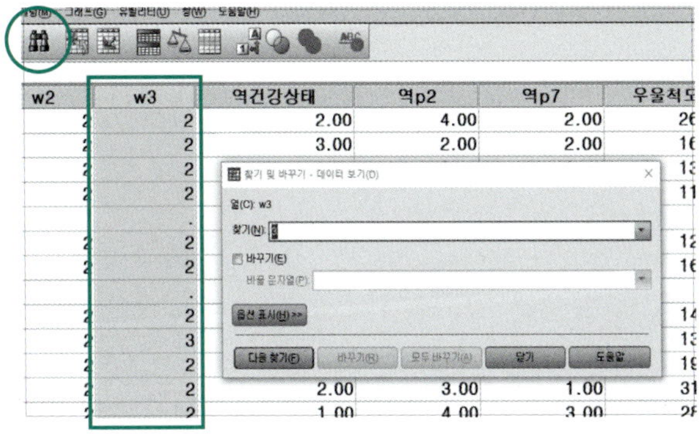

		t3	w1	w2	w3
1	0	0	2	2	2
2	0	0	2	2	2
3	0	0	2	2	2
4	0	0	2	2	2
5	.	.	.	.	.
6	1	1	2	2	2
7	1	1	2	2	2
8	.	.	.	.	.
9	1	1	2	2	2
10	1	1	2	2	3

그림 12-7 데이터 입력 오류 해결

4 변수 변환하기

변수 변환하기는 [작업용 데이터]를 열어 다음의 내용을 학습한 뒤 각자 실습해 본다.

1) 데이터 변환하기

데이터 변환하기는 원자료(raw data)로 입력된 변수가 연구의 목적에 따라 다른 변수로 변환이 필요할 때 활용하는 방법이다. 가장 대표적으로는 연속변수를 범주형 변수로 변경할 때, 하위범주를 상위범주로 묶을 때, 더미변수로 만들 때, 역점수로 전환할 때 등 매우 빈번하게 사용된다. 이에 대한 각각의 예는 다음과 같다.

- 연속변수를 범주형 변수로 변경 : 연속형으로 응답한 연령의 원자료를 연령대(10대/20대/30대/40대 이상)의 범주형으로 변경할 경우
- 하위범주를 상위범주로 묶을 때 : 경제상태를 상·중상·중·중하·하의 원자료에서 상·중·하로 상위범주로 묶고자 할 때 사용
- 더미변수로 만들 때 : 원자료의 성별(남자 1/ 여자 2로 코딩)을 더미변수로 변경(남자 1/ 여자 0으로 코딩변경)하고자 할 때
- 역점수로 전환할 때 : 척도의 역문항이 존재하여 이를 변경하고자 할 때
  원자료 : 1(매우 그렇다) / 2(그렇지다)/ 3(보통) / 4(그렇지 않다) / 5(매우 그렇지 그렇다)
  변 경 : 1(매우 그렇지 않다) / 2(그렇지 않다) / 3(보통) / 4(그렇다) / 5(매우 그렇다)

과정 메뉴 → 변환(T) → 다른 변수로 코딩변경(R) → 새로운 변수로 코딩변경 → 변수변환 값 입력 → 계속 → 확인

새로운 변수로 코딩변경 창이 열리면, 변경하고자 하는 변수를 클릭하여 화살표로 이동한 뒤, 새로 지정할 변수명을 출력변수란에 입력한 뒤 바꾸기 버튼을 누른다. 바꾸기 버튼을 누르면 물음표가 새로운 변수명으로 변환되고, 하단에 기존값 및 새로운 값(O)의 버튼이 파란색으로 활성화된다.

파란색 버튼을 누르면 왼쪽편에는 기존값, 오른편에는 새로이 입력할 값을 지정하게 되는데, 개별값일 경우는 값(V)에 숫자를 기입하고, 오른편에 새로이 변경될 값을 기입한다. 만약 기존의 변수가 일정한 범위 안에 있을 경우 범위(N)를 이용해서 숫자를 지정하며, 가장 작은 수부터 지정된 숫자까지를 선택하고 싶으면, 최저값에서 다음값까지 범위(G)를 지정하여 해당 숫자를 입력하고, 해당 숫자에서 가장 높은 숫자까지를 범위로 포함하고 싶다면 다음 값에서 최고값까지 범위(E)를 지정하여 숫자를 입력한 뒤, 해당되는 기준값을 오른편에 넣는다. 각 숫자를 지정하고 나면, 오른편에

추가라는 버튼이 활성화되며, 추가 버튼을 눌러 입력한 값이 제대로 처리되었는지 확인한다. 잘못 입력하였을 경우는 바꾸기(C), 제거(R)를 이용하여 처리한다. 만약 원자료 변수에 무응답이 있거나, 해당 범주 중 결측값으로 처리해야 되는 숫자가 있다면, 기존값에 시스템 또는 사용자 결측값(U), 새로운 값에는 시스템-결측값(Y)을 클릭하여 추가 버튼을 눌러 처리한다.

데이터 변환하기 실습은 건강상태(변수명: health) 변수를 이용해 실시해 보도록 한다. 건강상태는 원자료에서 값의 숫자가 높을수록 건강하지 않은 것을 의미하는데, 해석의 편의상 값이 클수록 건강한 편이라고 하기 위해 이를 역코딩해 보도록 한다. 건강상태의 역문항임을 표현하기 위해 새로운 변수명은 "역건강상태"로 변경하였고, 기존값 1, 2, 3, 4, 5 → 5, 4, 3, 2, 1로 즉, 값이 클수록 건강한 상태로 해석되도록 변경하였다. 결측값을 처리하는 MISSING → SYSMIS도 지정한다.

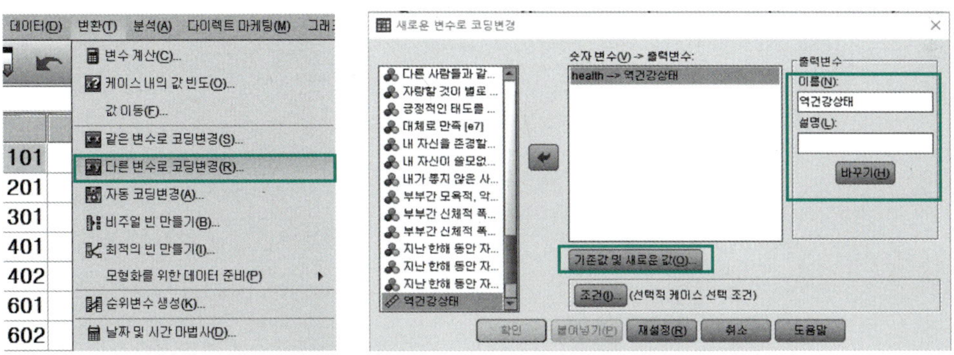

그림 12-8 다른 변수로 코딩변경

다른 변수로 코딩변경한 후에는 변수보기 창으로 이동하여 생성된 변수를 확인하고, 변수값을 지정해 준다.

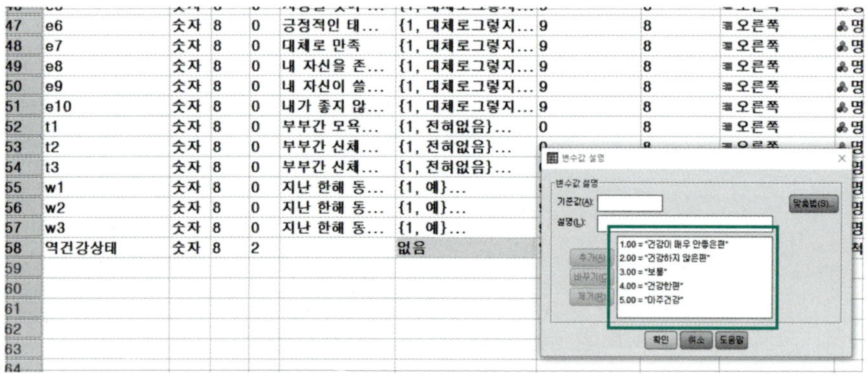

그림 12-9 다른 변수로 코딩변경 결과

코딩변경은 다른 변수로 코딩변경과 같은 변수로 코딩변경이 있는데, 같은 변수의 코딩변경은 현재 수정된 자료가 원자료에 덮어쓰기와 같은 기능을 하게 되므로 다른 변수로 코딩변경을 추천한다.

실습 2

1. "하위범주를 상위범주로 묶을 때"에 해당되는 실습으로 가족관계 만족도를 측정하는 변수 "s4"의 5개의 범주를 3개의 상위범주로 만들어 보자. 최종적으로 변수값 설명까지 지정해 준다.

기존값	새로운 값
매우 불만족 대체로 불만족	1. 불만족
그저 그렇다	2. 보통
대체로 만족 매우 만족	3. 만족

2) 변수 계산하기

변수 계산하기는 원자료에서 척도의 각 문항들을 합산시켜 합점수나, 평균점수를 구해야 하는 경우, 원자료에서 연산을 이용하여 새로운 변수로 생성이 필요한 경우

(예: 원자료는 출생연도로 되어 있는데, 이를 현재 연령으로 변경하고자 하는 경우) 등에 사용되는 기능이다. 변수 계산하기는 다양한 함수나 연산 등의 많은 기능이 제공되는데, 여기서는 가장 많이 활용되는 척도 문항 묶기와 연산을 이용한 새 변수 생성하기의 작업을 실습해 보고자 한다.

과정 메뉴 → 변환(T) → 변수 계산(C) → 대상변수에 새로운 변수명 입력 → 숫자표현식(E)에 적절한 식을 계산하고자 하는 해당 변수와 함께 기입하거나 함수집단(G) 이용 → 통계 선택 → Sum 더블 클릭 → SUM(변수1, 변수2, 변수3) → 확인

- Sum : 척도 단순 합, Mean : 문항들의 평균 점수

변수 계산하기 1은 척도 문항 묶기로 각 개별 문항들의 합을 구한다. 우울 척도에 해당되는 p1~p11의 11개의 문항의 합을 구하는데, 척도합산 시 유의할 사항은 문항 중 역문항이 존재하는 경우 역코딩 작업을 먼저 실시하고, 역코딩한 변수로 합산하도록 한다. 여기서는 p2와 p7이 역문항이기에 이를 역코딩한 후(p2 → 역p2, p7 → 역p7) 합산하였다. 해당되는 변수들을 사이에는 ","를 반드시 기입하고, 변수들 양쪽으로 괄호식이 되어 있는지 확인한다. 역문항 처리는 "데이터 변환하기" 부분을 참고 바란다.

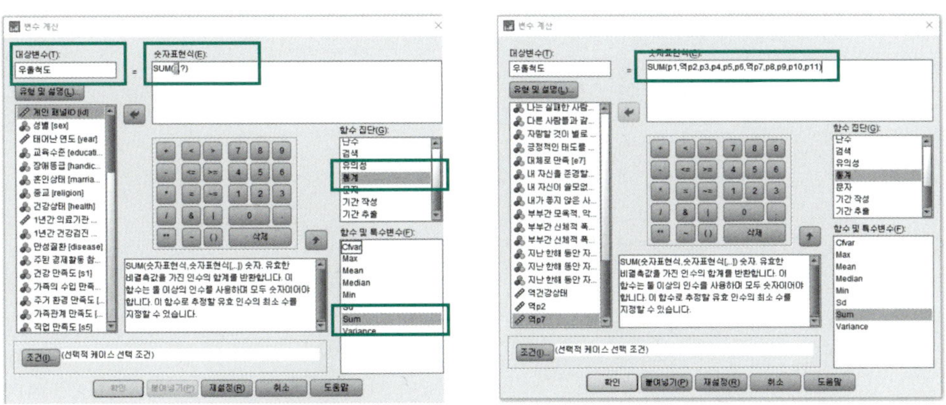

그림 12-10 변수 계산하기 1 - 척도 문항 묶기

52	t1	숫자	8	0	부부간 모욕적, 악의적인 이야기 경험	{1, 전혀없음}...	0
53	t2	숫자	8	0	부부간 신체적 폭력의 위협 경험	{1, 전혀없음}...	0
54	t3	숫자	8	0	부부간 신체적 폭력을 행사 경험	{1, 전혀없음}...	0
55	w1	숫자	8	0	지난 한해 동안 자살사고 여부	{1, 예}...	9
56	w2	숫자	8	0	지난 한해 동안 자살 계획 여부	{1, 예}...	9
57	w3	숫자	8	0	지난 한해 동안 자살 시도 여부	{1, 예}...	9
58	역건강상태	숫자	8	2		{1.00, 건강이 매...	없
59	역p2	숫자	8	2		없음	없
60	역p7	숫자	8	2		없음	없
61	우울척도	숫자	8	2		없음	없

그림 12-11 변수 계산하기 1 – 척도 문항 묶기 결과

변수 계산하기 SUM 기능을 이용하여 61번 항목에 우울척도가 생성되었으며, 이는 11개의 문항을 합하여 최소 4점부터 최대 44점에 이르는 연속되는 값을 가지므로 연속변수를 사용하는 통계에 활용될 수 있다.

변수 계산하기 2는 연산을 이용해 새로운 변수를 생성하는 것으로, 태어난 연도로 코딩된 "year" 변수를 계산식을 통해 현재의 연령으로 만들어주는 작업이다. 대상변수에 새로 생성할 변수의 이름을 기입하고, 숫자표현식에 현재의 연도(2017년이라 가정)에서 태어난 연도를 빼는 식으로 "2017-year"을 기입한 뒤 확인을 누른다.

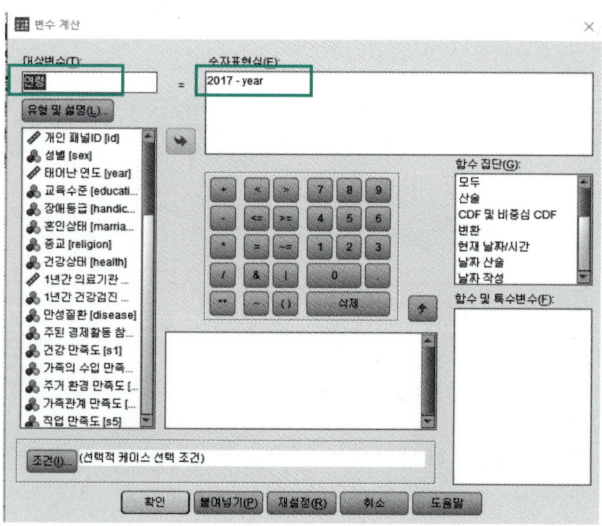

그림 12-12 변수 계산하기 2 – 연산을 이용한 변수 생성

49	e8	숫자	8	0	내 자신을 존경할수 있으면 좋겠다	{1, 대체로그렇지...	9
50	e9	숫자	8	0	내 자신이 쓸모없는 사람이라는 느낌	{1, 대체로그렇지...	9
51	e10	숫자	8	0	내가 좋지 않은 사람이라고 생각한다	{1, 대체로그렇지...	9
52	t1	숫자	8	0	부부간 모욕적, 악의적인 이야기 경험	{1, 전혀없음}...	0
53	t2	숫자	8	0	부부간 신체적 폭력의 위협 경험	{1, 전혀없음}...	0
54	t3	숫자	8	0	부부간 신체적 폭력을 행사 경험	{1, 전혀없음}...	0
55	w1	숫자	8	0	지난 한해 동안 자살사고 여부	{1, 예}...	9
56	w2	숫자	8	0	지난 한해 동안 자살 계획 여부	{1, 예}...	9
57	w3	숫자	8	0	지난 한해 동안 자살 시도 여부	{1, 예}...	9
58	역건강상태	숫자	8	2		{1.00, 건강이 매...	없
59	역p2	숫자	8	2		없음	없
60	역p7	숫자	8	2		없음	없
61	우울척도	숫자	8	2		없음	없
62	연령	숫자	8	2		없음	없

그림 12-13 변수 계산하기 2 - 연산을 이용한 변수 생성 결과

연산을 이용한 변수 계산을 통해 62번 항목에 연령이 생성되었으며, 현재의 연도에서 태어난 연도를 뺄셈하였으므로 연령변수는 각 케이스마다의 개별 연령이 된다.

실습 3

1. 자아존중감 척도 생성을 위해 e1~e10까지의 10개의 문항을 SUM 기능을 이용하여 합산하되, 역문항 처리 후 합산하시오.

- 역문항 : e3, e6, e8, e10

3) 케이스 선택하기

케이스 선택하기는 필요로 하는 조건만을 선택하는 기능으로, 보통 한 변수 내의 카테고리 중 특정한 항목을 선택해서 분석을 실시하는 경우 활용된다. 예를 들어, 성별 중 남자만 선택하여 분석이 필요할 때, 성별변수에서 남자만 선택하는 기능을 이용한다.

과정 메뉴 → 데이터(D) → 케이스 선택(S) → 조건을 만족하는 케이스(C) → 조건 버튼 클릭 → 변수와 선택 항목 기입 → 출력결과 : 케이스 필터/ 새파일 복사/ 케이스 삭제 등 선택 → 계속 → 확인

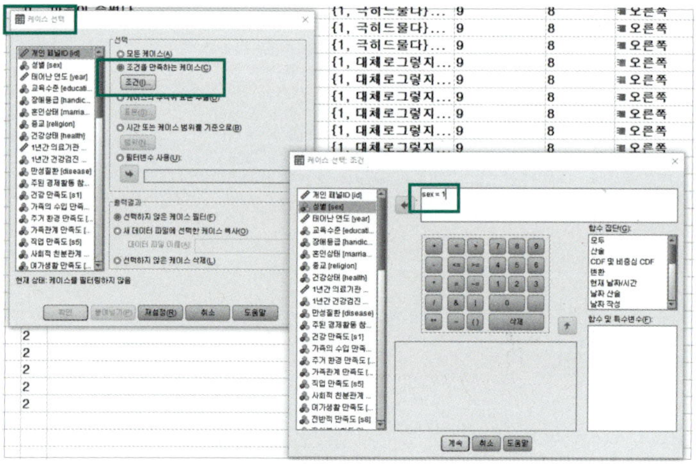

그림 12-14 케이스 선택하기

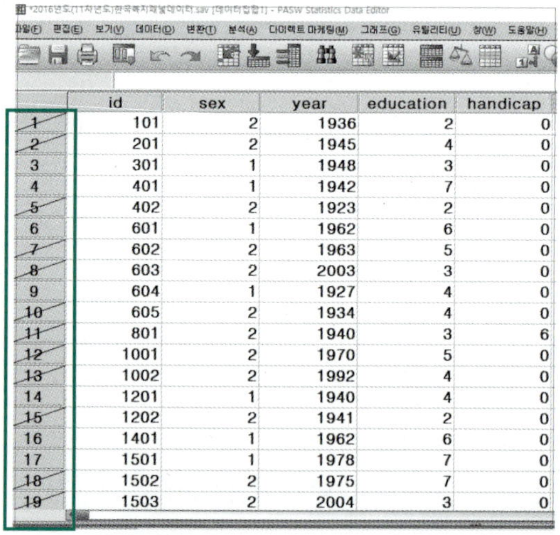

그림 12-15 케이스 선택하기 결과

케이스 선택하기 작업을 실시한 뒤, 데이터 보기 창으로 이동하면 [그림 12-15]과 같이 빗금이 쳐 있는 것을 확인할 수 있다. 남자만을 선택하였으므로, 빗금은 여자인 경우의 케이스이다. 케이스 선택하기 작업의 주의사항은 선별하여 확인하고자 했던 변수의 확인 이후에는 조건을 해지하는 작업 즉, 다시 모든 케이스(A)로 선택하지 않으면 이후의 모든 분석은 해당 항목이 선택된 채 작업이 수행되므로 이를 유의해야 한다.

실습 4

1. 종교 유무인 "religion" 변수를 이용하여 종교가 있는 사람만 선택하시오.
   종교 있음 = 1

• 정리하기 •

- 코딩북(coding book)은 수집된 자료들에 대해 숫자 또는 문자와 같은 기호를 부여한 자료로서, 설문지의 서술형 정보를 변수명, 변수값 등을 데이터로 입력할 수 있도록 하는 연구의 소통이 되는 자료이다.
- SPSS는 데이터 변수보기 창과 데이터 보기 창으로 구분된다.
- 데이터 입력을 위해서는 이름, 유형, 너비, 소수점, 레이블, 값지정, 결측값 지정을 사용할 수 있어야 한다.
- 데이터 클리닝은 입력상 누락·오기 등의 오류를 확인해주는 역할을 하며, 빈도분석을 통해 살펴본다. 오류가 발견되면 해당 설문지 확인 후 수정한다.
- 데이터 변환하기는 원자료(raw data)의 변수를 연구의 목적에 따라 다른 변수로 변환이 필요할 때 활용하는 방법으로, 연속변수를 범주형 변수로 변경할 때, 하위범주를 상위범주로 묶을 때, 더미변수로 만들 때, 역점수로 전환할 때 등 매우 빈번하게 사용된다.
- 변수 계산하기는 원자료에서 연산을 이용하여 새로운 변수로 생성이 필요한 경우에(예: 합점수, 평균 산출 등) 사용되는 기능이다.
- 케이스 선택하기는 필요로 하는 조건만을 선택하는 기능으로, 변수 중 특정한 항목을 선택해서 분석을 실시하는 경우 활용한다.

Chapter 13

Research Methods for Social Welfare

양적통계의 실제 2

학습목표

- 기술통계분석을 수행하고 이를 보고서로 작성할 수 있다.
- 교차분석을 수행하고 이를 보고서로 작성할 수 있다.
- 독립표본 t-검증과 대응표본 t-검증을 수행하고 이를 보고서로 작성할 수 있다.
- 일원배치분산분석을 수행하고 이를 보고서로 작성할 수 있다.
- 상관관계분석을 수행하고 이를 보고서로 작성할 수 있다.
- 다중회귀분석을 수행하고 이를 보고서로 작성할 수 있다.

이 장에서는 본격적인 양적통계분석으로 각 변인들의 기초적인 정보를 얻는 기술통계의 일원적 분석과 두 변수 간의 관계를 분석하는 교차분석, 독립표본 t-검증, 일원배치분산분석, 상관관계분석의 이원적 분석을 중심으로 살펴보고자 한다. 마지막에 제시하는 다중회귀분석은 인과관계를 살펴볼 수 있는 고급분석에 해당하는 분석으로 상관관계 분석 이후 학습의 연장을 희망하는 학습자를 위해 추가적으로 제시한 것이다. 회귀분석은 일종의 옵션과 같으므로 학습자의 선택에 따라 학습여부를 판단하길 바란다. 본 교재에 제시한 것 이상의 통계분석 관련한 자세한 내용은 사회복지자료분석론, 사회복지조사방법론 등의 책을 참고하길 바란다.

1 기술통계

통계 중 가장 기본이 되는 분석으로, 한 변수에 관한 통계수치를 기술적으로 보여주는 분석이다. 기술통계는 크게 빈도분석과 기술통계로 나뉘게 된다.

1) 빈도분석

빈도분석은 명목변수, 서열변수와 같은 비연속변수의 빈도와 비율(%)을 나타내는 분석으로, 카테고리별 해당 빈도와 이 빈도가 전체 중 차지하는 비율(%)에 관한 정보가 필요할 때 사용한다.

과정 | 분석(A) → 기술통계량(E) → 빈도분석(F) → 변수 이동 → 확인

빈도분석 창이 열리면, 왼쪽에 있는 변수 중 빈도분석을 하려는 변수를 클릭하여 화살표나 드래그 이동을 통해 변수(V)로 가져간다. 이어 확인을 누르면 빈도와 비율(%) 정도를 나타내는 기본 정보는 출력되나, 최소, 최대값, 백분위수, 왜도, 첨도 등의 추가 정도가 필요하면 통계량 버튼을 눌러 해당 분석을 누르면 결과가 산출된다. 빈도분석은 대개 빈도와 비율(%)의 정보를 많이 활용하지만, 원도표, 막대도표, 히스토그램 등의 그림이 필요할 때도 활용 가능하다.

아래의 예제는 교육수준을 나타내는 "education" 변수의 빈도분석을 실시한 내용이다.

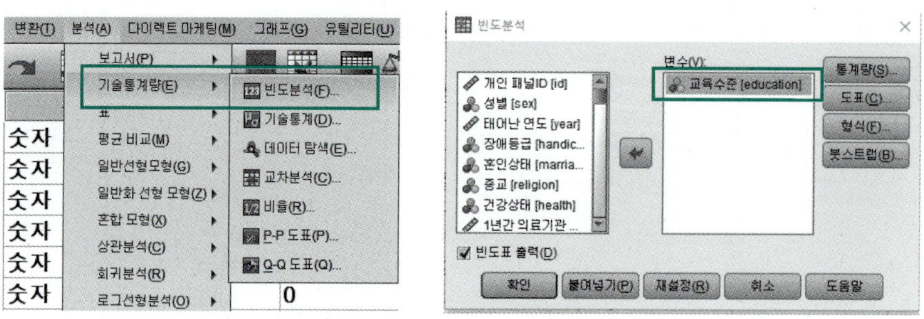

그림 13-1 빈도분석

▸ 빈도분석

[데이터집합1] C:\Users\kim\Desktop\사회복지조사론책집필 (2)\2016년도(11차년도)한국복지패널데이터.sav

통계량

교육수준

N	유효	15989
	결측	0

교육수준

		빈도	퍼센트	유효 퍼센트	누적퍼센트
유효	미취학	802	5.0	5.0	5.0
	무학	1174	7.3	7.3	12.4
	초등학교	3591	22.5	22.5	34.8
	중학교	2086	13.0	13.0	47.9
	고등학교	4188	26.2	26.2	74.1
	전문대학	1335	8.3	8.3	82.4
	대학교	2497	15.6	15.6	98.0
	대학원석사	271	1.7	1.7	99.7
	대학원박사	45	.3	.3	100.0
	합계	15989	100.0	100.0	

그림 13-2 빈도분석 출력 결과

원도표나 막대도표 등의 그림이 필요한 경우, 빈도분석의 도표버튼을 눌러 원하는 도표유형을 선택 후, 계속, 확인버튼을 누르면 아래의 그림과 같이 도표가 제시되며, 이는 복사하기 기능 통해 한글 파일에 붙여넣기가 가능하다.

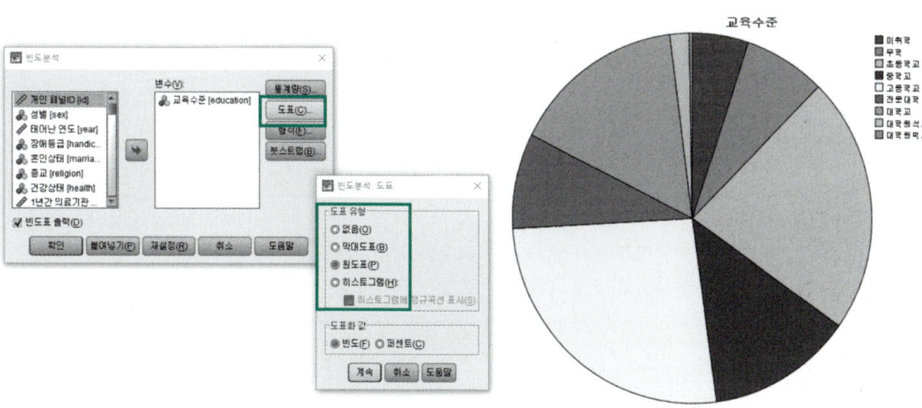

그림 13-3 빈도분석 그림

퍼센트와 유효퍼센트는 사용 목적에 따라 선택하면 되는데, 퍼센트는 무응답 등의 결측값까지를 100%로 두고 나눈 퍼센트이고, 무응답의 비율이 필요하다면 퍼센트의 값을 보고하면 된다. 유효퍼센트는 결측값을 제외하고 100%를 산정한 것으로 이 둘 중 필요에 따라 선택해서 보고하면 된다.

문서에 제시하는 빈도분석의 결과와 해석의 예는 다음과 같다.

■ **빈도분석 보고서 작성 예**

조사대상자의 교육수준은 '고등학교 졸업'이 4,188명(26.2%)으로 가장 많았고, 이어 '초등학교 졸업' 3,591명(22.5%)으로 많았음. 전체 조사대상자의 52% 정도가 고등학교 이상의 학력을 가진 것으로 조사됨.

표 13-1 조사대상자의 교육수준

구분	빈도(명)	비율(%)
미취학	802	5.0
무학	1,174	7.3
초등학교	3,591	22.5
중학교	2,086	13.0
고등학교	4,188	26.2
전문대학	1,335	8.3
대학교	2,497	15.6
대학원석사	271	1.7
대학원박사	45	0.3
합계	15,989	100.0

※ Tip : 모든 통계분석 결과를 해석할 때, 분석 수준을 한 단계 더 높이고 싶다면, 현재 연구결과와 관련된 현상에 관해 선행연구에서 제시한 연구결과와 비교하여 분석하고 이에 대한 출처를 제시하면 더욱 훌륭한 분석결과가 될 수 있음.

실습 1

주된 경제활동 참여상태를 묻는 "job" 변수를 빈도분석 실시하고, 결과를 보고하시오. 비율은 유효퍼센트 값을 제시하도록 한다.

■ **빈도분석 결과**

조사대상자의 주된 경제활동 참여상태

구분	빈도(명)	비율(%)
상용직임금근로자		
임시직임금근로자		
일용직임금근로자		
자활근로, 공공근로, 노인일자리		
고용주		
자영업자		
무급가족종사자		
실업자		
비경제활동인구		
합계	15,989	100.0

2) 기술통계

기술통계는 평균과 표준편차의 정보가 필요할 때 사용하는 분석으로, 등간변수와 비율변수와 같은 연속변수가 사용될 수 있다. 그러나 사회과학에서는 리커트 척도와 같이 본래 서열변수이지만, 연속변수로 취급하여 사용되는 것을 허용하기도 한다.

과정 | 분석(A) → 기술통계량(E) → 기술통계(D) → 변수 이동 → 확인

기술통계가 기본적으로 제시하는 정보는 빈도, 최소값, 최대값, 평균, 표준편차이지만, 분석 시 옵션안의 다른 정보들 중 필요한 것이 있다면 체크하여 실행하면 해당 정보가 추가로 출력된다. 아래의 예제는 조사대상자의 의료기관 이용 관련한 평균횟수를 알고자 1년간 의료기관 외래진료횟수 "hospital"과 1년간 건강검진 횟수

"checkup"의 기술통계를 분석한 내용이다. 통상적으로 보고서에서 소수점은 둘째 자리까지 제시하므로 셋째 자리에서 반올림하도록 한다.

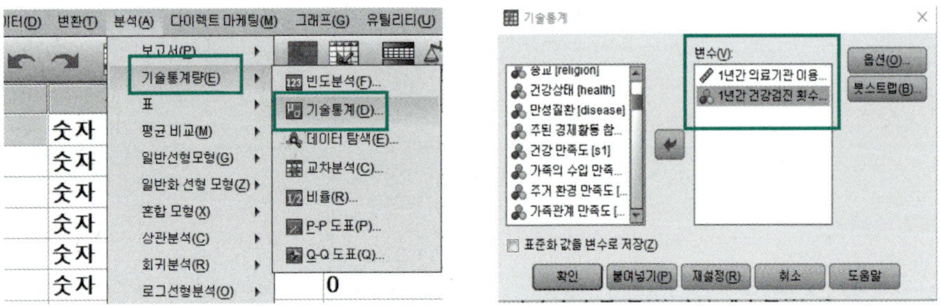

그림 13-4 기술통계

기술통계

[데이터집합1] C:\Users\kim\Desktop\사회복지조사론책집필 (2)\2016년도(11차년도)한국복지패널데이터.sav

기술통계량

	N	최소값	최대값	평균	표준편차
1년간 의료기관 이용 외래진료횟수(회)	15989	0	911	16.32	28.207
1년간 건강검진 횟수(회)	15989	0	12	.52	.545
유효수 (목록별)	15989				

그림 13-5 기술통계 출력 결과

문서에 제시하는 기술통계의 결과와 해석의 예는 다음과 같다.

■ 기술통계 보고서 작성 예

조사대상자의 의료기관 이용 특성으로 지난 1년간 의료기관 이용 실태와 지난 1년간 건강검진 횟수를 조사함. 조사결과, 지난 1년간 외래진료를 받은 횟수는 평균 16회(표준편차 : 28.21)로 나타났고, 지난 1년간 건강검진은 평균 0.5회(표준편차 : .55) 받은 것으로 나타남.

표 13-2 조사대상자의 의료기관 이용 특성

변수	평균	표준편차
1년간 의료기관 이용 외래진료 횟수(회)	16.32	28.21
1년간 건강검진 횟수(회)	.52	.545

실습 2

건강 관련 변수 중 흡연량(개비)을 묻는 "smoking2" 변수를 기술통계분석하고, 결과를 보고하시오.

■ **기술통계 결과**

조사대상자의 흡연량

변수	평균	표준편차
하루 평균 흡연량(개비)		

실습 3

자아존중감 개별 문항을 척도로 합산한 후(SUM), 이를 기술통계분석하고, 결과를 보고하시오.

■ **기술통계 결과**

조사대상자의 자아존중감

변수	평균	표준편차
자아존중감		

2 교차분석

교차분석은 두 변수 간의 관계가 통계적으로 유의한지를 검증하는 분석으로, 주어진 자료가 비연속변수(불연속) 대 비연속변수(불연속)인 경우 사용할 수 있는 검증방법이다. 교차분석에 사용가능한 변수의 성격은 다음과 같다.

- 명목변수 대 명목변수
- 명목변수 대 서열변수
- 서열변수 대 명목변수
- 서열변수 대 서열변수

과정 분석(A) → 기술통계량(E) → 교차분석(C) → 왼쪽의 변수들 중 독립변수를 '열'에 이동, 종속변수를 '행'으로 변수를 이동 → 통계량(S) → 카이제곱(H)을 체크/ 계속 → 셀(E) → 퍼센트 영역에 '열'을 체크/ 계속 → 확인

교차분석은 행과 열의 순서가 바뀌어도 결과가 동일하고, 해당 셀의 빈도에 따른 퍼센트는 필요에 따라 '열'과 '행'을 모두 체크하기도 한다. 아래의 예제는 자원봉사활동여부("volunteer1")에 따른 여가생활만족도("s7")를 알아보고자 제시한 예이다.

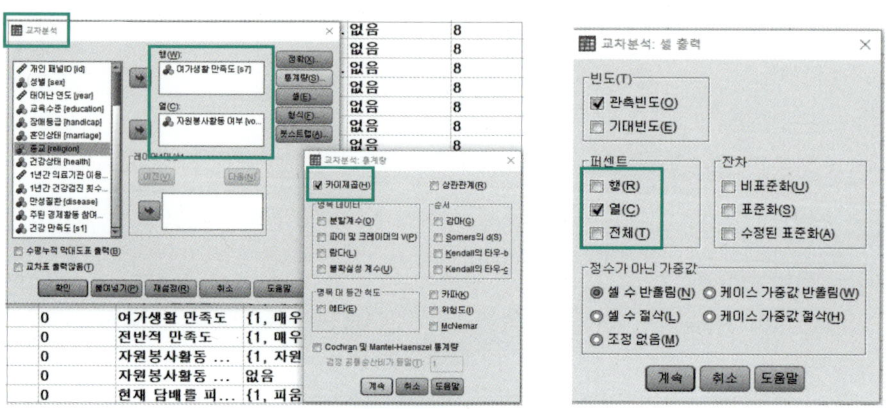

그림 13-6 교차분석

교차분석

[데이터집합1] C:\Users\kim\Desktop\사회복지조사론책집필 (2)\2016년도(11차년도)한국복지패널데이터.sav

케이스 처리 요약

	케이스					
	유효		결측		전체	
	N	퍼센트	N	퍼센트	N	퍼센트
여가생활 만족도 * 자원봉사활동 여부	12308	77.0%	3681	23.0%	15989	100.0%

여가생활 만족도 * 자원봉사활동 여부 교차표

			자원봉사활동 여부		전체
			자원봉사하고 있음	자원봉사안함	
여가생활 만족도	매우불만족	빈도	9	142	151
		자원봉사활동 여부 중 %	.9%	1.3%	1.2%
	대체로불만족	빈도	90	1585	1675
		자원봉사활동 여부 중 %	8.5%	14.1%	13.6%
	그저그렇다	빈도	243	4210	4453
		자원봉사활동 여부 중 %	23.0%	37.4%	36.2%
	대체로만족	빈도	638	4892	5530
		자원봉사활동 여부 중 %	60.5%	43.5%	44.9%
	매우만족	빈도	75	424	499
		자원봉사활동 여부 중 %	7.1%	3.8%	4.1%
전체		빈도	1055	11253	12308
		자원봉사활동 여부 중 %	100.0%	100.0%	100.0%

카이제곱 검정

	값	자유도	점근 유의확률 (양측검정)
Pearson 카이제곱	166.912[a]	4	.000
우도비	167.620	4	.000
선형 대 선형결합	132.024	1	.000
유효 케이스 수	12308		

a. 0 셀 (.0%)은(는) 5보다 작은 기대 빈도를 가지는 셀입니다. 최소 기대빈도는 12.94입니다.

그림 13-7 교차분석 출력 결과

문서에 제시하는 교차분석의 결과와 해석의 예는 다음과 같다.

교차분석부터는 유의확률 p 값의 통계치를 보고 통계적으로 유의한지 아닌지를 연구자가 직접 판단해야 한다. 따라서 각 분석에 따른 통계값의 유의확률 기준을 알고 있어야 한다. 통상적으로 95%의 신뢰수준을 따르는 사회과학에서는 유의확률 값이 .05 미만일 경우 '통계적으로 유의하다'라고 판단하게 된다. 이를 세 가지 기준에 따라 더욱 세부적으로 판단하고자 한다면, 유의확률 p 값이 .05 미만인 경우는 95%의 신뢰수준, 유의확률 p 값이 .01 미만인 경우는 99%의 신뢰수준, 유의확률 p 값이 .001 미만인 경우는 99.9%의 신뢰수준을 따른다고 본다. 신뢰수준이 높아지면 그만큼 본 연구의 결과가 실제의 현상을 반영할 가능성을 높인다고 볼 수 있다. 한편, 유의확률 p 값이 .05 이상으로 나온 경우, 95%의 신뢰수준을 따르는 기준에서는 '두 집단 간의 차이가 통계적으로 유의하지 않다'고 제시한다. 이 기준은 이하 모든 분석에서 동일하게 적용된다.

■ 교차분석 보고서 작성 예

자원봉사활동여부에 따른 여가생활만족도를 조사한 결과, 자원봉사활동하는 경우, 그렇지 않은 경우 모두 여가생활만족은 높은 편이 많았음. 그러나 자원봉사를 하지 않는 경우보다 하고 있는 경우, 여가생활만족도가 더 높은 것으로 나타남. 이러한 결과는 통계적으로 유의하여 자원봉사활동여부에 따른 여가생활만족도는 집단 간 차이가 있는 것으로 분석됨(x^2=166.912, p=.000).

표 13-3 자원봉사활동여부에 따른 여가생활만족도

		자원봉사활동함	자원봉사 안 함	x^2
		빈도(%)	빈도(%)	
여가생활 만족도	매우 불만족	9(.9)	142(1.3)	x^2=166.912 p=.000
	대체로 불만족	90(8.5)	1585(14.1)	
	그저 그렇다	243(23.0)	4210(37.4)	
	대체로 만족	638(60.5)	4892(43.5)	
	매우 만족	75(7.1)	424(3.8)	
	합계	1055(100.0)	11253(100.0)	

실습 4

성별에 따른 건강상태를 교차분석 실시하고 결과를 아래와 같이 보고하시오.

■ 교차분석 결과

성별에 따른 건강상태

		남	여	x^2
		빈도(%)	빈도(%)	
건강상태	아주 건강 건강한 편 보통 건강하지 않은 편 건강이 매우 안 좋은 편			x^2= p=
	합계			

3 독립표본 t-검증

독립표본 t-검증은 두 집단 간의 종속변수의 차이가 통계적으로 유의한지를 검증하는 분석으로, 독립변수는 비연속변수(불연속) 형태의 두 집단이어야 하며, 종속변수는 연속변수인 경우 사용할 수 있는 검증방법이다.

과정 분석(A) → 평균비교(M) → 독립표본 T검정(T) → 집단변수(G)에 독립변수의 두 집단 이동하여 각각의 값을 집단정의(D)에 기입 → 검정변수(T) 종속변수 이동 → 확인

집단변수(G)에 집단정의(D)의 숫자는 코딩된 수를 확인하고 그 값을 입력한다. 아래의 예제는 성별("sex")에 따른 외래진료횟수("hospital")의 차이를 알고자 분석한 독립표본 t-검증의 예이다.

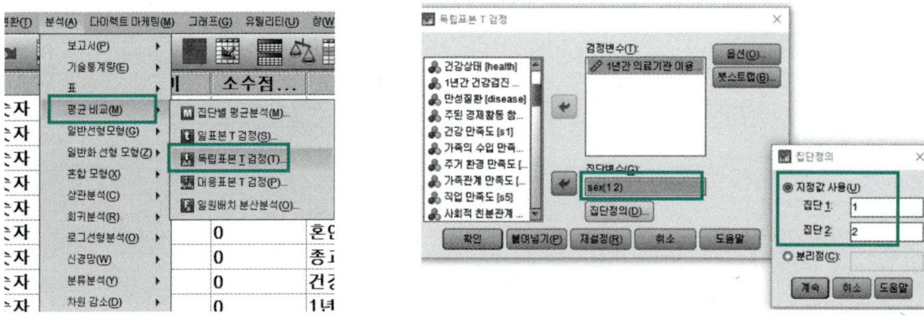

그림 13-8 독립표본 t-검증

T-검정

[데이터집합1] C:\Users\kim\Desktop\사회복지조사론책집필 (2)\2016년도(11차년도)한국복지패널데이터.sav

집단통계량

	성별	N	평균	표준편차	평균의 표준오차
1년간 의료기관 이용 외래진료횟수(회)	남	7267	12.20	21.217	.249
	여	8722	19.75	32.522	.348

독립표본 검정

		Levene의 등분산 검정		평균의 동일성에 대한 t-검정						
									차이의 95% 신뢰구간	
		F	유의확률	t	자유도	유의확률 (양쪽)	평균차	차이의 표준오차	하한	상한
1년간 의료기관 이용 외래진료횟수(회)	등분산이 가정됨	382.187	.000	-17.018	15987	.000	-7.556	.444	-8.427	-6.686
	등분산이 가정되지 않음			-17.654	15158.930	.000	-7.556	.428	-8.395	-6.717

그림 13-9 독립표본 t-검증 출력 결과

문서에 제시하는 독립표본 t-검증의 결과와 해석의 예는 다음과 같다. 평균 및 표준편차는 소수점 둘째 자리까지만 제시하였다. 한편, 유의확률 p 값이 .05 이상으로 나온 경우, 95%의 신뢰수준을 따르는 기준에서는 '두 집단 간의 종속변수의 평균 차이가 통계적으로 유의하지 않다'고 제시한다. 즉, 두 집단 이상의 종속변수는 큰 차이가 없이 유사하다는 것을 의미한다.

■ **독립표본 t-검증보고서 작성 예**

외래진료횟수는 남자가 12.20회(21.22), 여자가 19.75회(32.52)로 남자보다 여자가 외래진료를 더 많이 받는 것으로 나타남. 즉, 성별에 따른 외래진료횟수의 집단 간 차이는 통계적으로 유의한 것으로 분석됨(t=-17.654, p=.000).

표 13-4 성별에 따른 외래진료횟수

	남자(n=7,267)		여자(n=8,722)		t	p
	평균	표준편차	평균	표준편차		
외래진료횟수	12.20	(21.22)	19.75	(32.52)	-17.654	.000

실습 5

흡연여부("smoking1")에 따른 외래진료횟수("hospital")를 독립표본 t-검증 분석하고 결과를 아래와 같이 보고하시오.

■ **독립표본 t-검증 결과**

흡연여부에 따른 외래진료횟수

	흡연(n=　　　)		비흡연(n=　　　)		t	p
	평균	표준편차	평균	표준편차		
외래진료횟수		(　　)		(　　)		

4 대응표본 t-검증

대응표본 t-검증은 집단의 사전, 사후의 평균값의 차이가 통계적으로 유의한지를 검증하는 분석으로, 보통 집단 프로그램의 사전 점수와 사후 점수나, 개입 전 점수와 개입 후 점수를 이용하여 프로그램이나 개입이 효과가 있었는지를 증명하고자 할 때 사용되는 분석기법이다. 대응표본 t-검증은 사전, 사후 변수가 모두 연속변수인 경우 사용할 수 있다.

과정 분석(A) → 평균비교(M) → 대응표본 T검정(P) → 대응변수(V) 변수 1에 사전 혹은 개입 전 변수를 이동, 변수 2에 사후 혹은 개입 후 점수를 이동(※ 순서를 바꾸어도 분석에는 지장 없으나 부등호가 바뀌므로 해석에 유의할 것) → 확인

이 분석은 한 집단 및 개입에 관해 사전–사후 형식으로 된 데이터로 분석이 가능하므로 실습데이터 2[1]를 따로 실행하여 분석을 실시한다. 아래의 예제는 정서적 개입 프로그램의 과정을 검증하기 위해 정서적 안정감의 사전 점수("정서적 안정감_사전")와 사후 점수("정서적 안정감_사후")의 통계적인 차이 분석을 실시한 대응표본 t-검증의 예이다.

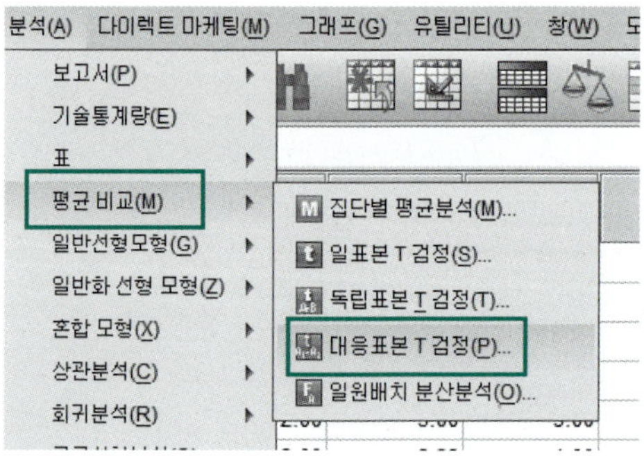

1) 실습데이터 2는 양서원출판사 홈페이지(http://www.yswpub.co.kr)의 고객지원 일반자료실에서 다운받을 수 있다.

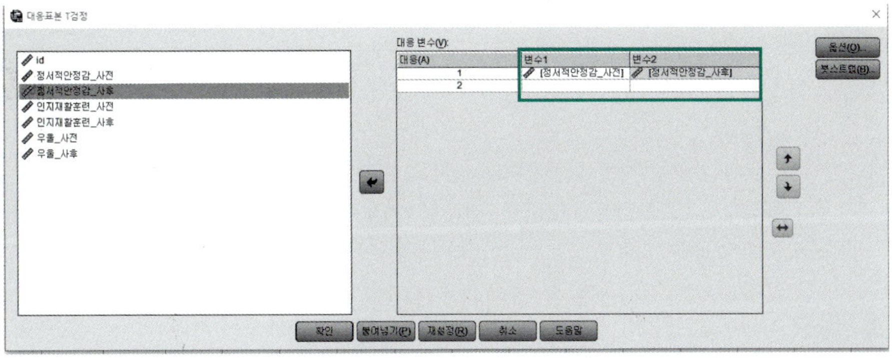

그림 13-10 대응표본 t-검증

T-검정

[데이터집합1] C:₩Users₩yun₩Desktop₩사회복지조사론_실습 데이터 2_대응표본t-검증.sav

대응표본 통계량

		평균	N	표준편차	평균의 표준오차
대응 1	정서적안정감_사전	3.3720	200	.96825	.06847
	정서적안정감_사후	3.5900	200	.99466	.07033

대응표본 상관계수

		N	상관계수	유의확률
대응 1	정서적안정감_사전 & 정서적안정감_사후	200	.026	.719

대응표본 검정

		대응차					t	자유도	유의확률 (양쪽)
		평균	표준편차	평균의 표준오차	차이의 95% 신뢰구간 하한	차이의 95% 신뢰구간 상한			
대응 1	정서적안정감_사전 - 정서적안정감_사후	-.21800	1.37024	.09689	-.40906	-.02694	-2.250	199	.026

그림 13-11 대응표본 t-검증 출력 결과

문서에 제시하는 대응표본 t-검증의 결과와 해석의 예는 다음과 같다. 평균 및 표준편차는 소수점 둘째 자리까지만 제시하였다. 유의확률 p 값이 .05 이상으로 나온 경우, 95%의 신뢰수준을 따르는 기준에서는 '사전-사후의 변화가 없어 개입프로그램의 효과는 검증되지 않았다'라고 제시한다.

■ **대응표본 t-검증보고서 작성 예**

정서적 개입프로그램 효과성 분석 결과, 정서적 안정감의 사전 평균점수는 3.37점(표준편차 : .97), 사후 평균점수는 3.59점(표준편차 : .99)으로 사전에 비해 사후의 정서적 안정감의 점수가 더 높았음. 정서적 안정감은 사전에 비해 사후가 증가된 것이 통계적으로 유의한 차이가 있는 것으로 나타남(t=-2.250, p=.026). 즉, 정서적 개입 프로그램은 정서적 안정감을 증진시키는 데에 효과적이었음이 밝혀짐.

표 13-5 정서적 안정감의 사전-사후 점수

정서적 안정감 사전 점수(n=200)		정서적 안정감 사후 점수(n=200)		t	p
평균	표준편차	평균	표준편차		
3.37	(.97)	3.59	(.99)	-2.250	.026

실습 6

인지재활훈련의 효과성을 검증하고자, "인지재활훈련 사전 점수"와 "인지재활훈련 사후 점수"를 이용하여 대응표본 t-검증 분석하고 결과를 아래와 같이 보고하시오.

■ **대응표본 t-검증 결과**

인지재활훈련의 효과성 검증

인지재활훈련 사전 점수(n=)		인지재활훈련 사후 점수(n=)		t	p
평균	표준편차	평균	표준편차		
	( )		( )		

5 일원배치분산분석

일원배치분산분석(ANOVA)은 세 집단 이상의 집단에서 종속변수의 차이가 통계적으로 유의한지를 검증하는 분석으로, 독립변수는 비연속변수(불연속) 형태의 세 집단 이상이고, 종속변수는 연속변수인 경우 사용할 수 있는 검증방법이다. 세 집단 이상이나, 집단이 여러 개여서 빈도가 30 이하가 될 경우는 집단 크기가 너무 작으므로 다른 변수 코딩의 방법으로 집단을 조정한 후 재실시한다[2].

과정 | 분석(A) → 평균비교(M) → 일원배치분산분석(O) → 요인분석(F)에 세 집단 이상의 독립변수 이동 → 종속변수(E) 이동 → 사후분석(H) Scheffe 체크 → 옵션(O) → 기술통계(D) 체크/ 계속 → 확인

일원배치분산분석은 독립표본 T-검정과는 달리 세 집단 이상이므로 집단 간 차이가 있을 경우, 집단의 크기를 사후분석을 통해 살펴보게 된다. 사후분석에는 여러 가지 분석이 있는데, 이 중 보수적인 기준으로 가장 많이 활용되는 Scheffe를 선택한다.

아래의 예제는 1년간 평균 음주량("drinking")에 따른 우울 정도의 차이를 알고자 분석한 일원배치분산분석의 예이다. 우울 정도는 역문항 처리를 거친 뒤, 변수계산을 이용하여 11개의 문항을 합산한 척도이다.

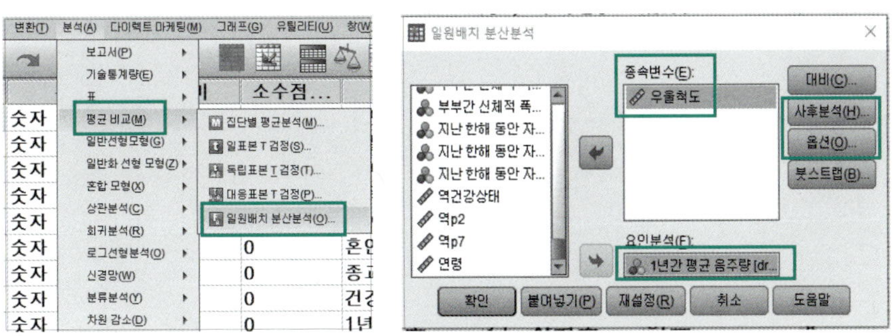

그림 13-12 일원배치분산분석

---

2) 여기서부터는 다시 실습데이터1을 이용하여 분석을 실시함.

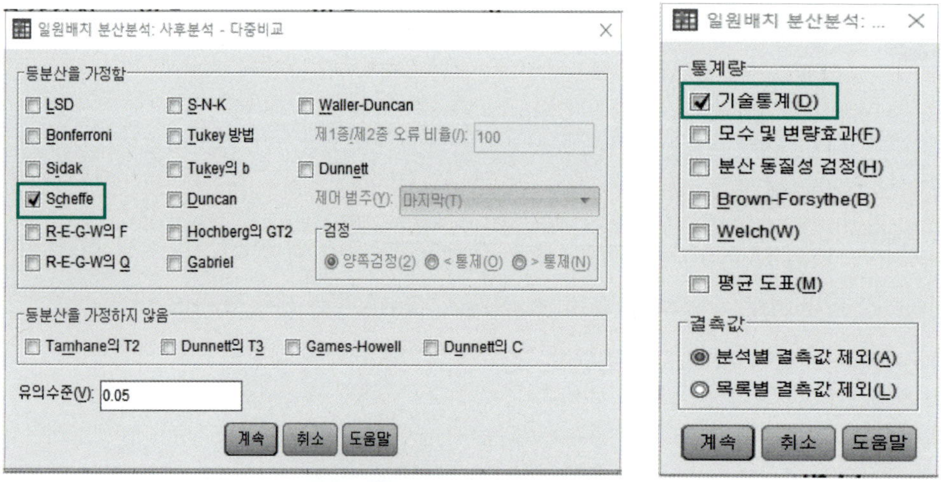

그림 13-13 일원배치분산분석

일원배치 분산분석

[데이터집합1] C:\Users\kim\Desktop\사회복지조사론책집필 (2)\2016년도(11차년도)한국복지패널데이터.sav

기술통계

우울척도

	N	평균	표준편차	표준오차	평균에 대한 95% 신뢰구간		최소값	최대값
					하한값	상한값		
월1회이하	1215	14.0765	4.30144	.12340	13.8344	14.3186	11.00	38.00
월2-4회	2149	13.3322	3.61398	.07796	13.1794	13.4851	11.00	37.00
주2-3회	1426	13.2756	3.53535	.09362	13.0919	13.4592	11.00	41.00
주4회이상	782	14.4821	4.91897	.17590	14.1368	14.8274	11.00	44.00
전혀마시지않는다	6737	15.1814	5.21558	.06354	15.0568	15.3060	11.00	44.00
합계	12309	14.4843	4.76000	.04290	14.4002	14.5684	11.00	44.00

분산분석

우울척도

	제곱합	df	평균 제곱	거짓	유의확률
집단-간	8411.265	4	2102.816	95.664	.000
집단-내	270458.943	12304	21.981		
합계	278870.208	12308			

그림 13-14 일원배치분산분석 출력 결과

사후검정

다중 비교

우울척도
Scheffe

(I) 1년간 평균 음주량	(J) 1년간 평균 음주량	평균차(I-J)	표준오차	유의확률	95% 신뢰구간 하한값	95% 신뢰구간 상한값
월1회이하	월2-4회	.74430*	.16829	.001	.2259	1.2627
	주2-3회	.80095*	.18305	.001	.2370	1.3649
	주4회이상	-.40555	.21494	.469	-1.0677	.2566
	전혀마시지않는다	-1.10484*	.14613	.000	-1.5550	-.6547
월2-4회	월1회이하	-.74430*	.16829	.001	-1.2627	-.2259
	주2-3회	.05665	.16014	.998	-.4367	.5500
	주4회이상	-1.14985*	.19580	.000	-1.7530	-.5467
	전혀마시지않는다	-1.84914*	.11615	.000	-2.2070	-1.4913
주2-3회	월1회이하	-.80095*	.18305	.001	-1.3649	-.2370
	월2-4회	-.05665	.16014	.998	-.5500	.4367
	주4회이상	-1.20650*	.20862	.000	-1.8492	-.5638
	전혀마시지않는다	-1.90579*	.13667	.000	-2.3268	-1.4848
주4회이상	월1회이하	.40555	.21494	.469	-.2566	1.0677
	월2-4회	1.14985*	.19580	.000	.5467	1.7530
	주2-3회	1.20650*	.20862	.000	.5638	1.8492
	전혀마시지않는다	-.69929*	.17712	.004	-1.2449	-.1536
전혀마시지않는다	월1회이하	1.10484*	.14613	.000	.6547	1.5550
	월2-4회	1.84914*	.11615	.000	1.4913	2.2070
	주2-3회	1.90579*	.13667	.000	1.4848	2.3268
	주4회이상	.69929*	.17712	.004	.1536	1.2449

*. 평균차는 0.05 수준에서 유의합니다.

그림 13-15 일원배치분산분석 출력 결과(사후검정)

문서에 제시하는 일원배치분산분석의 결과와 해석의 예는 다음과 같다. 평균 및 표준편차는 소수점 둘째 자리까지만 제시하였다. 한편, 유의확률 p 값이 .05 이상으로 나온 경우, 95%의 신뢰수준을 따르는 기준에서는 '세 집단 이상의 종속변수의 평균 차이가 통계적으로 유의하지 않다'고 제시한다. 즉, 세 집단 이상의 종속변수는 큰 차이가 없이 유사하다는 것을 의미한다.

■ **일원배치분산분석 보고서 작성 예**

음주량은 '전혀 마시지 않은 집단'에서 우울 정도가 15.18점으로 가장 높았고, 이어 '주 4회 이상 음주'가 14.48점으로 높았음. 음주량에 따른 우울 정도는 집단 간 차이가 통계적으로 유의한 것으로 분석됨(F=95.664, p=.000).

표 13-6 음주량에 따른 우울 정도

		빈도	평균	표준편차	F
음주량	월 1회 이하(a)	1215	14.08	4.30	F =95.664 p=.000 e>a>b,c e>d>b,c
	월 2~4회(b)	2149	13.33	3.61	
	주 2~3회(c)	1426	13.28	3.54	
	주 4회 이상(d)	782	14.48	4.92	
	전혀 마시지 않음(e)	6737	15.18	5.22	
	합계	12309	14.48	4.76	

실습 7

건강상태("health")에 따른 우울 정도를 일원배치분산분석을 실시하여 결과를 아래와 같이 보고하시오.

■ **일원배치분산분석 결과**

건강상태에 따른 우울 정도

		빈도	평균	표준편차	F
건강상태	아주 건강				
	건강한 편				
	보통				
	건강하지 않은 편				
	건강이 매우 안 좋은 편				
	합계				

6 상관관계분석

상관관계분석은 두 집단 간의 상관관계의 정도가 통계적으로 유의한지를 검증하는 분석으로, 독립변수, 종속변수 모두 연속변수인 경우 사용할 수 있는 검증방법이다. 상관관계분석은 서로 간의 관계의 정도를 분석하는 것이므로 인과관계가 아님을 유의해야 한다.

과정 | 분석(A) → 상관분석(C) → 이변량상관계수(B) → 변수(V)에 해당되는 변수 이동 → 확인

상관관계분석은 인과관계가 아니므로, 변수의 순서를 달리해도 결과 값은 같다. 분석한 상관계수 r값은 −1에서 최대 1까지의 범위를 가지며, 절대값 1에 가까울수록 상관관계가 높다. 같은 변수 간에는 자기상관이라 하여 '1'로 표기한다. 상관계수 r값이 (+)이면 정적상관관계, (−)이면 부적상관관계이며, 관계의 정도에 따라 상관관계의 강도를 나타낼 수 있다.

- $r \leq \pm.3$: 약한 상관관계
- $\pm.3 \leq r \leq \pm.5$사이 : 보통의 상관관계
- $r \geq \pm.5$: 강한 상관관계

아래의 예제는 연령("age"), 지난 1년간 외래진료횟수(회)("hospital"), 지난 1년간 건강검진 횟수(회)("checkup"), 하루 평균 흡연량(개비)("smoking2) 간의 상관관계를 분석한 예이다. 연령은 앞장 변수계산 작업에서 실습한 것을 사용하도록 한다(2017-태어난 연도).

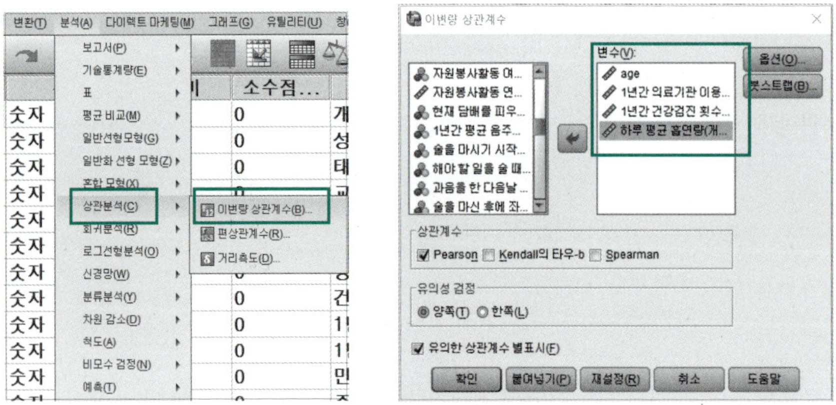

그림 12-16 상관관계분석

상관계수

		age	1년간 의료기관 이용 외래진료횟수(회)	1년간 건강검진 횟수(회)	하루 평균 흡연량(개비)
age	Pearson 상관계수	1	.324	-.034	-.010
	유의확률 (양쪽)		.000	.000	.652
	N	15989	15989	15989	2191
1년간 의료기관 이용 외래진료횟수(회)	Pearson 상관계수	.324	1	.027	-.072
	유의확률 (양쪽)	.000		.001	.001
	N	15989	15989	15989	2191
1년간 건강검진 횟수(회)	Pearson 상관계수	-.034	.027	1	-.021
	유의확률 (양쪽)	.000	.001		.337
	N	15989	15989	15989	2191
하루 평균 흡연량(개비)	Pearson 상관계수	-.010	-.072	-.021	1
	유의확률 (양쪽)	.652	.001	.337	
	N	2191	2191	2191	2191

그림 13-17 상관관계분석 출력 결과

문서에 제시하는 상관관계분석의 결과와 해석의 예는 다음과 같다. 한편, 유의확률 p 값이 .05 이상으로 나온 경우, 95%의 신뢰수준을 따르는 기준에서는 '두 변수 간의 상관관계가 통계적으로 유의하지 않다'고 제시한다. 즉, 두 집단은 서로 관계가 없다는 것을 의미한다.

■ 상관관계분석 보고서 작성 예

연령, 지난 1년간 외래진료횟수(회), 지난 1년간 건강검진횟수(회), 하루 평균 흡연량(개비) 간의 상관관계를 분석한 결과는 다음과 같다. 연령과 외래진료횟수와의 상관관계는 통계적으로 유의한 정적상관관계를 나타냄. 즉 연령이 높으면 외래진료횟수도 높은 것으로 나타남(r=.324, p=.000). 연령과 건강검진횟수와의 상관관계는 통계적으로 유의한 부적상관관계를 나타냄. 즉 연령이 높으면 건강검진횟수는 낮은 것으로 나타남(r=-.034, p=.000). 한편, 연령과 하루 평균 흡연량의 상관관계는 통계적으로 유의하지 않았음.

외래진료횟수와 건강검진 간의 상관관계는 통계적으로 유의한 정적상관관계를 나타냄. 즉 외래진료횟수가 높으면 건강검진횟수도 높은 것으로 나타남(r=.027, p=.001). 외래진료횟수와 하루평균 흡연량와의 상관관계는 통계적으로 유의한 부적상관관계를 나타냄. 즉 외래진료횟수가 높으면 흡연량은 낮은 것으로 나타남(r=-.072, p=.001). 한편, 건강검진횟수와 흡연량의 상관관계는 통계적으로 유의하지 않았음.

표 13-7 연령, 외래진료횟수, 건강검진횟수, 하루 흡연량 간의 상관관계

	연령	외래진료횟수	건강검진횟수	하루 평균 흡연량
연령	1	.324	-.034	-.010
		.000	.000	.652
외래진료횟수		1	.027	-.072
			.001	.001
건강검진 횟수			1	-.021
				.337
하루 평균 흡연량				1

실습 8

삶의 만족도, 음주문제, 우울, 자아존중감 간의 상관관계를 분석하고 결과를 아래와 같이 보고하시오(변수는 합산 후 생성한 변수를 사용하되, 해당 역점수가 있는 변수는 처리 후 합산할 것).

삶의 만족도 : s1~s8의 합산. 점수가 높을수록 삶의 만족도가 높은 것으로 해석.
음주문제 : d1~d4의 합산. 점수가 높을수록 음주문제가 심각한 것으로 해석.
- 우울 : p1~p11의 합산. 점수가 높을수록 우울이 심각한 것으로 해석. 역점수 처리.
- 자아존중감 : e1~e10의 합산. 점수가 높을수록 자아존중감이 높은 것으로 해석. 역점수 처리.

■ 상관관계분석 결과

삶의 만족도, 음주문제, 우울, 자아존중감의 상관관계

	삶의 만족도	음주문제	우울	자아존중감
삶의 만족도	1			
음주문제		1		
우울			1	
자아존중감				1

7 다중회귀분석

회귀분석은 상관관계와는 달리, 인과관계를 보는 분석방법이다. 즉, 원인과 결과의 관계를 통계적인 검증을 통해 밝혀내는 것이다. 회귀분석은 여러 개의 변수를 통계적으로 통제하는 과정을 통해 검증하므로 어떤 변수가 종속변수에 유의한 영향을 미치는지에 관해 순수한 인과관계를 밝힐 수 있는 유용한 통계기법 중 하나이다. 한 개의 독립변수에 따른 종속변수의 영향력을 검증하는 것을 '단순회귀분석'이라고 하는데, 사회과학은 보통 독립변수가 여러 개이므로 이는 학습의 의미로만 사용되고 실제 연구로는 수행되지는 않는다.

다중회귀분석(Multiple Regression Analysis)은 종속변수 하나에 종속변수에 영향을 미치는 2개 이상의 요인들을 동시에 투입시켜 이중 어떤 독립변수가 종속변수에 유의한 영향을 미치는지를 분석하는 통계기법이다. 사회과학에서는 통상적으로 독립변수가 여러 개이고, 종속변수가 하나인 '다중회귀분석'을 많이 사용하게 되며, 이외에도 위계적 회귀분석 단계적 회귀분석 등의 다양한 회귀분석들이 존재한다. 본 교재에서는 가장 기본 형태인 다중회귀분석만 살펴보도록 하겠다.

과정 분석(A) → 회귀분석(R) → 선형(L) 기술통계량(E) → 화살표를 이용하여 확인하고자 하는 독립변수(I), 종속변수(D)를 오른쪽 변수칸에 각각 이동 → 방법은 입력으로 선택 → 통계량(S) 버튼 눌러 모형적합(M), 공선성 진단(L), R 제곱 변화량(S), 추정값 체크(E) → 계속 → 확인

다중회귀분석은 종속변수에 영향을 미치는 것으로 예측되는 독립변수들은 관련 이론 및 선행연구의 충분한 고찰을 통해 선정하게 된다. 이 분석은 인과관계이므로 독립과 종속의 위치가 바뀌면 안 된다. 회귀분석은 원칙적으로 독립변수와 종속변수 모두 연속변수여야 하나, 사회과학에서는 필요에 따라 서열변수를 연속변수로 취급하기도 하여 사용한다. 또한 성별, 여부 등의 명목 변수는 더미변수로 전환하여 투입이 가능하다.

회귀분석은 각 변수의 영향력 검증에 앞서 모형의 유의도를 파악해야 한다. 모형의 유의도를 판단하는 F 값과 유의확률 값을 확인하여 .05보다 미만이면, 회귀모형이 통계적으로 유의하다고 판단한다. 이는 독립변수들 중 하나는 종속변수에 영향을 미치는 요인이 존재한다라는 것을 의미한다. 이후 각 독립변인들이 종속변수를 얼마나 설명하는지에 관한 설명력(R^2)을 보고한다. R^2의 숫자는 곧 종속변수에 대한 독립변수들의 설명력을 의미하며 %로 제시한다. 이 숫자는 독립변수들이 많아질수록 높아지는 경향이 있는데, 의미 없는 변수들의 증가로 단지 설명력만 높아지는 것은 과학의 중요한 요소 중 하나인 간명성을 상실하는 문제가 야기될 수 있다. 따라서 이론 고찰을 통한 변수 선정이 중요하다. 수정결정계수(Adjusted R^2)는 결정계수에 표본의 수와 독립변수의 수를 반영한 수치로서(즉, 보정의 기능), 수정결정계수는 항상 결정계수보다 작다. 다음으로는 독립변수들 간 다중공선성의 문제가 없는지를 Tolerance(공차한계)와 VIF(분산팽창요인)을 통해 판별한다. 기준은 학자마다 약간 다르지만, 사회과학에서의 보편적인 기준은 일반적으로 VIF 10 이상, 공차한계 0.1 이하일 때 다중공

선성이 의심된다고 판단한다.

다음으로는 각 변인들 중 종속변수에 영향을 미치는 요인이 무엇인지 확인한다. 이는 각 변수마다 제시된 유의확률을 보고 판단하는데, 통계적으로 유의한 변수만 해석한다. 각 변수의 유의확률이 .05보다 미만이면 해당 변수는 종속변수에 유의한 영향을 미치는 변인이라고 할 수 있다. 유의한 변수 중 회귀계수의 부호가 +일 경우는 독립변수 증가에 따라, 종속변수도 증가, 독립변수 감소에 따라 종속변수가 감소되는 방향성이 일치한 해석을 하고, 회귀계수의 부호가 -이면 독립변수가 증가하고, 종속변수는 감소, 독립변수가 감소하면 종속변수는 증가하는 영향관계로 해석한다. 이는 비표준화된 회귀계수(B)와 표준화된 회귀계수(β)를 통해 살펴볼 수 있는데, 비표준화된 회귀계수는 각 변수에 대한 고유한 회귀 계수의 값으로 각 변수의 기울기의 값이다. 표준화된 회귀계수(β)는 각 변수들의 단위를 조정하여 상대적인 비교가 가능하도록 조정한 것으로서 상대적인 영향력을 살펴볼 수 있다. 부호에 상관없이 절대값이 큰 변수가 종속변수에 대한 영향력이 큰 것으로 해석한다.

만약 회귀모형의(F값) 유의확률 p 값이 .05이상으로 나와 회귀모형이 유의하지 않은 경우 '회귀모형은 통계적으로 유의하지 않다'고 제시한다. 즉, 어떤 변인도 종속변수를 설명하지 못한다라는 것을 의미한다.

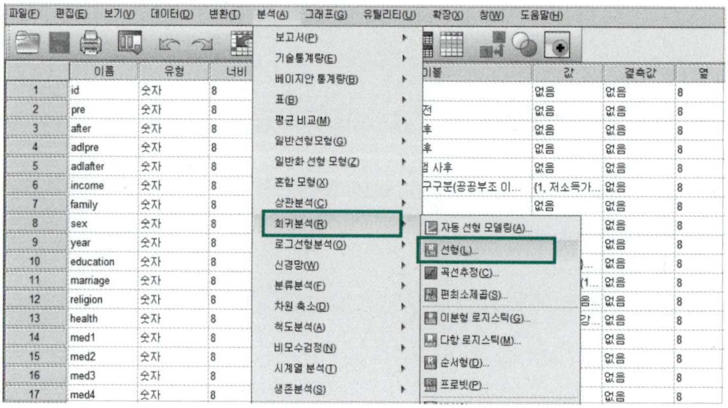

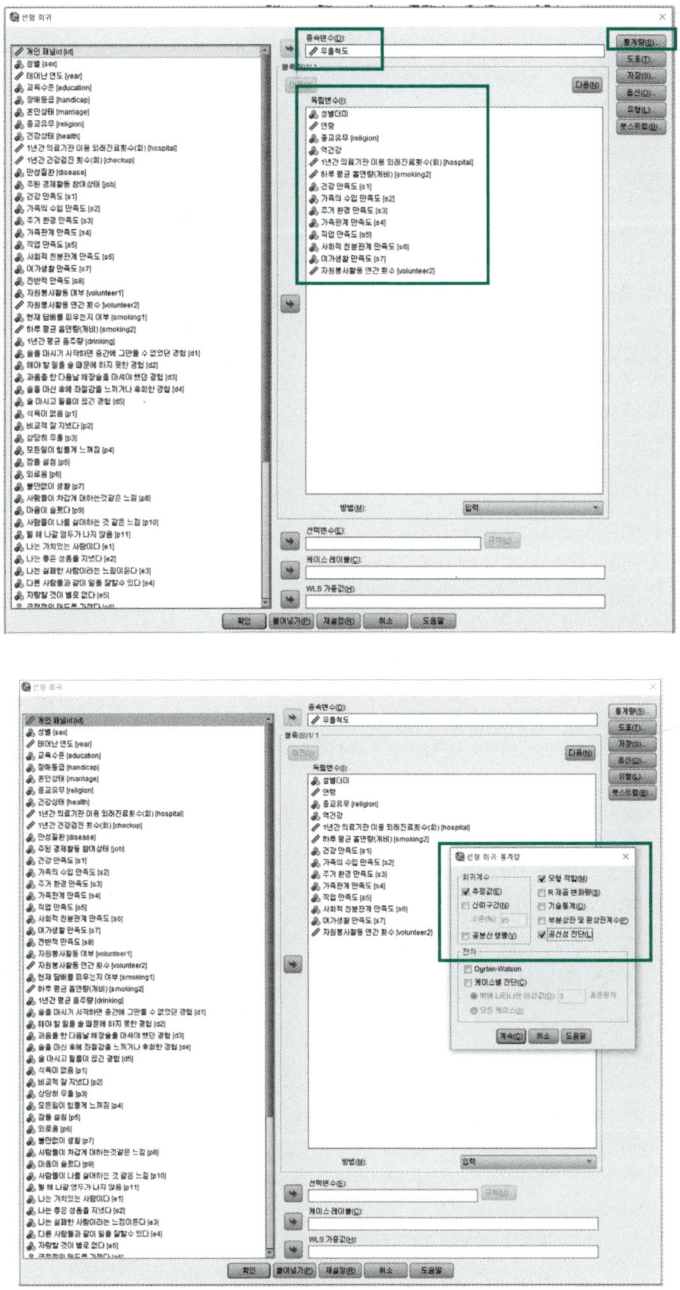

그림 13-18 다중회귀분석

```
REGRESSION
  /MISSING LISTWISE
  /STATISTICS COEFF OUTS R ANOVA COLLIN TOL
  /CRITERIA=PIN(.05) POUT(.10)
  /NOORIGIN
  /DEPENDENT 우울척도
  /METHOD=ENTER 성별더미 연령 religion 역건강 hospital smoking2 s1 s2 s3 s4 s5 s6 s7 volunteer2.
```

➧ 회귀

입력/제거된 변수[a]

모형	입력된 변수	제거된 변수	방법
1	자원봉사활동 연간 횟수, 가족관계 만족도, 종교유무, 하루 평균 흡연량(개비), 1년간 의료기관 이용 외래진료 횟수(회), 여가생활 만족도, 가족의 수입 만족도, 성별더미, 역건강, 주거 환경 만족도, 직업 만족도, 사회적 친분관계 만족도, 건강 만족도, 연령[b]	.	입력

a. 종속변수: 우울척도

b. 요청된 모든 변수가 입력되었습니다.

모형 요약

모형	R	R 제곱	수정된 R 제곱	추정값의 표준오차
1	.641[a]	.410	.337	3.43117

a. 예측자: (상수), 자원봉사활동 연간 횟수, 가족관계 만족도, 종교유무, 하루 평균 흡연량(개비), 1년간 의료기관 이용 외래진료횟수(회), 여가생활 만족도, 가족의 수입 만족도, 성별더미, 역건강, 주거 환경 만족도, 직업 만족도, 사회적 친분관계 만족도, 건강 만족도, 연령

ANOVA[a]

모형		제곱합	자유도	평균제곱	F	유의확률
1	회귀	926.381	14	66.170	5.621	.000[b]
	잔차	1330.337	113	11.773		
	전체	2256.719	127			

a. 종속변수: 우울척도

b. 예측자: (상수), 자원봉사활동 연간 횟수, 가족관계 만족도, 종교유무, 하루 평균 흡연량(개비), 1년간 의료기관 이용 외래진료횟수(회), 여가생활 만족도, 가족의 수입 만족도, 성별더미, 역건강, 주거 환경 만족도, 직업 만족도, 사회적 친분관계 만족도, 건강 만족도, 연령

계수[a]

모형		비표준화 계수		표준화 계수	t	유의확률	공선성 통계량	
		B	표준화 오류	베타			공차	VIF
1	(상수)	26.156	3.670		7.127	.000		
	성별더미	-1.870	1.297	-.114	-1.442	.152	.837	1.195
	연령	-.019	.035	-.050	-.532	.596	.578	1.729
	종교유무	1.088	.643	.129	1.693	.093	.896	1.115
	역건강	-.426	.565	-.070	-.755	.452	.600	1.667
	1년간 의료기관 이용 외래 진료횟수(회)	.022	.016	.129	1.376	.171	.597	1.674
	하루 평균 흡연량(개비)	.045	.048	.071	.935	.352	.894	1.119
	건강 만족도	-1.041	.440	-.223	-2.366	.020	.588	1.701
	가족의 수입 만족도	-.024	.372	-.006	-.065	.949	.664	1.506
	주거 환경 만족도	.204	.508	.034	.402	.688	.742	1.348
	가족관계 만족도	-1.838	.516	-.326	-3.563	.001	.624	1.603
	직업 만족도	-.892	.447	-.176	-1.996	.048	.671	1.490
	사회적 친분관계 만족도	1.694	.626	.243	2.707	.008	.645	1.550
	여가생활 만족도	-1.124	.441	-.212	-2.550	.012	.752	1.330
	자원봉사활동 연간 횟수	.003	.006	.034	.417	.677	.765	1.307

a. 종속변수: 우울척도

그림 13-19 다중회귀분석 출력결과

회귀분석 실습은 "한국복지패널 대상자의 인구사회학적 요인, 건강요인, 심리사회적 요인이 우울에 미치는 영향에 관한 연구"로 모형을 설정하였다.

■ **한국복지패널 대상자의 인구사회학적 요인, 건강요인, 심리사회적 요인이 우울에 미치는 영향에 관한 연구"**

한국 복지패널 대상자의 우울 영향요인을 알아보고자 다중회귀분석을 이용하여 분석하였다. 우울 영향요인으로는 인구사회학적 요인, 건강 요인, 심리사회적 요인을 투입하여 분석하였다. 명목변수인 성별, 종교유무는 더미화하여 모형에 투입하였고, 다중공선성의 문제는 없는 것으로 나타났다.

인구사회학적 요인으로는 성별, 연령, 종교유무를 포함하였고, 건강 요인으로는 건강상태, 지난 1년간 외래진료 횟수, 하루 평균 흡연량을 포함하였다. 심리사회적 요인으로는 삶의 만족의 6가지 영역과 자원봉사 횟수를 포함하여 분석하였다. 분석결과 인구사회학적, 신체적, 심리사회적 요인들은 패널대상자의 우울에 대한 41%를 설명하는 것으로 나타났다.

우울 영향요인 분석결과, 건강만족도, 가족관계만족도, 직업만족도, 사회적 친분관계 만족도. 여가생활만족도가 우울에 대한 통계적인 영향력이 유의하였다. 즉, 건강 만족도가 높을수록(β =-.223, $p<.05$), 가족관계 만족도가 높을수록(β=-.326, $p<.01$), 직업 만족도가 높을수록(β =-.176, $p<.05$), 사회적 친분관계 만족도가 낮을수록(β=.243, $p<.01$), 여가생활 만족도가 높

을수록(β=-.212, p<.05) 우울은 낮아지는 것으로 분석되었다. 영향변인 중 가족관계 만족도는 다른 변수들을 통제한 이후에도 우울에 영향을 미치는 강력한 변수임을 알 수 있었다. 한편, 성별, 연령, 종교유무, 건강상태, 1년간 외래진료횟수, 하루 평균 흡연량, 가족의 수입만족도, 주거환경만족도는 통계적으로 유의한 영향력이 없었다.

이러한 회귀분석 결과를 통해 복지패널 대상자의 우울경감을 위해서는 건강, 가족관계, 직업, 여가생활 등 삶의 다양한 영역에서 만족감을 상승시킬 수 있는 사회복지적 정책 및 실천개입이 필요하겠다. 한편, 사회적 친분관계만족도는 낮을수록 우울이 낮아지는 것으로 분석되는 바, 이는 복지대상자들이 접하는 사회적 관계가 본인의 우울정서에는 긍정적이지 못했음을 나타내는 결과로 볼 수 있겠다. 이에 대해 복지대상자들의 사회적 관계에 대해 보다 면밀히 살펴보는 개입이 필요할 것으로 사료된다.

표 13-8 한국복지패널 대상자의 우울 영향요인 (n=15,989)

요인	변인	B	β	t	공차	VIF
인구사회학적 요인	남자#	-1.870	-.114	-1.442	.837	1.195
	연령	-.019	-.050	-.532	.578	1.729
	종교있음※	1.088	.129	1.693	.896	1.115
건강 요인	건강상태	-.426	-.070	-.755	.600	1.667
	1년간 외래진료횟수	.022	.129	1.376	.597	1.674
	하루평균 흡연량(개비)	.045	.071	.935	.894	1.119
심리·사회적 요인	건강 만족도	-1.041	-.223	-2.366*	.588	1.701
	가족의 수입만족도	-.024	-.006	-.065	.664	1.506
	주거 환경 만족도	.204	.034	.402	.742	1.348
	가족관계 만족도	-1.838	-.326	-3.563**	.624	1.603
	직업 만족도	-.892	-.176	-1.996*	.671	1.490
	사회적 친분관계 만족도	1.694	.243	2.707**	.645	1.550
	여가생활 만족도	-1.124	-.212	-2.550*	.752	1.330
	자원봉사횟수	.003	.034	.417	.765	1.307
상수		26.156***				
F		5.621***				
R^2(Adj R^2)		.410(.337)				

(# 남=1, 여=0, ※ 있음=1. 없음=0 *p<.05, **p<.01)

실습 9

조를 구성하여 실습 데이터나 관심있는 패널 데이터를 이용하여 가상의 연구주제를 만들고, 이에 따른 다중회귀분석을 수행하고 결과를 제시하시오.

■ **다중회귀분석 결과**

연구주제 :

회귀분석 결과 :

( )

요인	변인	B	β	t	공차	VIF
상수 F R^2(Adj R^2)						

( )

정리하기

- 빈도분석은 명목변수, 서열변수와 같은 비연속변수의 빈도와 비율(%)를 나타내는 분석이다.
- 기술통계는 평균과 표준편차의 정보가 필요할 때 사용하는 분석으로, 등간변수와 비율변수와 같은 연속변수가 사용된다.
- 교차분석은 두 변수 간의 관계가 통계적으로 유의한지를 검증하는 분석으로, 주어진 자료가 비연속변수(불연속) 대 비연속변수(불연속)인 경우 사용할 수 있는 검증방법이다.
- 독립표본 t-검증은 두 집단 간의 종속변수의 차이가 통계적으로 유의한지를 검증하는 분석으로, 독립변수는 비연속변수(불연속) 형태의 두 집단이어야 하며, 종속변수는 연속변수인 경우 사용할 수 있는 검증방법이다.
- 대응표본 t-검증은 집단의 사전 - 사후의 변화가 통계적으로 유의한지를 검증하는 분석으로, 독립변수는 비연속변수(불연속) 형태의 두 집단이어야 하며, 종속변수는 연속변수인 경우 사용할 수 있는 검증방법이다.
- 일원배치분산분석은 세 집단 이상의 집단에서 종속변수의 차이가 통계적으로 유의한지를 검증하는 분석으로, 독립변수는 비연속변수(불연속) 형태의 세 집단 이상이고, 종속변수는 연속변수인 경우 사용할 수 있는 검증방법이다.
- 상관관계분석은 두 집단 간의 상관관계의 정도가 통계적으로 유의한지를 검증하는 분석으로, 독립변수, 종속변수 모두 연속변수인 경우 사용할 수 있는 검증방법이다.
- 다중회귀분석은 종속변수 하나에 종속변수에 영향을 미치는 2개 이상의 요인들을 동시에 투입시켜 이중 어떤 독립변수가 종속변수에 유의한 영향을 미치는지를 분석하는 통계기법이다.

참고문헌

강종수(2013). 『사회복지조사방법론(2판)』. 양서원.

공계순 · 서인해(2006). 증거기반 사회복지실천에 대한 이해와 한국에서의 적용가능성에 관한 연구. 『사회복지연구』 31, 77-102.

김기덕 · 최소연 · 권자영(2017). 『사회복지 윤리와 철학』. 양서원.

김기덕 · 김용석 · 유태균·이기영·이선우·정슬기 공역(2008). 『사회복지조사방법론 제6판』. 양서원. 센게이지러닝코리아.

김보현 · 박보람(2017). 미술치료사의 직업적 어려움에 대한 현상학적 연구. 『예술심리치료연구』 제13권.

김영종(2013). 『사회복지조사론』. 학지사.

김영종(2017). 『사회복지조사방법론』. 학지사.

김윤화(2019). 『사회복지자료분석론』. 학지사.

김재옥 · 김경희(2011). 정서장애가 있는 아동의 모래상자 치료사례연구-틱 증후군 사례-. 『한국모래상자치료학회』 제2권 2호.

김태성 · 김기덕 · 이채원 · 홍백의(2016). 『사회복지조사론』. 청록출판사.

남수경(2019). 신혼기 부부의 이혼 전 상담에서 주체의 인정과 변형과정에 대한 사례연구. 『연세상담코칭연구』 11.

노경섭(2016). 『제대로 알고 있는 논문통계분석 SPSS & AMOS 21』. 한빛아카데미.

박봉수 · 김영순(2018). 포토텔링 기법을 활용한 영주귀국 사할린 한인 K씨의 생애사적 내러티브 탐색. 『한국민족문화』 66.

박준성 · 소용준(2017). 『사회과학 연구를 위한 통계분석의 개념과 실제 SPSS 23.0 ver』. 학지사.

보건복지부(2018), 제4기 지역사회보장계획 수립 안내. 보건복지부.

성태제(2014). 『알기쉬운 통계분석(SPSS AMOS를 이용한) (2판)』. 학지사.

손병덕 · 신연희 · 양혜원 · 이상무(2010). 『사회복지조사방법론: 이해와 실천』. 학지사.

신지영 · 이동훈 · 서은경 · 전지열(2018). 청소년 자녀와 사별한 부모의 부부관계 경험에 관한 질적연구. 『한국심리학회지: 일반』 37(2).

심현(2017). 국립대학 학생의 중도탈락 요인에 관한 근거이론 기반 분석. 『교육문화연구』 23(2).

오성삼 (2002). 메타분석의 이론과 실제. 건국대학교 출판부.

유아라(2018). 대학생의 정서지능이 불안, 우울 및 분노에 미치는 영향. 명지대학교 대학원 석사학위논문.

유영준(2014). 『사회복지조사론의 이해』. 학지사.

윤은영(2011). 포커스그룹을 이용한 소아암 환아 주부양자의 의료사회복지서비스에 관한 욕구 탐색.

『임상사회사업연구』 8(3).
이근석(2016).『연구절차에 따른 통합조사방법론)』. 공동체.
이동선(2014). 다문화가정 미술치료 효과에 대한 메타분석. 경기대학교 미술·디자인대학원.
정무성(2008).『사회복지프로그램 개발론』. 학현사.
정순둘(2006). 사회복지사들의 조사연구활용에 관한 연구.『한국사회복지학』 58(2), 251-271.
지역사회보장균형발전센터(2018). 제4기 지역사회보장계획 수립을 위한 지역주민욕구조사. 보건복지부.
조여울(2016). 학습장애 위험학생의 사회적 기술 중재 효과에 대한 메타분석. 서울대학교 대학원.
지은구(2009).『사회복지프로그램개발과 평가』. 학지사.
채구묵(2013).『사회복지조사방법론』. 양서원.
천혜정(2004). 연구 방법으로서의 질적 인터뷰: 철학적 의미와 방법적 측면.『한국가족자원경영학회지』 8(3), 113-125.
최선희(2012).『사회복지조사방법론』. 공동체.
최성재(2005).『사회복지자료분석론』. 나남출판사.
최정호(2014). 근거이론을 통한 노인장기요양 실천현장의 사례관리 수행과정 경험에 관한 연구. 영남대학교 대학원 박사학위논문.
최종렬(2013). 관광객, 이방인, 문화기술지자-한 에스닉 관광 문화기술지에 대한 자아문화기술지.『문화와 사회』 14.
한국교육평가학회(2004). 교육평가용어사전. 학지사.
한국직업능력개발원(2015). NCS학습모듈. 교육부.
한영란·박영희(2017). 가족폭력 피해 여성의 위기 경험과 서비스 요구.『한국보건간호학회지』 31(2).
황성동(2006).『알기 쉬운 사회복지조사방법론』. 학지사.
황성동(2014).『알기 쉬운 메타분석의 이해』. 학지사.
황성동(2015).『알기 쉬운 사회복지조사론(2판)』. 학지사.
황성철(2005).『사회복지 프로그램 개발과 평가』. 공동체.
황성철(2010).『사회복지프로그램 개발과 평가』. 공동체.
황정규(1988), "Meta-Analysis의 이론과 방법론-경험 과학적 연구 결과의 종합을 위하여-",「성곡논총」, 제19집.
황창순·김형수·노병일·도종수·유지영(2014).『사회복지조사론』. 양서원.

Alston, M., & Bowles, W. (2003). *Research for social workers: An introduction to methods*. Psychology Press.
Glass, G. V., McGaw, & Smith, M. L. (1981). *Meta-analysis in social research*. Beverly Hills. CA: sage.

George, D., & Mallery, M. (2003). *Using SPSS for Windows step by step: a simple guide and reference*. Boston, MA : Allyn and Bacon.

Grinnell, R. M. (1993). *Social work research and evaluation. Itasca*. Illinois: FE Peacock Publishers.

Jackson, G. (1980). Methods for integrative reviews. *Review of Educational Research, 50*, 438-484.

Jones, J. (1981). *Bad Blood: The Tuskegee Syphilis Experiment*. NY: Free Press.

Marlow, C. (1998) *Research Methods for Generalist Social Work* (2nd ed.). CA: Brooks/Cole Publishing Co.

Richard, M., & Grinnell, J. (1993). *Social work research and evaluation*. Illinois: FE Peacock.

Royse, D. (2011). *Research Method In Social Work*(6th ed.). Belmont, CA: Brooks/Cole-Thomson Learning.

Royse, D., Thyer, B., Padgett, D. & Logan, T. (2006). *An Introduction to Program Evaluation*(4th ed.). Belmont, CA: Brooks/Cole-Thomson Learning.

Royse, D., Thyer, B., Padgett, D. & Logan, T. (2010). *An Introducing to Program Evaluation*(5th ed.). Belmont, CA: Wadsworth Cengage Learning.

Rubin, A., & Babbie, E. R. (2016). *Empowerment series: Research methods for social work*. Cengage Learning.

Sherman, E. and Reid, W. J. (1994). *Qualitative research in social work*. NY : Columbia Press.

Zastrow, C. (2017). *Introduction to social work and social welfare*(10tn edition). Belmont, CA : Brooks/Cole.

뉴스메이커(2017.3.23). http://www.newsmaker.or.kr/news/articleView.html?idxno=41802

두산백과사전 http://www.doopedia.co.kr/

NCS 학습모듈-사회복지/사회복지서비스/사회복지프로그램운영/사회복지 프로그램 욕구조사

NCS 학습모듈-사회복지/사회복지서비스/사회복지프로그램운영/사회복지프로그램 평가

NCS 학습모듈-사회복지/사회복지정책/사회복지개발/욕구조사

찾아보기

저자약력

▮ 이종하

숭실대학교 대학원 사회복지학박사
사랑마을정신과의원 정신건강사회복지사
서울중구정신건강복지센터 팀장
한국정신건강사회복지사협회 총무위원장
한국정신건강사회복지학회 아동청소년분과학회장
현, 인덕대학교 사회복지학과 조교수

▮ 조지용

숭실대학교 대학원 사회복지학박사
경북사회복지공동모금회 배분분과 위원 및 슈퍼바이저
대구광역시 남구청 희망복지지원단 슈퍼바이저
안동 시온재단 이사
경북북부 아동보호전문기관 사례전문위원
사회복지사 1급 국가자격시험 출제위원
요양보호사 국가자격시험 출제위원
현, 건양대학교 사회복지학과 조교수

▮ 김윤화

숭실대학교 대학원 사회복지학박사
부천시정신건강복지센터 정신건강사회복지사
근로복지공단 인천병원 의료사회복지사·정신건강사회복지사
새하늘병원 정신건강사회복지사
근로복지공단 외부슈퍼바이저
한국군사회복지학회 총무분과위원장
유한대학교 보건복지학과 조교수
현, 인덕대학교 사회복지학과 조교수

▮ 김표민

숭실대학교 대학원 사회복지학박사
은혜병원 정신건강병원 의료사회사업실 실장
삼정정신장애인사회복귀시설(현, 동광임파워먼트센터) 팀장
한국정신건강사회복지사협회 권익증진위원
명지병원, 새희망병원 정신건강사회복지사2급 수련과정 위촉슈퍼바이저
현, 인천재능대학교 사회복지학과 조교수

제2판

사회복지조사론

1판 1쇄 발행 2019년 3월 5일
2판 1쇄 발행 2020년 8월 25일
2판 7쇄 발행 2025년 8월 30일

지 은 이 | 이종하 · 조지용 · 김윤화 · 김표민
발 행 인 | 박철용
발 행 처 | 양서원
주 소 | 경기도 파주시 직지길 522 파주출판도시
전 화 | 031-955-8000(代)
팩 스 | 031-955-8005
홈페이지 | www.yswpub.co.kr
이 메 일 | yswgroup@naver.com
출판등록 | 1987년 11월 24일 제 406-2003-037 호

ISBN 978-89-994-1046-8

정가 22,000원